Ein Leben für die Zeitung

Michael Horowitz

Ein Leben für die Zeitung

Der rasende Reporter Egon Erwin Kisch

Ein trend-profil-Buch bei Orac

Bildquellennachweis
Archiv Bronia Katz: 8. Archiv Kronberger: 1. Artia Verlag: 1. Aufbau-Verlag: 9. Ferdinand Bucina: 1. Zdenko Feyfar: 1. Globus-Verlag: 6. Michael Horowitz: 25. Oscar Horowitz: 13. Insel-Verlag: 1. Österreichische Nationalbibliothek: 3. Karel Plicka: 1. „STERN"-Archiv: 3. Ullstein-Bilderdienst: 4. Theater in der Josefstadt, Wien: 1.

ISBN 3-85368-993-0

Grafische Gestaltung des Bildteils: Verena Govoni und Michael Horowitz
Schutzumschlag: Michael Horowitz und Christoph Janauschek
Technik: Imprima W. Menches
Satz: Bernhard Computertext KG, Wien
Lithos: Werner Kamensek, Horn
Druck und Bindearbeiten: Wiener Verlag, Himberg bei Wien

Inhaltsverzeichnis

Biographie eines Journalisten, der die Wirklichkeit beschrieb, ohne die Wahrheit zu verletzen.

MICHAEL HOROWITZ

Prolog

WENN EINE FRAU SCHÖN SEIN SOLL, MUSS SIE DEN KOPF EIner Pragerin haben, heißt es in einem deutschen Lied aus dem 15. Jahrhundert. Für Franz Kafka war Prag ein „Mütterchen“ mit Krallen, das einen nicht mehr los läßt. Jedenfalls ist Prag, Praha, weiblichen Geschlechts. Für Kafka hatte seine Geburtsstadt die Funktion einer beschützenden Mutter. Für andere war Prag oft eine Geliebte, vertraute Freundin, Symbol zärtlicher, geheimnis- und würdevoller Weiblichkeit.

In Prag geboren zu sein heißt, dieser an den Moldauufern malerisch gelegenen Stadt ein Leben lang die Treue zu halten. Schon der Fremde, der Besucher Prags, wird von der Atmosphäre der bedeutenden Geschichte dieser Stadt eingefangen. Verzaubert vom Reichtum der Stile und ihrer außerordentlichen Harmonie, verzaubert von den lieblichen Hügeln, die Prag umschließen; dem Kranz der Gartenanlagen um die alten Paläste.

Das „Goldene Prag“ mit seinen Türmen und Kuppeln, Kirchen und Palästen, pittoresken Gäßchen der Altstadt und auf der Kleinseite. Die ältesten Steine auf der Prager Burg sind Zeugen der Tage, da der Schutzpatron Böhmens, Herzog Wenzel, hier in der byzantinischen St. Veits-Rotunde begraben wurde. Diese prächtige Stadt hat viel erlebt, seit sie von der Fürstin Libussa gegründet wurde. Die gotische Stadtanlage schuf König Karl IV., der gleichzeitig römischer Kaiser war und Prag liebte „wie seinen Augenstern“. Er gründete hier eine Universität und berief junge Baumeister in seine Residenzstadt, um die neue Moldaubrücke, den Veitsdom und zahlreiche Kirchen zu bauen. Durch die Hussitenkämpfe, die das ganze Land ergriffen, verzögerte sich der Einfluß der Renaissance in Prag. Schon damals galt Prag als die „Hunderttürmige Stadt“, obwohl man drei- bis viermal mehr Türme hätte zählen können. Zur „Goldenen Stadt“ wurde Prag unter Rudolf II. An seinem Hof wurden Bildhauer, Musiker und Dichter, aber auch Wissenschafter und Alchemisten gefördert. Zeugnis dieser Zeit ist das Grab des großen Astronomen Tycho de Brahe in der Teynkirche.

Nach der verlorenen Schlacht am Weißen Berg büßten die böhmischen Länder für dreihundert Jahre ihre Unabhängigkeit ein. Die Massenhinrichtung der Rebellenanführer fand vor dem Altstädter Rathaus statt. Später wurde Wien die Residenzstadt der Habsburger, die Prager Burg verwaiste. Ein neuer Stil, das Barock, sollte den Triumph der Rekatholisierung zum Ausdruck bringen. Das Barock verlieh der Stadt eine neue, charakteristische Schönheit, die die Strenge der Gotik in weiche Kurven auflöste. Die prächtigen Paläste, die gartenbedeckten Hügeln, Terrassen und Loggien wurden zum Symbol des verträumten Barock.

Wolfgang Amadeus Mozart feierte hier in Prag Triumphe. Auch auf ihn, der als

Fremder in diese Stadt kam, wirkten die üppigen Statuen, Fassaden, Treppenanlagen, Brücken und Gärten des Spätbarock.

Und die in Prag Geborenen ließ diese Stadt nie mehr los. Rainer Maria Rilke, Franz Werfel, Max Brod, Egon Erwin Kisch und Franz Kafka, sie alle trugen stets das Bild ihrer Heimatstadt in sich. In den Reisetagebüchern und Ansichtskarten, die Franz Kafka von unterwegs verschickte, erwähnt er immer wieder den Ringplatz — der „Altstädter Ring" in Prag wurde der Mittelpunkt seines Lebens. Max Brod schildert in seinen Romanen „Prager Tagblatt" und „Der Prager Kreis" die unverwechselbare Atmosphäre dieser Stadt, die in Caféhäusern, Redaktionen und Weinstuben nacherlebt wird.

Aber keiner beschrieb die Schattenseiten des „Goldenen Prag", die dunklen Gassen und Nächte, wie Egon Erwin Kisch. Die Neugierde, aber auch das soziale Engagement, trieb den jungen Lokalreporter der „Bohemia" immer wieder in die finstersten Winkel der Stadt, in die zwielichtige Welt der Spelunken und Nachtasyle, auf die von grauer Armut überschattete Flößerinsel Kampa. Noch lange, bevor der „Rasende Reporter" Egon Erwin Kisch ganze Erdteile bereiste, um Ungerechtigkeit, soziales Elend und Unterdrückung aufzudecken und zu beschreiben, erlebt Kisch das Prag der kleinen Leute.

Und heute, 1985, hundert Jahre nach seiner Geburt, wäre es für Kisch nicht schwierig, die bedrückende Atmosphäre, den diktatorischen Führungsstil der heutigen Machthaber, die Resignation der Menschen widerzuspiegeln.

Egon Erwin Kisch, der immer „die Wirklichkeit beschrieb, ohne die Wahrheit zu verletzen", wie es Joseph Roth ausdrückte, würde merken, was vom „Goldenen Prag" 1985 übrig geblieben ist. Er müßte beschreiben, wie trist das Leben in dieser prächtigen Stadt heute ist. Müßte beschreiben, was aus den Lokalen seiner Jugend, der Zeit nächtelanger Diskussionen und animierender Gespräche geworden ist. Und der Journalist Kisch wäre entsetzt, daß man tatenlos zusieht, wie die phantasievollsten, prächtigsten Jugendstilbauten Europas langsam verfallen. Vielleicht würde eine Reportage von Egon Erwin Kisch über den Verfall der Originalfresken von Alfons Mucha im größten Jugendstilgebäude Prags, dem „Gemeinschaftshaus", manche wachrütteln. Hier, wo früher die Journalisten des „Prager Tagblattes" in nur wenigen Minuten über den „Graben" angelangt waren, werden heute Touristen lieblos abgespeist.

Wenn Kisch in der heutigen Tschechoslowakei leben müßte, wäre er vielleicht überrascht, daß Bücher von Franz Kafka und von ihm nirgends erhältlich sind, daß der hundertste Geburtstag von Kafka und von ihm selbst in Prag totgeschwiegen wird.

Im Herbst 1984 besuchte ich Prag. Eine befreundete Tänzerin — sie hat ein wunderschön geformtes Gesicht mit breiten Backenknochen und alles überstrahlenden Augen, eben den Kopf einer Pragerin — klärt mich mit drei Worten auf, warum

Kisch in der heutigen Tschechoslowakei totgeschwiegen wird: „Er war Jude." Auf unseren nächtlichen Spaziergängen zeigt sie mir, wie wenig vom Prag der Tänzerin Eduardowa, die für Franz Kafka den Csárdás immer noch einmal getanzt hat, übriggeblieben ist. Das Mädchen Eduardowa, das die Musik so liebte, fuhr auch in der „Elektrischen" in Begleitung zweier Violinisten, die für sie aufspielten. Damals bestand in der „Elektrischen" kein Verbot zu musizieren, wenn das Spiel gut und den Mitfahrenden angenehm war. Im Herbst 1984 wären solche „dekadenten" Ideen undurchführbar.

Meine Freundin zeigt mir die letzten Stationen im Leben des Egon Erwin Kisch. Sie glaubt nicht, daß es Zufall war, daß der Jude Kisch nach seiner Rückkehr aus der Emigration in Mexico ausgerechnet das Haus zugewiesen bekommt, in dem vorher Adolf Eichmann gewohnt hat. Wir besuchen die berühmte „Altneusynagoge" im ehemaligen jüdischen Ghetto. Einer der 2.500 noch geduldeten Juden in Prag erzählt mir von immer wiederkehrenden antisemitischen Ausschreitungen.

Aber das hätte Egon Erwin Kisch, würde er heute noch leben, nicht überrascht. Schon 1946, als Kisch krank und müde aus der Emigration in seine geliebte Heimatstadt zurückkehrte, erkannte er die bedrohliche Atmosphäre des aufkeimenden Antisemitismus, der später in den „Anti-Zionistischen" Slansky-Prozessen mit der Hinrichtung jüdischer Freunde Kischs gipfelte. Vermutlich wäre auch Kisch unter den Opfern gewesen. Er starb „rechtzeitig" eines natürlichen Todes.

Von Onkel Sami bis Tante Lotti

KISCHS AHNENGALERIE

WIR BEFINDEN UNS IM PRAG DES JAHRES 1885. VOR ZWEI JAHren wurde hier Franz Kafka als erstes von sechs Kindern geboren, im selben Jahr, 1883, in dem auch Mussolini geboren wird und Karl Marx stirbt. Mehr als 300.000 Menschen leben in Prag, fünfzig Jahre vorher waren es nur knapp 100.000. Franz Grillparzer beschreibt die Stadt in seinem Tagebuch: „Ich konnte mich des grandiosen Eindrucks nicht erwehren, den diese Stadt auf jeden Beschauenden machen muß. Die Lage im Kessel von schönbepflanzten Bergen überall vorteilhafte Linien bildend, der breite Fluß mitten durch die Stadt, der Hradschin das ganze krönend, alles trägt dazu bei, diese Stadt recht gemäldehaft zu einer der schönsten zu machen."

Die Hälfte der Bevölkerung Prags lebt 1885 in den Vorstädten, die erst nach und nach der Verwaltungshoheit der Innenstadt unterstellt wurden. Rund neunzig Prozent der Bewohner Groß-Prags waren Tschechen, die auch die politischen Geschicke des Königreichs Böhmen bestimmten. Das immer mehr expandierende Großbürgertum, die Mehrheit der Kleinbürger und die vom Lande in die Hauptstadt drängenden Dienstboten, die vor allem in deutschsprachigen Haushalten Beschäftigung fanden, lebten trotz politischer Widersprüche friedlich nebeneinander. Straßenbezeichnungen und fast alle Aufschriften waren tschechisiert, die Beschilderung deutscher und jüdischer Kaufleute und die Amtstafeln der k. u. k. Behörden zweisprachig. Nationalistische Tendenzen wurden dennoch immer deutlicher merkbar. Bis in die Zeit nach dem Ersten Weltkrieg gipfelten sie in antideutschen und antisemitischen Ausschreitungen.

Die Prager Juden wurden den Deutschen zugerechnet, obwohl sich von den 25.000 Juden schon um die Jahrhundertwende nur noch weniger als die Hälfte zum deutschen Kulturkreis offiziell bekannte. Doch die Assimilation an die Deutschen lag aus sprachlichen und kulturellen Gründen nahe. Außerdem hatte man die besseren Aufstiegschancen, Mittelstand und Oberschicht wurden von den Deutschen beherrscht. Andererseits waren die Prager Deutschen auf die geistige Beweglichkeit, die Geschäftstüchtigkeit und das damit verbundene Kapital der jüdischen Bevölkerung angewiesen. Die führende Stellung der Deutschen im Großhandel, im Bank- und Versicherungswesen und in den freien Berufen verdankte man den Juden. Man war also aufeinander angewiesen, Antisemitismus damals auf deutscher Seite verpönt.

Im ständigen nationalen Wettbewerb mit den kulturell aufstrebenden Tschechen entwickelte sich ein vielschichtiges geistiges Leben: Neben einer Universität gab es Hochschulen für spezielle Fachrichtungen, Gymnasien, Grundschulen, zwei Tageszeitungen, eine Vielzahl von Vereinen sowie drei Theater, in denen ständig Gastspiele von Wiener und Berliner Ensembles stattfanden.

Während 1885 im „Theater an der Wien“ die Uraufführung der Operette „Der Zigeunerbaron“ stattfindet, Otto Wagner seine erste Villa in Wien erbaut und Auer von Welsbach das „Gasglühlicht“ erfindet, wird in Prag am 29. April Egon Erwin Kisch als zweiter von insgesamt fünf Söhnen geboren. Die Eltern, der Tuchhändler Hermann Kisch und seine Frau Ernestine, geborene Kuh, gehören zum deutsch-jüdischen Bürgertum in Prag. Da Egon Erwin Kisch alles Historische reizte, hat er sich auch, mit unermüdlicher Geduld und gewaltigem Einsatz mit der Geschichte seiner eigenen Familie beschäftigt.

So ist er stolz darauf, in der zwölfbändigen „Jewish Encyclopedia“ eine Erwähnung seiner Familie zu finden. Im dritten Band des jüdischen Lexikons wird von einer „family of distinction, migrated in the 16th century from Chiesch in Bohemia“ berichtet. Die Familie ist aus dem winzigen Ort Chiesch bei Eger im 17. Jahrhundert nach Prag eingewandert. Aus dem Ortsnamen „Chiesch“ wurde also der Familiennamen „Kisch“, was bei jüdischen Namen häufig vorkommt. Die Familie Kisch sollte später im gesellschaftlichen und sozialen Leben der deutschen Juden in Prag eine bedeutende Rolle spielen. Kaum in Prag angelangt, wurden die Kischs Inhaber der privilegierten Juden-Apotheke. Immer wieder verwendet Egon Erwin Kisch die Ahnen als Vorlage in seinen Büchern. In der Komödie „Die gestohlene Stadt“, die er im 18. Jahrhundert spielen läßt, tritt der alte Apotheker Jakob Kisch mit langem Mantel und Dreispitz auf. Oder er erzählt in „Abenteuer in Prag“ vom Onkel Abraham Kisch, der als erster Prager Jude das medizinische Doktorat erwarb. Kritisch und ironisch schreibt Kisch über seine Verwandten, aber wenn es seine Eltern betrifft, immer voll verhaltener Zärtlichkeit und offen eingestandener Liebe. Die Mutter war die mit Abstand wichtigste Bezugsperson im unruhigen, rastlosen Leben des Egon Erwin Kisch. Sie war das unentbehrliche Bindeglied zu jener vertrauten, kleinen Welt, „an die sich alles Freud und Leid meines Lebens knüpft“. In den zwanziger und dreißiger Jahren, als Kisch oft lange Zeit nicht nach Prag zurückkam, erkundigt er sich eingehend nach den Lebensumständen seiner Familie. Aber vor allem liegt ihm das Wohl der Mutter am Herzen. In Briefen aus der ganzen Welt ist seine Sorge um den Gesundheitszustand der Mutter erkennbar, immer wieder fordert er sie auf, sich zu schonen und auch regelmäßig „in die Sommerfrische zu fahren“.

Wenn die Mutter nicht gerade in der Sommerfrische war, mußte sie ihrem Sohn von den Neuigkeiten aus Prag brieflich berichten. „Schreib mir ins Café Central, Herrengasse, Wien“ bittet Kisch seine Mutter am 1. August 1919. „Laß Dir von den Jungen diktieren, wo sie abends hingehen, wer ins Café kommt, Journalismus, Bücher, die man kriegt, Mädel, Verwandte etc.“

Ein anderer Onkel, Professor Dr. Samuel Basch, wurde Leibarzt Kaiser Maximilians von Mexico. „Als Onkel Sami Basch, sagenumwittert, meinen Brüdern und mir von Mexico erzählte, lauschten wir scheu und erregt; wir fühlten die Weltgeschichte durch unser Speisezimmer rauschen“. Ein halbes Jahrhundert später, während der Emigration in Mexico, gedenkt Kisch an der Todesstätte Maximilians des alten Onkel Sami. Das vergilbte Foto vom Leibarzt des unglückseligen Schattenkaisers hängt im Inneren der Kapelle. Dr. Samuel Basch erwies damit seinem Herrn den letzten Dienst, daß er die Leiche des Kaisers in die Wiener Heimat überführte. Vorlage für sensationelle Enthüllungen über den „Unglücklichen“ Kaiser Maximilian, in „Entdeckungen in Mexico“ war für Kisch die Biographie über Onkel Sami. Prof. Heinrich E. Kisch, ein weiterer Onkel, hatte nach der Rückkehr des Leibarztes nach Prag ein Buch geschrieben, in dem die Wahrheit über Kaiser Maximilian berichtet wird. Der eine Onkel des Egon Erwin Kisch, Sami, hat dem anderen Onkel, Heinrich, Intimitäten aus Mexico berichtet, die Historiker heute noch nicht ganz glauben wollen. Und „Egonek“, wie Egon Erwin Kisch von allen liebevoll gerufen wurde, hat während seiner Emigration weiter recherchiert und enthüllt in seinen „Entdeckungen in Mexico“:

Maximilian war ein Enkel von Napoleon. Er soll ein Sohn des Herzogs von Reichstadt gewesen sein, der eine heimliche Liebe mit Maximilians Mutter, der Erzherzogin Sophie, der Frau von Erzherzog Franz Karl, hatte. Die Entsendung des ahnungslosen Erzherzogs nach Mexico war ein übles Geschäft. Der französische Finanzminister Morny ließ sich mit wertlosen mexikanischen Staatsanleihen bestechen. Um ihren Gegenwert einzutreiben, hetzte er Napoleon III. auf und entfesselte den mexikanischen Krieg. Die Frau des Kaisers von Mexico, Charlotte, betrog Maximilian mit dem mexikanischen General Miguel Lopez. Als sie schwanger war, mußte sie Mexico verlassen, da die Zeugungsunfähigkeit des Kaisers allgemein bekannt und auch ärztlich festgestellt worden war. Die schwangere Charlotte fuhr nach Rom, wo sie am Abend des 27. September 1866 von Papst Pius IX. im Vatikan empfangen wurde. Charlotte fiel in Ohnmacht und mußte im Vatikan übernachten. Am nächsten Tag stellten die päpstlichen Ärzte „Schwangerschaftspsychose“ fest. Am 12. Januar 1867 brachte Charlotte einen Jungen zur Welt, der selbstverständlich Maxim getauft wurde. Der Sohn wurde vom Notar Weygand erzogen und später auch von ihm adoptiert.

Doch zurück zu den Vorfahren Egon Erwin Kischs. Neben Heinrich Heine, den Kisch einmal kokett nebenbei erwähnt, findet man einflußreiche Rabbiner, anglikanische Bischöfe, preußische Adelige und stadtbekannte Kaufleute. Ja, und Tante Lotti. Tante Lotti, die Goethe-Freundin. Sie nannte ihren Neffen stets Egmont statt Egon. Denn Goethe war die große Leidenschaft ihres Lebens.

Als Backfisch quälte sie ihre Eltern so lange, bis sie mit ihr nach Marienbad reisten, wo der Dichter gerade zur Kur weilte. Schon am ersten Tag entdeckte Tante Lotti Goethe während eines Spazierganges. Von da an schlich sie ständig in anbetender Bewunderung, darauf bedacht, nie bemerkt zu werden, hinter dem Dichterfürsten her. Doch einmal wurde sie von Goethe bemerkt. Und daß er ihr „wirklich freundlich“ zugenickt hat und sie anlächelte, sollte zum schönsten Augenblick ihres Lebens werden. Mit rasender Eifersucht verfolgte sie von diesem Zeitpunkt an „diese blöde Gans“ Levetzow, die damals in Marienbad das unsagbare Glück von Goethes Gesellschaft genoß. „So schön wie die war ich noch lange“, erzählte die über Neunzigjährige später ihrem Neffen „Egmont“. Eines Tages fand dann Tante Lotti den unglaublichen Mut, das Haus Goethes aufzusuchen, mit der Bitte, der Dichter möge ihr einige Worte in ihr Poesiealbum schreiben. Eine Zofe übernahm das Buch. Nach einigen Minuten kam aber nicht der verehrte Goethe an die Tür, sondern die gehaßte Rivalin Levetzow, mit dem Bescheid, der Dichter hätte „für solche Sachen wirklich keine Zeit“.

Säbelduelle, Schachturniere und Stoffballen

GEBURT IM BÄRENHAUS

Du bist mir, lieber Egon, an einem Mittwoch Nachmittag geboren, um vier Uhr, bei herrlichem Frühlingswetter. Eine Stunde vorher hatte ich noch mit Onkel Sami aus dem Fenster auf die Straße hinuntergesprochen; als er um vier Uhr im Geschäft die Nachricht bekam, daß du angekommen bist, sagte er: ‚Unmöglich, ich habe doch die Ernestine jetzt gesprochen!' Und die Hebamme, eine Frau Rosenthal, sagte mir, du hättest ein Grübchen im Nabel, du wirst ein Herzensdieb sein."

Jahrzehnte nach dieser problemlosen Geburt berichtet die Mutter ihrem Sohn in einem Brief davon. „Solche Erlebnisse vergißt eine Mutter nicht — wie wenn es heute wäre — ist mir alles vor Augen". Das Geschäft des Vaters und des erwähnten Onkels befand sich im selben Haus, genau unter der Wohnung der Familie Kisch. Ein gutgehendes Unternehmen, das Tuchgeschäft von „S. Kisch & Bruder". Dort unten, zwischen Ballen von Cheviot und Kammgarn, verbrachten Egon und seine Brüder, Friedrich, Paul, Wolfgang und Arnold den Großteil ihrer Kindheit. Im Geschäft von „S. Kisch & Bruder" in der Melantrichgasse kauften die besten Schneider Böhmens ein.

In der Erzählung „Verlauf einer Jugend" berichtet Kisch von den vielen berühmten Kundschaften, die er als Kind im Geschäft seines Vaters kennengelernt hat. Von den Generälen Philippovich und Grünne, dem Baron Rieger und dem Bankier Gustav Mayer, Chef der Wechselstube „Mayer & Morgenstern" auf dem Wenzelsplatz. Bis zu seiner Verhaftung wegen Betruges war Mayer täglicher Schachpartner des Tuchhändlers Hermann Kisch. Später sollte aus ihm der Schriftsteller Gustav Meyrink werden.

Das weiträumige Patrizierhaus aus dem 15. Jahrhundert in der Prager Altstadt war Treffpunkt aller Kinder der Umgebung, solange die fünf Kisch-Buben noch zu Hause wohnten. Es wurden Kinder-Schachturniere veranstaltet, vor allem aber gab es viel Platz zum Spielen. Die Zimmer hatten das Ausmaß mittelgroßer Säle, im geräumigen Innenhof gab es Loggien und Arkaden, und auch das ebenerdige Tuchgeschäft wurde zeitweise zum Spielplatz. Vergnügt schildert Kisch: „Dort unten habe ich mich an der bunten Tafel mit den hundertzwei Farbnuancen erfreut, welche die Adjustierungsvorschrift für die Aufschläge der k.k. und k. und k. Regimenter festgesetzt hatte, und dort unten habe ich als ganz kleiner Bub mein erstes Verbrechen begangen — nichts Geringeres als eine Münzfälschung. Die Tuchmuster, die man den Reisenden mitgab, hatten rechts oben ein rundes Blättchen angeklebt, das in Buchstabenschrift Preis und Nummer der Ware enthielt. Zur Herstellung dieser Plättchen war eine Stanze da. Wenn man diese Stanze auf den braunen Einlagskarton des Kopierbuches preßte, so entstanden die schönsten Kupferkreuzer, von denen man einen auf die Straße legen und die Passanten beobachten konnte, wie sie ihn als Kupferkreuzer aufhoben und als Kartonblättchen wegwarfen. Von guten Einzelerfolgen aufgestachelt, versuchte ich es einmal mit einer Massenaktion. Hunderte solcher papierenen Kupferkreuzer streute ich auf das Trottoir, sah aus dem Fenster zu, wie die Leute sich bückten, sich ihres Hereinfalls schämten oder aber schimpften, oh, es schimpften viele, die Flüche vereinigten sich zu einem Massenfluch, Gruppen vereinigten sich zu einer Massengruppe, ein ahnungsloser Mann schaute aus einem Fenster des ehemaligen Michaelsklosters, die Menge glaubte, ein höhnisches Lachen an ihm zu sehen, aha, das ist der Urheber des Bubenstückes, man rief ihm etwas zu, jetzt lachte er wahrscheinlich wirklich, man wollte in das Haus, hastig schloß der Hausmeister das Tor, man rannte an, Polizei kam...

Ich stand kreidebleich hinter dem Vorhang unseres Speisezimmers, meine Mutter wollte auch sehen, was es auf der Straße gäbe, ich beschwor sie, sich vom Fenster zu entfernen und erklärte ihr Grund und Urheber der Erregung. Mama beruhigte mich lächelnd: Es wird schon etwas anderes los sein. Sie glaubte mir nicht — nie hat mir jemand geglaubt!"

Der Vater Kischs, Hermann, war ein solider, gebildeter Mann, der lieber Kriminalliteratur las, als sich um das Geschäft zu kümmern. Diese Sorge überließ er gerne seinem Bruder und Kompagnon. Hermann Kisch starb schon, als sein zweitältester Sohn Egon Erwin fünfzehn Jahre alt war. Darum erfährt man wenig über den Vater, obwohl Kisch sich so gerne an sein Elternhaus erinnert und ausführlich darüber schreibt. Um so deutlicher tritt die Persönlichkeit der Mutter in den Schilderungen des liebenden Sohnes hervor. Ernestine Kisch war der unbestrittene, von allen geliebte Mittelpunkt der Familie. Auch als ihr Mann noch lebte.

Im Kriegstagebuch „Schreib das auf, Kisch" gedenkt Egon Erwin immer wieder seiner fernen Mutter. Er hatte im Krieg Entsetzliches erlebt, war verwundet worden, doch endlich durfte er auf Urlaub nach Hause fahren. Als der Zug Prag entgegenrollt, möchte er vor Freude schreien. „Noch zwei Minuten. Es wird sicher eine Verspätung sein. — Meine Mutter war auf dem Bahnhof!"

Besonders stolz ist Kisch auf sein Geburtshaus. Das „Haus zu den zwei Bären" aus dem 15. Jahrhundert wird aber auch in der „Studie zur Geschichte der Architektur Prags" gewürdigt. Das Portal des Bärenhauses sei „das einzige in Prag, das eine solche Formfülle aufweist; es steckt noch etwas von der Phantasie romanischer Steinmetzen darin". Von den unterirdischen Gängen des Hauses konnte man bis in die Teynkirche, zur Grabstätte Tycho de Brahes, gelangen. Im geräumigen Hof des Hauses sang der blinde Methodius seine Balladen, während er Messer und Scheren schliff, daß die Funken flogen. So hatte das ganze Gebäude einen eigenen Zauber, es wirkte rätselhaft und für Kinder erregend.

Hier im „Haus zu den zwei Bären“, das von den Kisch-Buben auch ironisch „Wanzenburg“ genannt wurde, begann auch Kischs „Leben für die Zeitung“. Im Alter von acht Jahren bekam der spätere „Reporter der Wahrheit“ von seiner Mutter eine kleine Handdruckerei geschenkt. Der achtjährige Kisch begann seine journalistische Laufbahn. Die Redaktion seiner ersten Zeitung befand sich im Geschäft des Vaters, unter dem Ladentisch. Während oben die Stoffballen ausgerollt wurden, arbeitete Egon an seiner ersten Reportage. Er hatte erfahren, daß der Nachbar Mayer ein „Spiritist“ sei, und vom Vater herausbekommen, was das bedeutet. Der „Aufmacher“ der Zeitung, die in der Auflage von einem Stück auf der Handdruck-Maschine produziert wurde, war: „Es gibt keine Gespenster. Wer daran glaubt, ist dumm!“

In „Verlauf einer Jugend“ berichtet Kisch von seinem Geburtshaus: „Im sechzehnten Jahrhundert ist an das ursprüngliche Haus links neben dem Portal ein Vorbau für Geschäftslokale angefügt worden. Das Dach dieses Vorbaues ist glatt, hat beinahe die Größe eines Tennisplatzes und ist von einer Balustrade umsäumt, sodaß es der Balkon für unsere Wohnung im ersten Stock war. Was für uns Brüder und unsere Mitschüler diese Terrasse war, gehört der Chronik der Melantrichgasse an. Mit Wut und Neugierde starrten die Nachbarn aus ihren Fenstern auf die Ereignisse in dem steinernen Garten. Dort hielten wir, mit Fechtmasken und Plastrons angetan, Paukstunden und Generalproben zu Bestimmungspartien und Säbelduellen ab. Im Winter schütteten wir Wasser auf und führten, als es festgefroren war, auf Schlittschuhen unterschiedliche Kurven und Sprünge aus. Auf dem Fensterbrett der Wohnung stand man auf den Händen und ließ sich zum Entsetzen des auf der Gasse angesammelten Publikums nach außen überschlagen. Das bot gar keine Gefahr, da schon anderthalb Meter tiefer der Balkon war, aber von unten sah dies einem selbstmörderischen Übermut gleich... Wenn wir für die Gründung des großen Fußballklubs trainierten, dann flog der Lederball hie und da klirrend auf den Mittagstisch einer gegenüber wohnenden Bürgerfamilie...“ Und in den riesigen, gewölbten Zimmern der alten Wohnung war es auch nicht gerade langweilig. In einem Zimmer wurden Mensuren geschlagen, bis das Blut auf die Zimmerdecke spritzte, „Ohren und Nasenspitzen auf die Schränke flogen“. In einem anderen Zimmer wurde bei schlechtem Wetter Fußball gespielt, „Lampen zertrümmernd, Fenster zerschlagend und Möbel zerschmetternd“. Der jüngste der Brüder hatte sich seine Freunde in ein anderes Zimmer eingeladen, „zu den harmlosen Vergnügungen dieser vornehmen Gesellschaft gehörte es, in den Parkettboden Gruben für Kugelspiele zu bohren“.

Die gütige, verständnisvolle Mutter sagte zu all diesen Vergnügungen ihrer Söhne nichts. Ihr war lieber, es passierte zu Hause ein kleiner Unfall, als der Krankenwagen bringt einen der lebhaften Buben mit einem gebrochenen Bein vom Fußballplatz, oder es müßte ihr schonend beigebracht werden, ihr Sohn liege mit einer „leichten“ Mensurwunde auf der chirurgischen Abteilung des nahen Spitals.

Zu einem seiner vier Brüder hatte Egon Erwin Kisch das eindeutig beste Verhältnis: Paul Kisch. Das gemeinsame Interesse für Literatur und der Wunsch beider, Journalist zu werden, prägte lange Zeit das innige Verhältnis der beiden Brüder. In den Briefen Kischs an seinen älteren Bruder Paul spürt man aber nicht nur Herzlichkeit, sondern zeitweise auch einen kritisch-ironischen Unterton. Bald stellte sich heraus, daß der jüngere Bruder dem älteren in vielem überlegen war. Schon als knapp Zwanzigjähriger beginnt Egon Erwin Kisch beim „Prager Tagblatt“ als Volontär zu arbeiten, besucht unmittelbar danach eine private Journalistenschule in Berlin, um im April 1906 als Lokalreporter bei der deutschsprachigen Prager „Bohemia“ zu schreiben. Der ältere Bruder Paul hingegen schließt sein Philosophiestudium erst als knapp Dreißigjähriger in Prag ab und wendet sich dann erst dem Journalismus zu. In kritischen Ermahnungen, Ratschlägen und Belehrungen, die Kisch seinem Bruder Paul immer wieder erteilt, zeichnen sich prinzipielle Gegensätze ab.

Vor allem im Streit um Pauls leidenschaftliches Couleurstudententum und seine deutschnationale Gesinnung treten Meinungsverschiedenheiten auf, die zu wachsender Entfremdung führten. Egon Erwin Kisch, selbst „Ehrenbursch“ der Prager Burschenschaft Saxonia, distanzierte sich sehr bald von diesem „Jugendübermut“. Nicht selten beginnen die Briefe Kischs an seinen Bruder mit Formulierungen wie „Blödsinniges Halbbrüderchen“ oder mit einem strengen „Paul!“, während die Mutter meistens mit „Mein geliebtes Mutterl“, „Mein liebes altes Mütterchen“ oder „Teuere Mama“ genannt wird.

Am 18. November 1905 erhält Paul Kisch einen Brief von seinem Bruder aus Berlin mit der Anrede „Herzallerliebstes, zuckersüßes Brüderchen!“ Doch der herzliche Ton des Briefes reißt sofort ab: „Du wirst aus meiner liebenswürdigen Anrede auf die unwahrscheinliche Tatsache schließen, daß ich mir von Dir Geld ausborgen will! Kretin! Sei versichert, wenn ich keinen roten Pfennig in meiner Tasche hätte, oder, um mit Kollegen Baumbach zu reden, keinen Tropfen im Becher mehr, kein Stück Brot am Teller mehr und den Magen und Beutel schlaff und leer und kein Hemd am Leibe mehr, lechzend Herz, Zunge, Magen und andere Körperteile, so würde ich, wenn man mir auch überall Kredit verweigerte, mich doch aus brüderlichen Gründen an Dich niemals um Geld wenden...“

Obwohl Egon Erwin Kisch meint, daß er nicht umsonst und „nur seinem Bruder“ schreiben kann, wo er doch „von Tausenden gelesen wird und jede Zeile etwa 10 Heller einbringt“, reißt der ständige Briefwechsel der beiden nie ab. In einem Brief vom Februar 1908 ermahnt Kisch seinen Bruder, Geld nicht für sinnlose Sachen zu verschwenden. „...um jeden Zehner, für den man nicht ein Stückerl Welt gesehen hat, ist's ewig schade... red Dir nur nicht ein, daß Du die Jugend genießest. Auf ein Mädel, welches Geld kostet, pflege ich zu scheißen...“

Die Tänzerin „Revolution" und der junge Dandy

SCHULZEIT

IN DEN RAHMEN KONSERVATIVER IDEALE IN DER FAMILIENTRAdition der Kischs paßte gewiß einer der fünf Söhne nicht: Egon Erwin. Das Studium an der Technischen Hochschule in Prag brach er sehr bald ab, um nach Berlin an eine Journalistenschule zu gehen; nie hatte er eine feste Stellung, kannte keine Zurückhaltung in politischen Dingen und hatte fast nie Geld. Statt dessen hatte er einen als unsolide verschrieenen Beruf, außergewöhnlich starkes politisches Engagement, Einreiseverbote und Ausweisungen vieler Länder, Gefängnisaufenthalte.

Die Schulzeit begann für den zum Musterknaben bestimmten Egonek im Servitenkloster zu St. Michael, gleich gegenüber dem „Haus zu den zwei Bären". Drei Jahre lang besuchte er diese kleine Privatschule, in der ein greiser Lehrer kaum mehr als ein Dutzend Schüler unterrichtete. Danach ging er in die Piaristenschule. Diese deutschsprachige Klosterschule wurde hauptsächlich von den Söhnen wohlhabender Familien besucht. Der Unterricht der Patres war nicht allzu geistlich, sonst hätte es damals nicht in ganz Prag heißen können: „Piaristen, schlechte Christen". Kisch erwähnt, daß er sich in der Piaristenschule, die sich in einer Seitengasse des Grabens befand, sehr isoliert gefühlt habe. Seine Mitschüler trugen alle blaue Matrosenanzüge und die meisten wohnten in einem vornehmen Bezirk, in der Prager Neustadt. Er hingegen kam aus den engen Gassen der Altstadt. Seine noblen Mitschüler fuhren zur Sommerfrische ins Salzkammergut, während er glücklich sein mußte, mit seinen Eltern Urlaub in der allernächsten Umgebung Prags machen zu können.

Nach der gemütlichen Piaristenschule besuchte Egonek, der als aufsässiger und trotziger Schüler galt, sieben Jahre die „Nikolander", die „Erste deutsche Staatsoberrealschule" in der Nikolandergasse. Zum Lernen hatte der Realschüler Kisch aber wenig Zeit. Lieber spielte er Fußball, streifte mit Freunden im Stadtpark herum oder besuchte die „Zivilschwimmschule". Da gab es die Schwimmeister Nemec und Kriz, den Bademeister Silnousek und die beiden Brüder Smolik, die früher Schiffskapitäne waren und jetzt hier arbeiteten, um noch irgendwie mit Wasser in Berührung zu kommen. Sie alle trugen rot-weiß gestreifte Uniformen, und jeder hatte Respekt vor ihnen.

„Hoch oben thronte aber, im Atrium des hölzernen Tempels, die Gottheit: Direktor Christen. Wer sich versündigt hatte gegen die Gesetzestafeln, die gedruckt an den Wänden hingen, der wurde die Bretterstufen hinaufgeführt vor ihn, den Obersten der Richter. Nackt sah man sich vor ihm, triefend vor Reue, Zerknirschung und Moldauwasser, zitternd und zähneklappernd vor Angst und Kälte, rot vor

Scham und Sonnenbrand, und harrte des Richterspruches. Er aber stand da, mit seinem Namen, seinem grauen Vollbart und seinen guten blauen Augen, eine biblische Gestalt. Milde gab er eine Rüge. Oder er verwies den Sünder für zwei, für drei Tage aus dem Paradiese. Das war hart. Es hieß Abschied nehmen von der Welt der Trampoline, der Quellwasser- und Flußwasserdusche, des Wettschwimmens im kalten Wasser, der Kopfsprünge und der Saltomortale..."

Als Statist am Theater verdiente der Realschüler Kisch etwas Geld, um es in der „Klamovka", einem Tanzlokal am westlichen Stadtrand Prags, sofort wieder auszugeben. Früher lustwandelten dort im „Clamschen Garten" Grafen und Gräfinnen auf schattigen Kieswegen. Später wurde der herrschaftliche Park an einen bürgerlichen Gastwirt verkauft, der in der Mitte des Gartens ein Gasthaus mit einem riesigen Tanzsaal baute. Von da an war die „Klamovka" Sonntag nachmittags Treffpunkt der „kleinen Leute", hier tanzten Dienstmädchen und Näherinnen mit ihren Verehrern bis in den Morgen. „In den Pausen aber gingen die Liebespaare, sich umschlungen haltend, hinunter in den Garten, in dem die hohen Christusakazien, die duftenden Syringensträucher, die schattigen Kastanienbäume, die silberglänzenden Rotbuchen, die dichten Ahornsträucher und die verzweigten Hagedornbüsche in Blüte standen. Wenn auch die Blütenpracht von den Liebespaaren wohl kaum eines Blickes gewürdigt worden ist — der Einfluß des Milieus muß doch im Unterbewußtsein seinen Nachhall geweckt haben, dem Frühling der Herzen muß es doch inmitten des Frühlings der Natur am wohlsten gewesen sein..."

Nächtelang durchstreifte der Sohn aus gutem Haus, der sich gern ein bißchen verrucht gab, die schmalen, alten Gassen der Altstadt mit all ihren Spelunken. Hier in den Bierhäusern und Weinstuben, in den Nacht- und Hurencafés war Egon Erwin Kisch schon von frühester Jugend an zu Hause. Er kannte alle „leichten Mädchen", die in den Lokalen rund um den Gemüsemarkt im „Grünen Frosch", in der „Kanne", in der „Mimose" im „Bataillon" oder im Lokal „Zur Hölle" verkehrten. Schon damals schrieb er Gedichte, ließ sie auf eigene Kosten drucken und schenkte sie den Huren, mit denen er allen „per Du" war. Daher auch das Gerücht, daß eine Gruppe von Damen des leichten Gewerbes Jahrzehnte später am offiziellen Begräbnis des Egon Erwin Kisch teilnahm.

Hauptquartier des jungen Kisch, der gerne als Dandy posierte, war im nächtlichen Prag das „Montmartre" in der Kettengasse. Hier brillierte er als Tänzer. Seine Lieblingspartnerin war ein Mädchen, das sich selbst „Die Revolution" nannte. Mit ihr tanzte er besonders schlürfend den „Nă sest", einen Sechsschritt-Walzer, bei dem man am Schluß in erheuchelter oder echter Verzückung die Augen zu schließen hatte. In diesem Milieu spielt auch Kischs erster und einziger Roman „Der Mädchenhirt", der 1914 erschien.

Der Mädchenhirt ist der zwanzigjährige Jarda, unehelicher Sohn eines vornehmen Patriziers und der Frau eines armen Flößers. Mit dem Geld des Vaters wird er auf die deutsche Schule geschickt und weiß bald nicht mehr, wohin er gehört. Als Kellner im übelbeleumundeten Café „Stadt Budapest“ studiert er jede Nacht, wieviel Geld man mit der „Liebe“ verdienen kann. Er wird „Pasák“, ein Zuhälter, und liefert den zahlungskräftigen Lebemännern bessere Ware als seine Konkurrenten: die jungen, frischen Mädchen der Flößer-Insel Kampa, die sich, um ihre Familien zu erhalten, verkaufen. Er wird eingesperrt, sein Leben ist verpfuscht; auch seine große Liebe, die engelhaft reine Prostituierte Luise, kann ihn nicht retten.

Der Mädchenhirt ist für Kisch ein geborener Zuhälter. Es befriedigt seine Eitelkeit und sein Machtbedürfnis, daß alle anderen Männer gefühllos gewährte Befriedigungen bezahlen müssen, während ihm der Genuß der Liebe von den Huren gratis zuteil wird — und er noch zusätzlich Geld von den gewurzten Männern, den „Krens“, bekommt. Die sozialen Ursachen des Zuhältertums aber sind nur allzu gut bekannt: Sie wurzeln für Kisch in jener Gesellschaftsordnung, die den Luxus der Wenigen mit dem Elend der Vielen bezahlt.

So wird dieses Buch zu einer düsteren Anklage, nicht weniger erschütternd als etwa die Anklagen Wedekinds.

Gespannt wartet der junge Kisch auf das Echo dieses Buches, ein Prager Sittenbild, das die französische Schule nicht verleugnen kann. Als die Kritiken erscheinen, sparen sie nicht mit Lob; Hermann Bahr etwa erinnert sich an die Technik Zolas und fügt hinzu: „In diesen sehr dokumentierenden Schilderungen schlägt ein Menschenherz.“ Und dennoch wird Kisch kein Romancier — der Weg zum Journalisten ist vorgezeichnet.

„Vom Blütenzweig der Jugend“

MATURA UND FUSSBALL

SCHON AUF DER „NIKOLANDER“ BEGANN DER REALSCHÜLER Kisch Gedichte zu schreiben. Dem Verbot für Schüler, literarische Arbeiten zu veröffentlichen, verdankt Kisch seinen zweiten Vornamen. Egon war so stolz auf seine ersten dichterischen Werke, daß er sich nicht zu einem Pseudonym durchringen konnte. So entschied er sich für einen Mittelweg und zeichnete mit E. Kisch, denn das hätte ja auch ein älterer Bruder sein können. Schon bald gelang es Kisch, seine Werke in Zeitungen unterzubringen. Ein zuständiger Redakteur entfernte den Punkt nach dem E und schrieb unter das Gedicht „von Erwin Kisch“. Der erfundene Vorname Erwin bürgerte sich immer mehr ein, daher wurde später daraus „Egon Erwin Kisch“.

Schon beim ersten Gedichtband, den Kisch 1904, ein Jahr nach der Matura, herausgab, „Vom Blütenzweig der Jugend“, zeichnete er als „Egon Erwin Kisch“. Das Buch erschien in „Piersons Selbstkostenverlag Dresden“. Für die Veröffentlichung mußte Kischs Mutter zweihundert Mark bezahlen.

Bevor es aber so weit war, hatte der Realschüler Egon große Gefahren zu bestehen. Seine Mitschüler wußten zwar, wer der „Erwin Kisch“ war: „Einige haben das Gedicht bereits gelesen und trotz des falschen Vornamens die Klaue dessen erkannt, der die Fußballzeitung redigiert“. Aber vor den Lehrern mußte strengstes Stillschweigen bewahrt werden. Zum Entsetzen aller fragte eines Tages ein Lehrer: „Ich habe in der letzten Zeit Gedichte von einem Kisch gelesen; sind das etwa Sie?“ Die ganze Klasse hält den Atem an. Denn in diesen Sekunden geht es darum, ob sie ihren Egonek verlieren, den linken Außenstürmer der verbotenen, geheimen Fußballmannschaft, den Chefredakteur ihrer Sportzeitung. Kisch selbst schildert: „Ich bin blaß, ich zittere. In einer Sekunde muß sich mein Schicksal entscheiden.“ Er leugnet und bezeichnet seinen älteren Bruder als den Autor der Gedichte. „Ihr Bruder scheint ja den Grips für die ganze Familie abbekommen zu haben!“, antwortet der Lehrer unter tosendem Lachen der ganzen Klasse. Stolz auf den Lacherfolg seiner Bemerkung fügt der Lehrer noch hinzu: „Ja, ja, manchmal findet sich in der gleichen Familie ein gescheiter Mensch und ein kompletter Trottel!“

Zu dieser Zeit wurde in Kischs Klasse auch ein Verein zur „Rettung des deutschen Dramas“ gegründet. Die theaterbegeisterten Realschüler beherrschten fast jeden Abend den obersten Rang des deutschen Theaters in Prag, nachdem sie sich vorher stundenlang um Stehplatzkarten angestellt hatten. Einmal kam es zu einer erbitterten Schlägerei, als ein Fremder es wagte, über das Idol der Mitglieder des Vereins zur „Rettung des deutschen Dramas“, Josef Kainz, zu schimpfen.

Kischs fanatische Liebe zum Theater, er statierte ja auch am „Neuen Deutschen

Theater“, ging so weit, daß er daheim alle großen Rollen nachspielte. „Wild entschlossen lief ich zu Hause umher und ließ brüllend die Warnung an die Familienangehörigen ergehen: ‚Wer mit mir geht, der sei bereit zu sterben!‘ Aus dem Wäscheschrank trat ich, in ein Leintuch gehüllt, hervor und offenbarte mit Grabesstimme meiner Mutter zu ihrem unverhohlenen Erstaunen die furchtbare Wahrheit:

Ich bin Deine Bertha nicht,
Bin die Ahnfrau dieses Hauses,
Deine Mutter, Sündensohn.“

Bei den „Nikolandern“ mußte man sich am Ende jeden Schuljahres einer Versetzungsprüfung unterziehen, die aber im Vergleich zur letzten Hürde, die man nach sieben Jahren Realschulzeit nehmen mußte, harmlos war: der Matura.

Der nicht sehr erfolgreiche Schüler Kisch hatte geradezu traumatische Zustände, unbeschreibliche Angst, die Matura nicht zu bestehen: „Über die Beherrschung eines Lehrstoffes von sieben oder acht Jahren in einigen Stunden Rechenschaft zu geben! Über einen Stoff, der die Formel der Hyperbel, die Daten aus der Regierungszeit Nebukadnezars, den Autor des Walthariliedes, die Reflexe des Konkavspiegels, die Herstellung des Chloralcyamids, die Biographie von Scarron, die Flächen und Kanten des Pentagondodekaeders, die Anwendung des Gerund, die Projektion einer Durchdringung zweier abgeflachter Kegel und tausende solcher Dinge umfaßte, die eben die Reife des Menschen beweisen.

Niemand war dieses Besitzes sicher. So half man sich eben mit alldem, was ein Euphemismus als ‚Schwindeln’ bezeichnete, für das aber das Strafgesetzbuch weniger milde Ausdrücke kennt. Manchem gesetzten Mann mag es heute noch schwindeln, wenn er denkt, in welche Gefahren ihn seinerzeit das Schwindeln bei der Reifeprüfung führte. Und er mag finden, wenn er sich's so recht bedenkt, daß er den Schwerverbrecher auf der Anklagebank in tiefstmenschlichem Sinne als seinen Bruder anzusprechen hat: Was du getan hast, um Geld zu gewinnen, habe ich getan, um nicht ein Jahr zu verlieren...“

Wider Erwarten und mit Hilfe großangelegter Schwindelaktionen, an denen sich die ganze Klasse beteiligte, besteht Egon Erwin Kisch im Sommer 1903 — in Paris wird gerade die erste „Tour de France“ gestartet, der Maler Paul Gauguin stirbt auf einer Insel im Pazifischen Ozean, und in Wien bringt Arthur Schnitzler den „Reigen“ heraus — die Matura. Das Maturazeugnis vom 8. Juli 1903 besagt über den Erfolg der Prüfung: „Reif in genügender Weise.“ Die Klassifikation ließ manches zu wünschen übrig, die Wissenslücken dürften recht groß gewesen sein. „Französische Sprache, Geographie und Geschichte, Mathematik, Darstellende Geometrie, Physik, Chemie, Naturgeschichte: Genügend“. Nur der Unterrichtsgegenstand „Deutsche Sprache“ wurde von Kisch mit „lobenswert“ abgeschlossen, das „Sittliche Betragen“ hingegen konnte nur als „entsprechend“ bezeichnet werden.

Doch der Maturant Kisch blieb gelassen.

„Ich hatte trotz einstimmigem Abraten, lockenden Versprechungen und trotz fürchterlichen Drohungen für den Fall meines Nichtrücktrittes maturiert und war durchgekommen. Gottes Gnade, meine Frechheit, Güte der Professoren, Hilfe meiner Mitschüler und die Tatsache, daß mein Prüfungsgenosse noch weniger wußte als ich, hatten das bewirkt."

Vor der Schule warten bereits sämtliche Mitglieder des Fußballclubs „Sturm" auf ihren Egonek. Allen Schülern war es streng verboten, irgendeinem Verein anzugehören. Nun aber konnte „Sturm" in die Öffentlichkeit treten, und der Maturant Kisch sein Obmann werden.

So zog die ganze Bande grölend und jubelnd durch die Straßen der Prager Altstadt. Während man früher „im Untergrund" Fußball spielen mußte — man traf sich nur auf abgelegenen Plätzen, und jeder Mitspieler hatte einen Decknamen — konnte man sich jetzt zu seinem Lieblingssport, der als verrohend und gesundheitsschädlich galt, öffentlich bekennen. Mußte man sich früher, um Aufstellungen oder die Taktik für das nächste Spiel zu besprechen, im Hinterzimmer eines Vorstadt-Wirtshauses verschanzen, konnte der „FC Sturm" jetzt überall zusammentreffen.

„‚Verrohung der Jugend', schrien die Ethiker. ‚Die eingeschleppte englische Krankheit', ‚Vernachlässigung der Schule' zeterten (mit weniger Unrecht) die Pädagogen. ‚Ein gefährliches Spiel', ängstigten sich die Eltern und lasen uns nachdrücklich aus der Lokalchronik vor, wenn sich jemand beim Fußball einen Arm oder ein Bein gebrochen hatte.

Alle Todesstrafen standen auf das Fußballspiel, alle Todesstrafen, die die Schule zu vergeben hat: strenges Prüfen, Karzer, Repetieren, Ausschluß. Weh dem, der spielt! Und alle spielen. Was bedeuten die ärgsten Strafen gegenüber dem Vergnügen, zweimal je fünfunddreißig Minuten der Gelegenheit nachjagen zu dürfen, ein Goal zu schießen! Zweimal fünfunddreißig Minuten? Nein, uns schlug keine Stunde, uns pfiff kein Schiedsrichter Halftime und Time. Wir spielten von zwei Uhr nachmittags, bis der Abenddämmer das Feld belegte. Wer physisch nicht mehr weiterkonnte, ausgepumpt war bis aufs letzte — immer noch konnte er einen verantwortungsvollen, aufregungsreichen, aber nicht so bewegten Posten erhaschen, wenn er den Torwächter bat: ‚Laß mich ins Goal'.

Man bedurfte keiner Goalnetze, keiner Querpfosten, man bedurfte keiner Ankleidekabinen, keiner verschließbaren Utensilienkästen, keines Goalrichters. Selbst ohne Unparteiischen spielten wir oft, war aber einer da, so wurde er als parteiisch beschimpft, als bestochen (!), und man stritt wegen jedes Corners.

Respektvoll dagegen und schrankenlos bewundernd sahen Schüler zu Fußballkapazitäten der nächsthöheren Klasse auf. Und wenn solch einer der ‚erstklassigen Menschen' im Schulhofe oder auf dem Korridor eine Orangenschale gut in die Höhe kickte, dann ging ein Murmeln der Bewunderung durch die Reihen.

Man wartete atemlos vor der Tagblattredaktion in erregten Gruppen auf die Telegramme mit den Resultaten. Man träumte, ein Großer zu werden im Fußballreich. Lief abends glühend und allein durch die Gassen, einen imaginären Ball vor den einwärts gerichteten Fußspitzen, hart an einer imaginären Outlinie, dribbelte an einem imaginären Halfback vorbei, ein imaginäres Publikum, tausendköpfig, zehntausendköpfig, feuerte an, ‚hipp, hipp'…"

Jetzt, nachdem Kisch also die Matura bestanden hatte, konnte er sich, wann und wo immer er auch wollte, seinem Lieblingssport, dem Fußball, widmen. Doch fast wäre die Matura an Professor Tiesel gescheitert. Kisch mußte Tiesel, dem Naturgeschichtslehrer, das heilige Versprechen geben, wirklich nur einen Beruf zu wählen, der absolut nichts mit Naturgeschichte zu tun hat. Kisch war selig, die Schulzeit beendet zu haben, und die Lehrer, die „lieben alten Feinde", zu vergessen.

Bald vergessen war auch der Mathematiklehrer, dessen Ausspruch „Ein Realschüler ohne Reißbrett ist kein Reißbrett" in der ganzen Schule für Gelächter sorgte. Oder jener andere des Naturgeschichtsprofessors, der seinen Schülern ernsthaft erklärte: „Die Luftröhre beginnt im Kehlkopf und endet im After… Leutl'n, schaut's euch das zu Hause an." Und bald vergessen war auch der Physikprofessor, der Kisch immer anbrüllte: „Gehn S' zugrund", was aber nicht als Fluch gemeint war, sondern nur die Aufforderung darstellte, beim Optiker Grund einen physikalischen Apparat zu holen.

Dichtung und Wahrheit

ERSTE JOURNALISTISCHE ERFAHRUNGEN

IM HERBST DES JAHRES 1903 BEGINNT DER MATURANT KISCH EIN Tiefbaustudium an der Technischen Hochschule Prag; nach dem ersten Semester dieses trockenen Faches wechselt er an die Deutsche Universität, um Literaturgeschichte und Philosophie zu inskribieren. Aber auch dieses Studium dauert nicht lange. Auch hier beendet Kisch seine Studien im ersten Semester. Er meldet sich als Einjährig-Freiwilliger zum Militärdienst.

Doch Kisch hatte sich das Kasernenleben einfacher vorgestellt, der eigensinnige und übermütige Egonek mußte beim Militär einfach Schwierigkeiten haben. Obwohl die Strafen für „Insubordination" hier strenger ausfielen als in der Schule, war er beim „k.u.k. Infanterieregiment Johann Georg Prinz von Sachsen Nr. 11" in einer ähnlichen Situation wie bei den „Nikolandern". Sowohl in der Schule als auch beim Militär gab es Vorgesetzte, die man bloßstellen und lächerlich machen konnte. Immerhin verbrachte der Soldat Kisch von 365 Tagen Militärdienst 147 im Gefängnis. Als Freiwilliger hätte er zwar Anspruch darauf gehabt, seine Ausbildung als Offiziersanwärter abzuschließen; wegen seines Verhaltens brachte es Kisch aber nur zum Korporal. Allerdings wurde er während des Krieges aufgrund seiner vorzüglichen Qualitäten befördert und ausgezeichnet: Er wurde Offizier.

1905. Manès Sperber, Elias Canetti und Greta Garbo werden geboren. In Oslo erhält Bertha von Suttner den Friedensnobelpreis, in China hebt ein kaiserliches Edikt die Prügelstrafe auf, und in Wien, ja in Wien findet wieder einmal die Premiere einer Operette statt: Franz Lehárs „Lustige Witwe" wird uraufgeführt. Und in Prag beginnt Egon Erwin Kisch, gerade zwanzig Jahre alt geworden, seine journalistische Laufbahn: Er arbeitet als Volontär beim berühmten „Prager Tagblatt", dessen Mitarbeiter unter anderem Max Brod, Alfred Polgar und Joseph Roth waren. Kisch wird vom Chefredakteur zum „Vortragsreferenten" bestimmt. Somit beginnt der „Rasende Reporter" seine Karriere mit Besprechungen von Vorträgen über:

Ruinenfunde in Edschmiadsin (mit Lichtbild-Projektion)
Pflege des Kindes vor der Geburt (weibl. Gäste erwünscht!)
Die Entdeckung der Fingerabdrücke durch Goethes Freund Purkynje
(nur für Mitglieder)
Assimilation der Kohlensäure durch das Chlorophyll
der Tropenpflanzen (mit Experimenten)

und über ähnliche „weder miteinander noch mit mir in Zusammenhang stehende Themen."

Doch Kisch blieb nur wenige Wochen „Vortragsreferent" des „Prager Tagblattes". Er geht nach Berlin und besucht dort ein halbes Jahr lang die private „Journalisten-Hochschule Dr. Wrede". Die meisten Prüfungsarbeiten läßt sich Kisch von seinem Bruder Paul schreiben und von Prag nach Berlin schicken. Der Aufenthalt in Berlin tat dem jungen Kisch gut. Als er im März 1906 nach kurzer Station in Paris nach Prag zurückkommt, ist er selbstbewußter geworden, und er ist jetzt ganz sicher, daß er Journalist werden muß. Aus Berlin bringt er aber auch sein zweites Buch mit: „Der freche Franz und andere Geschichten". In fünf der insgesamt sechs Erzählungen verarbeitet Kisch seine Erlebnisse aus der Schulzeit. Die letzte Erzählung berichtet vom Titelhelden „Dragotin Podravic", der an seinen Idealen, die sich als Illusion entpuppen, zerbricht, als er Wida, die Geliebte aus seinem Dorf, in einem Prager Luxusbordell trifft.

„Die Slowenen sind ein frommes und schlichtes Volk. Fromm sind sie, weil die Tradition sie allsonntäglich zur Kirche zwingt und weil sie sich der Beredsamkeit des Pfarrers nicht erwehren können, der ihnen die Frömmigkeit befiehlt; schlicht sind sie, weil sie den Luxus nicht kennen, weil sie weiter in der Kultur zurück sind als andere Völker. Aber wenn die Träger einer neuen Kultur kommen werden, dann werden sie diese annehmen, aber gleichzeitig mit dieser Kultur das Laster, die Falschheit, die Lüge, den Betrug, das Spiel, die Sünde. So wird ihnen die Kultur nicht zum Segen gereichen, sondern zum Fluche, die Slowenen werden auf dieselbe niedrige Stufe kommen wie die anderen Völker und werden so endigen, wie Wida endigt."

Die Sammlung „Der freche Franz" wurde von Kritik und Publikum gut aufgenommen, im Erscheinungsjahr wird noch eine zweite Auflage des Buches gedruckt.

Im April 1906 bewirbt sich Kisch beim Konkurrenzblatt des „Prager Tagblattes", der „Bohemia", der zweitgrößten deutschsprachigen Zeitung in Prag.

Eines Nachmittags klopf Kisch im Prager Café „Central" ein älterer Redakteur, der bei den Kellnern und Gästen des „Central" äußerst unbeliebt war, weil er aus den aufliegenden Zeitungen Notizen ausschnitt, oder gleich ganze Seiten herausriß, auf die Schulter. Er habe ihm mitzuteilen, daß jetzt eine Stellung in der Redaktion frei sei.

„Angenommen!"

„Nicht so stürmisch, junger Mann, Sie wissen ja gar nicht, um welche Art von Arbeit es sich handelt. Es ist die Stelle des Herrn Melzer, unseres Spezialisten in Mordfällen."

„Ich kann den Posten sofort antreten", erwidert Kisch dem Redakteur der „Bohemia".

Dieser scheint das nicht erwartet zu haben. „Herr Melzer war unser Lokalreporter, wissen Sie das?"

„Ja", antwortet Kisch, „ich weiß das. Ich komme noch heute abend in die Redaktion, um mich vorzustellen!"

In solchem Verruf befand sich damals, zu Beginn des Jahrhunderts, der Beruf des Lokalreporters. Kisch bekommt die Stelle eines „Spezialisten für Mordfälle" und beginnt bereits am nächsten Morgen, bei der „Bohemia" zu arbeiten. Hier sollte er dann auch für die nächsten sieben Jahre bleiben.

Der junge Kisch klärt den Mord am Wirt des Gasthauses „Zum König Ottokar". Er verdächtigt vom Beginn seiner Recherchen „einen Herrn Litera". Die anderen Zeitungen verweisen auf die Sozialdemokratie, in ihren Reihen sei der Mörder zu finden. Kisch läßt nicht locker, obwohl ihm sein Chef Vorhaltungen macht, denn er wolle nicht in den Verdacht kommen, „das sozialistische Gesindel zu decken".

Kisch deckt niemanden, sucht weiter nach der Wahrheit und findet den Mörder: Litera.

Bald wurde Kisch zum besten Lokalreporter der Stadt. Immer wieder gelang es ihm, einen „Solokarpfen", eine Exklusivmeldung für seine Zeitung, zu ergattern. Er hatte jede Polizeimeldung früher als die anderen und brachte vier Grundbegabungen mit, die er ständig trainierte: brillanten Stil, exzellentes Gedächtnis, Abenteuerlust und detektivischen Spürsinn.

„Ich kann in keiner Straßenbahn fahren, ohne herauskriegen zu wollen, welches Buch der Herr in der entgegengesetzten Ecke liest. Ich gaffe in jedes fremde Fenster, ich lese alle Wohnungsschilder in dem Haus, in dem ich zu Besuch bin, ich durchforsche Friedhöfe nach vertrauten Namen. Jede Rumpelkammer und jeden Stoß alten Papiers möchte ich durchsehen, jedes ‚Eintritt verboten' lockt mich zum Eintritt, jede Geheimhaltung zur Nachforschung".

Kisch berichtet von seinem ersten Auftrag als Lokalreporter. Er soll für die „Bohemia" vom Brand der „Schittkauer Mühlen" berichten:

„Das Feuer war im Begriff, den ganzen Komplex der Mühlen, ein Wahrzeichen der Stadt seit urdenklichen Zeiten, in Schutt und Asche zu verwandeln. Und was weit schlimmer war, die anderen Reporter waren schon da und mitten in der eifrigsten Arbeit.

Auf einem Hydrantenwagen unter einer Laterne, alles überblickend und allen sichtbar, saß Papa Vejvara. Er schrieb und schrieb. Polizei- und Feuerwehrbeamte liefen auf ihn zu, gaben ihm Informationen und eilten wieder davon. Von Zeit zu Zeit erschienen Boten seiner Redaktion auf Fahrrädern. Papa Vejvara reichte ihnen Manuskriptblätter und schrieb weiter.

Ich aber, ich wußte nichts zu schreiben. Mir blieb nichts übrig, als, ein demütiger Bittsteller, mich den Stufen des bronzenen Thrones zu nahen, auf dem Papa Vejvara waltete. Er neigte sich zu mir herab, ich reckte mich hoch, spitzte Zehen und Ohren, um keinen Ton von der Sensation zu verlieren, die er mir anvertrauen wollte. Aber was er mir zuflüsterte, war dieses: ‚Es brennt'. Ein Kollege maß mich mit Siegermine: ‚Na, Sie Schönschwätzer, zeigen Sie jetzt, was Sie können!' Ich arbeitete mich zum Feuerwehrkommandanten durch. Als ich vor ihm stand, fiel mir ein, ich weiß nicht einmal, was ich ihn fragen sollte. Ich fragte nach der Ursache des Feuers. ‚Noch nicht festgestellt'. So wie bei mir. Nichts hatte ich festgestellt, leer war mein Block. Schluß mit dem Versuch, das Mühlenfeuer zu beschreiben! Schluß mit der Reportage! Nur weg von hier!"

Kisch irrt einige Zeit durch die nächtlichen Straßen, er wagt es nicht, ohne Bericht in die Redaktion zurückzukommen. Wozu soll er sich beschimpfen lassen, bevor er gekündigt wird? Doch plötzlich bekommt Kisch Angst, sein Name könnte in die Geschichte der Journalistik eingehen: beim Großbrand der Schittkauer Mühlen war ein Reporter der „Bohemia" dabei — Kisch hieß er —, der wußte keine einzige Zeile davon zu berichten!

Der verzweifelte Reporter entschließt sich doch, in die Redaktion zurückzukehren. Der Nachtredakteur empfängt Kisch schon auf der Treppe: ‚Ich habe Ihnen eineinhalb Spalten reserviert. Schreiben Sie schnell, damit wir recht viel davon noch in die Postauflage bekommen!' Und so rasch, wie es ihm seine über siebzigjährigen Beine erlauben, humpelt er weg in die Setzerei. Eineinhalb Spalten, das waren hundertfünfzig Zeilen! Und Kisch hatte nicht einmal eine! Oder doch, eine hatte er, den Titel! ‚BRAND DER SCHITTKAUER MÜHLEN!'

„Ich lutschte an meinem Bleistift. Entlutschte ihm, daß das Städtische Nachtasyl in der Nähe der Schittkauer Mühlen lag. Mein Bleistift trieb die Obdachlosen zum Brandplatz: Landstreicher mit gegerbten Gesichtern, wirren Bärten, struppigen Haaren. Mein Bleistift beobachtete, wie ein Polizist und ein vierschrötiger Riese einander gegenüberstanden. Wahrscheinlich kennt der Polizist den Mann, vielleicht ist es ein Gewalttäter, der ihm entkommen ist. Solcherlei beschrieb mein Bleistift, bis ihn die hundertfünfzigste Zeile stoppte. Am nächsten Morgen sah ich in unserem Blatt meine Phantasien noch vergrößert. Mit Riesenbuchstaben spannten sich die Worte: ‚ANSTURM VON OBDACHLOSEN BEI EINER FEUERSBRUNST' über die Spalten."

In der Redaktion der „Bohemia" wird Kisch für seine erlogene Reportage gefeiert. Die Details des Brandes, über die andere Zeitungen berichten, nimmt niemand zur Kenntnis — und niemandem fällt auf, daß diese Details bei Kisch fehlen.

Was sich bei dem Brand tatsächlich abgespielt hat, erfährt er selbst erst durch die Berichte der Konkurrenzblätter. Er wird nachdenklich. Kisch wird der Unterschied zwischen sachlicher Berichterstattung und erdichteter journalistischer Übertreibung klar. Entweder man nimmt das Ereignis zum Ausgangspunkt für ein Phantasieprodukt, oder man bemüht sich, die Zusammenhänge und Details so zu recherchieren, daß das Ergebnis mindestens in gleichem Maß interessant ist wie das Phantasieprodukt. (Kisch hätte die Obdachlosen entdecken müssen, statt sie zu erfinden.) Das Phantasieprodukt Kischs war jedoch so packend geschrieben, daß ihn sogar der Kunstkritiker der „Bohemia" darauf ansprach: Dieses Gedränge der Obdachlosen muß ja wie ein Gemälde von Brueghel gewesen sein!

Im Buch „Marktplatz der Sensationen“ schreibt Kisch über den Tag nach dem Großbrand: „Gestern hatte ich zum erstenmal etwas erfunden, und alle hatten es geglaubt. Sollte ich also bei der Lüge bleiben? Nein! Gerade weil mir bei der ersten Jagd nach der Wahrheit die Wahrheit entgangen war, wollte ich ihr fürderhin nachspüren. Es war ein sportlicher Entschluß.“

Der Reporter hat also die Wahrheit zu finden und nichts zu erfinden — das ist Kischs knappste und gültigste Erkenntnis für das Wesen des Journalismus.

Doch die dramatische Geschichte des „Reporters der Wahrheit“ Egon Erwin Kisch über sein „Debüt beim Mühlenfeuer“ hat einen Fehler: Kisch hat sie erfunden.

Egon Erwin Kisch hat beim Brand der Schittkauer Mühlen nicht sein erstes journalistisches Abenteuer bestanden. Der Großbrand ereignete sich erst 1912, zu einer Zeit, als Kisch schon längst etablierter Journalist war!

Und es wurde auch nie eine Phantasiegeschichte des Reporters Kisch über den Ansturm der Obdachlosen auf der Seite 1 der „Bohemia“ veröffentlicht.

Der Prager Literaturhistoriker Dr. Josef Poláček hat recherchiert, daß ein Bericht von Kisch über den Mühlenbrand am 10. Dezember 1912 auf Seite 5 der „Bohemia“ stand. Darin ist von Obdachlosen und Landstreichern überhaupt nicht die Rede. Es ist ein sachlich geschriebener Bericht über den Brand, mit allen nötigen Details.

Von 1906 bis 1913 war Kisch Reporter der „Bohemia“. Neben seinen Arbeiten in der Lokalredaktion mußte er auch oft über die Prager Gesellschaft berichten; unter anderem hatte er seitenlang über die Ballgarderoben adeliger Damen zu schreiben, unter dem Pseudonym „E. E. Shlegg“ findet man seine Reportagen sogar im Sportteil der „Bohemia“. Mit seinen Artikeln machte er sich sehr bald in ganz Prag bekannt. Er kletterte über verbotene Mauern, um den Gefängnisfriedhof zu beschreiben, fuhr mit den Prager Flößern bis Hamburg und schrieb darüber, arbeitete als Hopfenpflücker und Gehilfe des Hundefängers um packende Reportagen liefern zu können. Das Milieu der Unterwelt zog ihn an, der junge Reporter war in allen Spelunken und Nachtcafés gern gesehener Gast. Für eine journalistische Pointe war er zu jedem Abenteuer bereit. Oberstes Gebot für seine Arbeit war, den Leser nur ja nicht zu langweilen. Aber schon damals, zu Beginn seiner journalistischen Laufbahn, ist das soziale Engagement, sein Kampf gegen Ungerechtigkeit und soziales Elend spürbar: Kisch drängt sich mit der Masse der Frierenden in den Wärmestuben, wartet mit den Hungernden in der Volksküche auf die Armensuppe und schläft bei den Obdachlosen im Nachtasyl.

Enthüllung einer „Enthüllung“

DER FALL DES OBERST REDL

BERÜHMT GEMACHT HAT EGON ERWIN KISCH EINE DER FOLgenschwersten Spionageaffären unseres Jahrhunderts: der Fall des Chefs des 8. Prager Korps der k.u.k. österreichisch-ungarischen Armee, Oberst Alfred Redl. Der Oberst, als feindlicher Spion entlarvt, erschoß sich am 25. Mai 1913 im Wiener Hotel „Klomser“. Der Selbstmord des k.u.k. Generalstabsoffiziers rief in Wien, im Jahr vor dem Ausbruch des Ersten Weltkrieges, beispielloses Aufsehen hervor. Vergeblich bemühte man sich, die Spionageaffäre vor Kaiser Franz Joseph und seinem Thronfolger geheimzuhalten, vergeblich bemühte sich die Wiener Regierung, den Verrat der österreichisch-ungarischen Heerespläne an die Russen der Öffentlichkeit zu verheimlichen. Das kaiserlich-königliche Telegraphenbureau gab eine Meldung über den Selbstmord des Generalstabschefs aus: „Der hochbegabte Offizier, dem sicherlich eine große Karriere bevorstand, hat sich in einem Anfall von Sinnesverwirrung...“ „...in der letzten Zeit an Schlaflosigkeit litt...“, „...in Wien, wohin ihn dienstliche Aufgaben geführt hatten...“

In Wirklichkeit wurde der Selbstmord Oberst Alfred Redl vom Generalstab befohlen.

Egon Erwin Kisch soll den „Fall Oberst Redl“ durch einen Zufall aufgedeckt haben:

Kisch war noch immer Mitglied des Fußballclubs „Sturm“, jetzt sogar der Obmann dieser einzigen deutschen Mannschaft, die gegen tschechische Vereine spielte und so nationalistischen Strömungen entgegenwirkte, und das, obwohl Kisch Redaktionsmitglied der tschechenfeindlich eingestellten „Bohemia“ war. Insgesamt viermal berichtet Kisch in seinen Büchern darüber, wie er erfuhr, daß Redl ein Spion war. Im „Marktplatz der Sensationen“ behauptet er folgendes:

„Am Sonntag, dem 25. Mai 1913, spielte in Prag der Deutsche Ballspielclub ‚Sturm‘ gegen ‚SK Union Holeschovice‘. Vom Ausgang dieses Matches hing es ab, ob wir oder sie unter die Erstklassigen eingereiht würden. DBC ‚Sturm‘ verlor und kam nicht in die Reihe der Erstklassigen. Warum? Der Zeitungsbericht formuliert es so:

> DBC Sturm I gegen SK Union Holeschovice 5:7 (Halbzeit 3:3). Sturm war anfangs seinem Gegner überlegen, und seine Stürmerreihe arbeitete das ganze Spiel hindurch sehr erfreulich. Doch war Sturms Verteidigung durch das Fehlen Mareceks und Wagners derart geschwächt, daß Atja allein nicht imstande war, alle Durchbrüche Unions zu vereiteln.

Mareceks Nichtantritt war entschuldigt, er hatte eine Sehnenzerrung. Aber Wagner war nicht entschuldigt. Gegen ihn richtete sich unsere Wut nach dem verlorenen Spiel, besonders die meine. Am nächsten Vormittag besuchte mich Wagner in der Redaktion.

‚Ich komm dir sagen, daß ich gestern nicht antreten konnte.'

‚Hab ich gemerkt, hau ab!'

‚Ich konnte wirklich nicht kommen, ich war schon angezogen, da kommt ein Soldat in unsere Werkstatt und sagt, jemand von uns muß sofort ins Korpskommando, ein Schloß aufbrechen.'

‚Erzähl mir keine Geschichten! So etwas dauert fünf Minuten. Und wir haben eine geschlagene Stunde mit dem Anstoß gewartet.'

‚Drei Stunden hat es gedauert. Ich mußte eine Wohnung aufbrechen, und dann alle Schubfächer und Schränke; es waren nämlich zwei Herren aus Wien da, den einen haben sie ‚Herr Oberst' genannt. Sie haben nach russischen Papieren gesucht und nach Photographien von Plänen.'

‚So und wem gehört die Wohnung?'

‚Ich glaube einem General. Eine sehr nobel eingerichtete Wohnung.'

‚Und der General war nicht da?'

‚Nein, er ist gestern in Wien gestorben.'

‚Gestern in Wien gestorben?'

Der Obmann, der im Privatberuf Reporter ist, läßt sich die Geschichte ganz genau schildern, wie der Korpskommandant jedesmal den Kopf geschüttelt und gesagt hat: ‚Schrecklich, schrecklich! Wer hätte das für möglich gehalten!'

Wagner erzählt weiter, daß die Wohnung ganz merkwürdig ausgesehen habe, „wie von einer Dame", lauter Toilettengegenstände und Brennscheren und parfümierte Briefe und Fotos von jungen Männern.

Der Reporter weiß natürlich sofort, daß es sich um die Wohnung des Generalstabschefs Redl handelt, dessen Selbstmord samt begeisterter Biographie heute vom k.u.k. Telegraphenbureau gemeldet und wörtlich im Mittagsblatt gebracht wurde. Die Lobpreisung Redls ist also ein Verschleierungsmanöver, denn die Kommission war nach Prag gekommen, weil Oberst Redl des Militärverrats verdächtigt wurde. Der Generalstabschef von Prag ein Spion! Alfred Redl, Kandidat für den Posten des Kriegsministers, der zukünftige Armeekommandant — eine Kreatur des Feindes! Das ist eine ungeheuerliche Nachricht!"

Und im Buch „Prager Pitaval" schreibt Kisch über die angebliche Auswertung dieses Spionage-Thrillers, den er zufällig durch einen Schlosser, der unentschuldigt einem Fußball-Match fernblieb, erfahren sollte:

„Ich schreibe einen Bericht an mein Berliner Blatt. Denn in Prag würde eine Mitteilung ganz gewiß konfisziert werden. Oder soll man es doch versuchen? Beratung mit dem Chefredakteur. Wir entschließen uns zu einem Kompromiß: Werden die Beschlagnahme der Abendausgabe riskieren und die Nachricht in Form eines Dementis bringen. ‚Von hervorragender Seite werden wir um Widerlegung der speziell in Offizierskreisen aufgetauchten Gerüchte ersucht, daß der Generalstabschef des Prager Korps, Oberst Redl, der bekanntlich vorgestern in Wien Selbstmord verübt hat, einen Verrat militärischer Geheimnisse begangen und für Rußland Spionage getrieben habe. Die nach Prag entsandte Kommission, bestehend aus einem Obersten und einem Major, die am Sonntag in Gegenwart des Korpskommandanten Baron Giesl die Dienstwohnung des Obersten Redl und die Schubfächer öffnen ließ, hatte nach Verfehlungen ganz anderer Art zu forschen, usw. Solche Dementis versteht der Leser, es ist so, wie wenn man sagt: Der X ist kein Falschspieler. Aber konfiszieren ließ sich der Bericht schwer, vielleicht glaubte der Presse-Staatsanwalt, das Dementi stamme vom Korpskommando, das Korpskommando vermutete, es stamme aus Wien.

Jedenfalls erschien das Abendblatt, der Draht gab die Nachricht nach Wien, die Journalisten liefen ins Hotel Klomser, im Parlament wurden zwanzig Dringlichkeitsanträge und Interpellationen eingereicht, und ganz Österreich wußte von den Ursachen des Selbstmordes, die die maßgebenden Kreise des Auslandes, deren Spion Redl ja gewesen war, ohnedies kannten, und die man im Inland sogar vor dem Kaiser geheimhalten wollte.

Man hatte auf die Verhaftung des Spions und auf ein gewiß aufschlußreiches Gerichtsverfahren mit Zeugenvernehmungen, Protokollen usw. verzichtet, man hatte eine Nacht lang das Hotel bewacht, Spezialeide der Geheimhaltung leisten lassen. Und nun erfuhr die ganze Welt davon. Weil ein Endback ein Wettspiel versäumt hatte. Gegen Union Holeschovice."

Meint Kisch.

Doch auch hier liegt, wie bei der Phantasiegeschichte Kischs über den Brand der Schittkauer Mühlen, eine Mischung aus „Dichtung und Wahrheit" vor. Über Redl, der schon Jahre lang streng geheimes Material an Rußland weitergegeben hat — zum Beispiel sämtliche Aufmarschpläne des österreichischen Heeres an der Ostfront — der auch für Italien und Serbien spionierte und der schließlich vom russischen Geheimdienst erpreßt wurde, weil er homosexuell war, berichtet Kisch erst viele Jahre später, Mitte der zwanziger Jahre, ausführlich.

Der Artikel, der in der „Bohemia" im Mai 1913 über den Fall Redl erscheint, ist nicht gezeichnet, auch nicht chiffriert. Kisch dürfte damals von einem Informanten die Geschichte zugespielt bekommen haben. Wahrscheinlich wußte Kisch von Anfang an mehr Hintergründe dieser Spionageaffäre, als er jemals zugab. Seine wirkliche Quelle, den geheimen Informanten, hat er bis zu seinem Tode nie preisgegeben. Möglicherweise hat Kisch seinen Anteil am „Fall Redl" bewußt hinuntergespielt, um andere zu decken, was ihm sicher nicht leicht gefallen sein dürfte...

Doch die Geschichte vom fußballspielenden Schlosser Wagner, der die Wohnung Redls aufbrechen mußte, ist von Kisch erfunden. Erst 1924, elf Jahre nach dem Bekanntwerden der Spionageaffäre, schreibt Kisch in der Broschüre „Der Fall des Generalstabschefs Redl", die in Berlin, im Verlag „Die Schmiede" erscheint, über seine zufällige Aufdeckung der Affäre durch seinen Freund Wagner. Wieder, wie beim Mühlenbrand, ist Kisch eine blendende Geschichte eingefallen... Es stimmt nicht, daß durch einen Fußballer, der ein Spiel versäumte, die ganze Welt von der vermutlich folgenschwersten Spionageaffäre unseres Jahrhunderts erfuhr, weil:

- Am 25. Mai 1913 der Fußballclub „Sturm I" — die Mannschaft von Kisch und „Wagner" — überhaupt nicht gegen die Mannschaft SK Union Holeschovice gespielt hat.
- An diesem Tag „Sturm I" in Brünn gespielt hat. Die Mannschaft mußte — wenn sie Brünn rechtzeitig erreichen wollte — Prag spätestens in den Morgenstunden verlassen. Und zu dieser Zeit hat Oberst Redl noch gelebt! Daher konnte also niemand den „Schlosser Wagner" aufsuchen, ihm befehlen, die Wohnungstür aufzubrechen und so das Spiel seines Clubs zu verpassen.
- In der Nähe der Korpskommandatur, wo Wagner, wie Kisch behauptet, wohnen sollte, gab es laut amtlichem Verzeichnis des Verbandes Prager Handwerker weder einen Schlosser Wagner noch eine Schlosserwerkstatt Wagner.
- Den von Kisch zitierten „Zeitungsbericht" über das Fußballspiel hat es nie gegeben.
- In einem Protokoll des k.u.k. Garnisonsgerichtes in Wien vom 17. Juni 1913 wird vom Majorauditor Dr. Wenzel Vorlicek, der mit der Durchsuchung der Wohnung Redls beauftragt war, berichtet, daß „versperrte Kästen und sonstige Behältnisse (englische Schlösser) durch Schlosser geöffnet wurden". Doch der Name Wagner wird auch in diesem Protokoll nicht erwähnt.

Dr. Josef Poláček, der den literarischen Nachlaß Kischs verwaltet, erklärt: „Ob das, was der Phantasie zuzuschreiben ist, oft einen höheren Anspruch auf Wahrheit erheben kann, als eine reine Wiedergabe von Tatsachen, ist eine Frage, mit der sich die Theorie der Reportage wird immer wieder auseinandersetzen müssen."

Der „Stoff" der Redl-Affäre beschäftigte Kisch so sehr, daß er Mitte der zwanziger Jahre auch eine dramatisierte Fassung des Spionagefalles schrieb. Das Stück hieß „Die Hetzjagd" und wurde über zwei Jahrzehnte nach Erscheinen sogar im fernen Mexico, während der Emigration Kischs, aufgeführt. Alle Personen des Theaterstückes wurden von Exil-Schriftstellern dargestellt.

Der „Fall Redl" wurde auch sonst immer wieder als Vorlage für Bücher und Filme verwendet. Nach dem Stummfilm „Oberst Redl" mit Robert Valberg in der Titelrolle erregte 1931 der Tonfilm „Der Fall des Generalstabschefs Redl" ungeheures Aufsehen. Offiziere des Österreichischen Bundesheeres, die als Berater des Filmes engagiert wurden, mußten Disziplinarverfahren über sich ergehen lassen, da es der Standesehre widerspreche, an einem Film mitzuwirken, „der die Verbrechen eines einzelnen Staatsangestellten vor die breite Öffentlichkeit des In- und Auslandes stellt." Alexander Lernet-Holenia schrieb das Drehbuch für den Film „Spionage", den der österreichische Regisseur Franz Antel mit Oskar Werner und Ewald Balser in den Hauptrollen drehte und zuletzt diente der „Fall Redl" dem ungarischen Oscar-Preisträger István Szabó als Vorlage eines Filmes. Der englische Dramatiker John Osborne schrieb das Stück „A Patriot for me", eine Spionagegeschichte, in die der „Fall Redl" zumindest teilweise eingearbeitet wurde, 1984 berichtete der Wiener Biograph Georg Markus als vorläufig letzter über den Spionagefall.

Schon im Jahr 1925 wird, nach Erscheinen von Kischs These des Falles Redl, in einer Kritik in der legendären Wochenschrift für Politik / Kunst / Wirtschaft „Die Weltbühne" nach „Der schmale Band ist ein spannender Kriminalroman, brillant gesteigert, ausgezeichnet aufgebaut..." registriert: „Wieweit die Dokumentation in Ordnung ist, kann ich nicht beurteilen..."

Jedenfalls müssen und werden auch in Zukunft viele Autoren Egon Erwin Kisch für seine „phantasievolle" Schilderung dieser packenden Spionagegeschichte der österreichisch-ungarischen Monarchie dankbar sein...

Mensuren und Mißerfolge

KISCH ALS COULEURSTUDENT UND ALS DRAMATURG

IM JUNI 1913 VERLÄSST KISCH DIE „BOHEMIA“ UND GEHT NACH Berlin, um beim „Berliner Tagblatt“ zu arbeiten. Sein Bruder Paul übernimmt die freigewordene Stelle bei der „Bohemia“. Damit endet ein wichtiger Lebensabschnitt Egon Erwin Kischs, „ein Zeitabschnitt des Suchens, der Widersprüche und der ersten größeren Erfolge.“ Sein Bruder Paul blieb weiterhin der deutschnationalen Idee treu. Tragische Ironie seines Lebens ist, daß er gemeinsam mit Arnold, dem viertältesten der Kisch-Brüder, von den Nationalsozialisten im Konzentrationslager Theresienstadt ermordet wurde.

Paul Kisch war leidenschaftlicher Anhänger der deutschnationalen Prager Burschenschaft „Saxonia“, und obwohl bei seinem Bruder die Voraussetzungen für eine länger währende ordentliche Mitgliedschaft bei einer studentischen Verbindung fehlen, da ja Egon Erwin nur knappe zwei Semester studierte, unterbricht er den Kontakt zum Couleurstudententum bis zum Ersten Weltkrieg nicht.

Egon Erwin Kisch erwähnt, wo er die Zeit seines Studiums (oder wie er es selbst ausdrückt: „Nichtstudiums“) an der Technischen Hochschule verbrachte: „Immerhin blieb mir Zeit, mich in der Literarischen Sektion des Studentenverbandes ‚Lesehalle‘ zu betätigen und drei Duelle, eines auf Pistolen und zwei auf Säbel, auszutragen, an die ich mich nur erinnere, wenn ich im Spiegel meine abgeschlagene und schlecht angenähte Nasenspitze erblicke.“

Obwohl Kisch in Briefen immer wieder versucht, seinen Bruder Paul von der Burschenschaft wegzubringen, obwohl er auch in der Novelle „Niklas Kleisers Mensur“ eine sinnlose Mensur mit tödlichem Ausgang beschreibt und sich mit erstaunenswerter Überzeugungskraft vom Treiben der Couleurstudenten distanziert, befindet er sich bis zum Ausbruch des Ersten Weltkrieges in einer persönlichen Krise: Der Zwiespalt zwischen seinen schriftlichen Äußerungen und seinem realen Handeln in der Frage der Burschenschaften ist deutlich merkbar.

So bemerkt Kisch etwa am 21. Februar 1908: „Meine Partie war eine nächtliche Rauferei mit dem 18semestrigen J. U. C. Neubauer. Ich habe ihm eine Watsche gegeben, und er hat sich beleidigt gefühlt. Obwohl er schon 14 Partien hat, habe ich 100 Gänge brillant mit ihm geschlagen. Erst dann mußte ich mit einem schon längst vorher bezogenen Primhieb (Knochensplitter, Arterie, 3 Nadeln) abgeführt werden.“

Im Juni 1913 übersiedelt Kisch also nach Berlin. Neben seiner Arbeit als Reporter des „Berliner Tagblattes“ hätte er auch „beinahe Gelegenheit gehabt, sich um das deutsche Theater verdient zu machen“, wie er selbstironisch meint. Unmittelbar vor und nach dem Ersten Weltkrieg versucht der Journalist Kisch in Berlin als Dramaturg und Dramatiker Fuß zu fassen. Es scheint, daß er damals sogar die Bühne der Zeitung vorzog. Doch der ersehnte Erfolg blieb ihm versagt.

Schon Kischs erste Tätigkeit für das Theater verlief erfolglos. Im Sommer 1914 wurde er vom „Oberregisseur" Franz Zavřel — er stammte aus Prag und war Sohn des Pächters der Prager Bahnhofsgaststätte — als Dramaturg an das „Künstlertheater Sozietät" engagiert. Kisch behauptete später, er sei auf diesem Posten „unmittelbarer Nachfolger Gerhart Hauptmanns" gewesen — wieder einmal hat Kisch „übertrieben", und all seine bisherigen Biographen haben seine Übertreibung ungeprüft übernommen. Hauptmann, damals längst weltberühmter Nobelpreisträger, war nie Dramaturg, sondern nur für kurze Zeit Gesellschafter dieses Theaters. Das „Künstlertheater Sozietät" mußte 1915 den Konkurs anmelden, dem „Prager Team" Zavřel—Kisch gelang einfach nichts. Die einzige größere Aktivität des Dramaturgen Kisch bestand darin, daß er die Schauspielerin Agnes Sorma vergeblich zu einem Engagement zu überreden versuchte. Er besuchte sie mehrmals in ihrer prächtigen Villa in Berlin-Wannsee, plauderte mit ihr angeregt über Theaterfragen, obwohl er „vom Theater absolut nichts versteht," wie er selbst zugibt.

Nach dem Ersten Weltkrieg schrieb Kisch Theaterstücke, seine „Komödien". Den Stoff dazu lieferten frühere Reportagen: In „Die Hetzjagd" schildert er die „Affäre Redl", im Stück „Die gestohlene Stadt" kommt im zweiten Akt gleich die ganze Familie Kisch vor; zusammen mit dem „Schwejk"-Autor Jaroslav Hašek, mit dem Kisch eng befreundet war, schreibt er „Die Reise um Europa in 365 Tagen". Die Schilderung der Fahrt eines Moldaudampfers von Prag aus über die Moldau und Elbe, über den Hamburger Hafen und die Nordsee rheinabwärts und schließlich über die Donau nach Preßburg. Die Dramatisierung der Jahre vorher geschriebenen Reportage ist eine Mischung aus grotesken Szenen, gewürzt mit derber Erotik.

Die erfolgreichste „Komödie" Kischs ist die „Himmelfahrt der Galgentoni". Er nennt sie eine „sehr Prager Legende in drei Bildern", ursprünglich war es eine Berliner Legende. Die erste, die „Berliner" Fassung, erschien 1924 im Herbstheft des „Tagebuchs", und die Heldin des Stückes hieß damals noch Toni Pelzer. Toni Pelzer war eine kleine Berliner Schauspielerin, und Anna Seghers berichtet, daß Kisch Toni sehr verehrte und die „Himmelfahrt der Galgentoni" für sie geschrieben hat. Erst zwei Jahre später wurde aus der Schauspielerin Toni Pelzer die Prager Dirne Antonie Havlová, die ins Paradies kommt, weil sie einem gefährlichen Raubmörder seinen letzten Wunsch erfüllt hat und zu ihm in die Zelle gegangen ist.

Auch von der „Himmelfahrt der Galgentoni" gibt es eine Prosafassung, die Kisch für sein Erinnerungsbuch „Marktplatz der Sensationen" geschrieben hat. Er behauptet, eine Operette mit dem Titel „Die Galgentoni" habe später jeden Abend das Prager Stadttheater gefüllt. Den Prozeß gegen die „Plagiatoren" habe er verloren, weil er Handlung und Figuren nicht erfunden, sondern gefunden habe, daher keinen Anspruch auf geistiges Eigentum begründen könne.

Schreib das auf, Kisch!

EIN „REPORTER DES KRIEGES“ FÜHRT TAGEBUCH

Am 28. JULI 1914 ERKLÄRT ÖSTERREICH-UNGARN SERBIEN DEN Krieg, der Journalist und „Theatermann“ Kisch wird als Korporal „zu den Fahnen einberufen“, wie es im Bühnenjahrbuch des Berliner „Künstlertheaters“ heißt.

Am 31. Juli 1914 wird der „Reserve-Infanterist titl. Korporal Egon Kisch zur aktiven Dienstleistung präsentiert und mit dem Handgeld von 3 Kronen ausgestattet“. Er wird zu seinem Regiment nach Pisek geschickt; noch am Abend desselben Tages sendet Kisch drei Postkarten an seine Mutter, in einer davon schreibt er:

Pisek, 31. Juli 1914

> Liebe Mama,
> es wird nichts so heiß gegessen, als es gekocht wird. Und wenn es heiß gekocht würde, verbrennt man sich den Magen auch noch nicht. Die Hauptsache ist, daß Du ruhig Blut bewahrst. Wenn das der Fall ist, kann uns nichts geschehen, was uns irgendwie geniert.

Während Kisch versucht, seine Angst und Nervosität zu unterdrücken, seine besorgte Mutter und sich selbst zu beruhigen, steht Europa am Vorabend des Ersten Weltkrieges. Das Attentat von Sarajevo zerstört das mühsam gehaltene Gleichgewicht der europäischen Länder. Das Pulverfaß Europa ist am Explodieren, der Rüstungswettlauf gewaltig: Die Rüstungsausgaben Deutschlands schnellen innerhalb eines Jahres von 1,4 auf 2,3 Milliarden Mark in die Höhe.

Am 3. August 1914 erklärt Deutschland den Franzosen den Krieg, der Erste Weltkrieg bricht aus. Einen Tag später, am 4. August, schreibt Kisch seiner Mutter nach Prag:

> Liebste Mama,
> ich bin direkt glücklich. Mein jetziges Leben ist so voll von Neuem, Abwechslungsreichem, Schönem und Abenteuerlichem. Hoffentlich bist Du auch ruhig und unbesorgt.

Der Soldat befindet sich in diesen Tagen am Weg zur serbischen Front, Mitteilungen in die Heimat sind natürlich durch die Zensur begrenzt, das wichtigste für Kisch ist immer, die Mutter zu beruhigen.

Er beschränkt sich im weiteren Briefwechsel mit der Mutter auf knappe Mitteilungen, daß er gesund sei, ausgezeichnete Laune habe und glücklich. Der Journalist Kisch war anfangs bereit, den Krieg als ein interessantes Abenteuer aufzufassen. Er fühlt sich in der Rolle des „unbefangenen“ Zeugen, des unparteiischen Reporters wohl. Er rückt als loyaler Soldat der österreichisch-ungarischen Armee ein, lehnt es aber vorerst ab, ihr im Kriegspressequartier als „Histograph“ zu dienen und Kriegspropaganda zu schreiben. Die innere Zerrissenheit ist merkbar: Zunächst erscheint Kisch der Krieg als Abenteuer; er kämpft mit vollem körperlichen Einsatz gegen die Serben, wird mehrmals schwer verwundet und bringt es vom Korporal zum Oberleutnant. Doch auch dem „Zeugen“ Kisch wird allmählich die Funktion dieses Krieges deutlich, der Ton in der Korrespondenz mit der Mutter wird nachdenklicher, Sentimentalität und Resignation ist spürbar. Der Brief vom 5. September 1914 signalisiert die schwere Krise. Obwohl die Briefe und Karten an die Mutter immer liebevoll geschrieben sind, öffnet sich Kisch seelisch nie völlig, die Korrespondenz bleibt fast immer sachlich und nüchtern. Doch in diesem Brief aus dem Krieg, in dem er zum Geburtstag gratuliert, legt Kisch seine Gefühle offen:

> Teuerste Mutter,
> im letzten Jahrdutzend habe ich Dir aus Nord und Süd, aus Ost und West Geburtstagswünsche gesandt, oft aus weiter Ferne, aber wenigstens konnte ich Dir den Ort nennen, wo ich Deiner in heißer Liebe mit überströmenden Wünschen gedenke und mich des Tages Deiner für uns so glücklichen Geburt freue. Heute steht kein Absendungsort auf meinem Brief.
> Du kannst Dir denken, wie sehr meine Gedanken im letzten Jahr der Fremde Dir galten, aber wie sie jetzt an Dir hängen, das läßt sich schwer ausmalen. Oft haben mich diese Gedanken gerettet, wenn ich aus Übermut, aus Leichtsinn und aus manchem Gefühl des Unwillens heraus etwas Unbedachtes tun wollte. Was liegt an meinem Leben, dachte ich. Aber da erinnerte ich mich an Dich. Und sei versichert: Ich werde mich auch weiterhin an Dich erinnern. Gott verhüte, daß doch nicht alles so wird, wie wir es heiß wünschen! Ich bin etwas sentimental geworden, man kommt im Krieg leicht auf solche Gedanken, besonders, wenn man an den einzigen Menschen schreibt, den man auf der Welt hat.
> Sei tausendmal geküßt, umarmt und Dir alles Gute gewünscht von Deinem Jungen.
> Egon.

Von Beginn des Krieges an schreibt Kisch Kriegsfeuilletons für Prager und Berliner Zeitungen. Er führt aber auch Tagebuch über die Kriegsereignisse; seine Aufzeichnungen beginnen am 31. Juli 1914: „Als zwanzigjähriger Junge habe ich ein Tagebuch zu führen begonnen. Wenn ich heute, da ich zwanzig Jahre älter bin und andere Möglichkeiten besitze, mich zu äußern, wieder die Führung eines Tagebuches aufnehme, so bestimmen mich dazu mehrere Gründe: Das Gefühl, eine historische Zeit zu erleben, die Unmöglichkeit, die wichtigsten meiner Erlebnisse derzeit publizistisch preiszugeben, die persönlichen Ereignisse die im Zusammenhang mit der politischen Lage in den letzten Tagen mich getroffen haben und die in mir die Erwartung wecken, das ihnen weitere folgen werden."

Obwohl die stenografischen Kriegsaufzeichnungen ursprünglich von Kisch nicht für die Veröffentlichung bestimmt waren, läßt er sie 1922 unverändert unter dem Titel „Soldat im Prager Korps" in Buchform herausbringen. Sieben Jahre später erscheint in Berlin eine erweiterte Neuauflage dieses Kriegstagebuches, „Schreib das auf, Kisch!"

Seine Kameraden machen sich über den ständig schreibenden Reservekorporal immer wieder lustig, immer wieder rufen sie ihm zu: „Schreib das auf, Kisch!". Diese Formel, geprägt in den Schützengräben des Ersten Weltkrieges, begleitet den „Reporter des Krieges" überallhin. Wo immer er sich aufhält, sein Notizblock ist dabei, meist schreibt er mitten im Kriegsgeschehen, jedoch niemals später als 24 Stunden nach dem Erlebten. Als er verwundet heimkam, versuchte er kleine Änderungen vorzunehmen, erkannte aber bald, „was mir heute falsch scheint, das war damals richtig". Das Buch wird zu einem Kriegsdokument von hohem literarischen Rang, ist aber auch ein Dokument der persönlichen und politischen Entwicklung Egon Erwin Kischs.

Max Brod kritisiert das Buch als erster und findet darin die „Begründung einer neuen Literaturgattung: der Reportage". Kurt Tucholsky und Felix Salten bekennen, daß sie eigentlich heftige Abneigung gegen Kriegsliteratur haben, aber Kischs Tagebuch davon ausnehmen. Und Alfred Polgar vertritt die Meinung, daß „manche Passagen dieses Kriegstagebuches in die Schulbücher aufgenommen werden sollten". Polgar hätte diesen Vorschlag sicher nicht gemacht, wenn Kisch seine anfängliche Einstellung dem Krieg gegenüber nicht während der acht Monate seines Frontdienstes geändert hätte: „Der Herausgeber K. ist mit dem Protokollführer K. nicht mehr identisch."

Schon bald wehrt sich Kisch gegen das sinnlose Töten, gegen die Sturheit der Offiziere, aber noch nicht gegen den Krieg an sich oder gegen das System, das den Krieg bedingt. Erst als ihn die grausame Unberechenbarkeit des Krieges selbst trifft, bricht sein offener Haß durch. Das entscheidende Ereignis, das ihn völlig aus der Reserve lockt, ist der Kriegstod seines jüngsten Bruders Wolfgang. Am 2. November 1914 erhält er die Nachricht, daß sein Bruder bei Lublin gefallen ist. Seine Verzweiflung ist so groß, daß er mit niemandem darüber sprechen kann. „Warum hat der Tod gerade Wolfgang treffen müssen, was ich in den letzten Wochen erlebt, war nur fremder Jammer gewesen. Nun, da es unmittelbar ins Herz traf, faßte mich ein wahnsinniger Haß gegen den Krieg."

Entsetzen muß den Leser erfassen, wenn Kisch das Inferno des Krieges beschreibt: „Zahllose Verletzte wurden an uns vorbeigetragen, auf Tragbahren, auf dem Rücken oder von je zwei Leuten bloß auf den Händen, Stöhnende, Wimmernde,

Schreiende, Zugedeckte, Blutende, Verbundene und Unverbundene, Leute, denen die Wange weggerissen war oder die Nase. Soldaten, die hinkten, und solche, die sich den blutenden Kopf mit ihrem Verbandzeug selbst verbinden wollten, und solche, deren Arm nur an einem Knochen und an Hautfetzen hing... Bäche von Blut flossen durch die engen Gänge. Durch den Geruch von Lehm, Blut und Schweiß und bloßgelegten Eingeweiden drangen die Schmerzensschreie, das Röcheln von Sterbenden..."

Kisch versäumt keinen freien Augenblick, seine Wahrnehmungen in der täglich wechselnden Umgebung zu beschreiben. Er liest die Korrespondenz, die seine Kameraden nach Hause schicken, interessiert sich für die menschenunwürdigen Zellen der Gefängnisse, wo der Spionage verdächtige Zivilisten gefangen gehalten werden, beschreibt aber auch das muntere Treiben in einem Soldatenbordell.

Nach der ersten Niederlage der österreichischen Armee werden die überlebenden Soldaten in einem Lager gesammelt und neu formiert, Kisch erkrankt an der Ruhr. Da die Zensur nach der Niederlage verschärft wird, kann er nicht einmal darüber nach Hause schreiben. Kischs Regiment wird trotz der großen Verluste nicht, wie alle gehofft hatten, ins Hinterland geschickt, sondern erhält immer wieder den Befehl, nach Serbien vorzudringen. Viele Soldaten versuchen, durch Selbstverstümmelung neuerlichem Gemetzel zu entgehen. Doch nachdem ihre Wunden behandelt worden sind, werden sie von der Militärpolizei wieder auf ihre Posten zurückgebracht. Wochenlang müssen die Soldaten im Schützengraben ausharren, die österreichischen Truppen trennt nur ein Acker mit unbestatteten Toten von den serbischen Soldaten. „Der Tod ist uns allen so vorbereitet, daß er gegenüber unserem jetzigen Zustand keinen besonderen Wechsel mehr bringen kann. Die Lebenslust ist in uns gestorben, wir sind von Toten und Sterbenden umgeben, unsere Gedanken sind an den Tod viel stärker gewöhnt, als es jemals die eines Zu-Tode-Kranken sein können, unsere Hoffnungslosigkeit ist vollkommen, und unsere Lebenskraft ist derart zusammengeschrumpft, daß wir den Tod kaum mehr besonders fürchten. In unseren Gewohnheiten sind wir ja schon eher Tote als Lebendige. Wir haben keine Lebensgefühle mehr, keinen sich auf das Weiterleben erstreckenden Ehrgeiz, keine äußere Eitelkeit, wir kleiden uns nicht um, wir essen kaum, wir waschen uns nicht, wir putzen uns nicht die Zähne, wir ekeln uns vor nichts, und wir sind von einer Apathie, die von der Gedankenruhe eines im Grab Faulenden nicht wesentlich verschieden sein kann."

Der letzte Überlebenswille der Soldaten ist Lethargie gewichen. Anfängliche Gleichgültigkeit wird durch depressive Gedanken ersetzt. Nachts liegt Kisch wach, die vielen Toten des Tages beschäftigen ihn, er sieht das Leid der Hinterbliebenen vor sich, fühlt ihren Schmerz.

Es ist Winter geworden. Wer auf den lehmdurchweichten Straßen vom Weg abkommt, rutscht bis zur Hüfte in schlammige Gräben, die Feldküchen kommen im

Morast nicht weiter, außer Zwieback gibt es wochenlang nichts zu essen. Am 9. Dezember 1914 beginnt der Rückzug aus Serbien, ein Ereignis, das Kisch längst erhofft und erwartet hatte. Die Offiziere bestreiten, daß es sich um einen Rückzug handle, es wird von einer „Frontveränderung aus taktischen Gründen" gesprochen.

Fünf Tage später trägt Kisch in sein Tagebuch ein: „Wache ich oder träume ich? Ich bin in Ekstase. Wir sahen Zivilisten! Wie lange hatten wir solche nicht mehr gesehen. Und es waren nicht etwa Mačva-Bauern mit Schaffellpelzen, nein, Herren mit Bügelfalten, Herren mit Zylindern und Elfenbeinstöcken... Wir sahen Firmaschilder von Raseuren, von Fiakerhältern, Konditoren, Modegeschäften, nachdem wir monatelang in Erdhöhlen gewohnt hatten."

Und die erschöpften Soldaten sehen plötzlich noch etwas: Ein Mädchen! Ein Mädchen mit einem blumengarnierten Samthut, frisch gestärkter, brauner Bluse, engem braunen Rock, straff gespannten gelben Strümpfen und zierlichen gelben Halbschuhen. Die Soldaten glotzen sich entgeistert an, erst als die Schöne um die Ecke verschwunden war, sehen sie einander an: „Ein Mädchen!"

Doch Kischs erstes Ziel in Belgrad, wo er mit seinem Regiment gelandet ist: das Dampfbad! Die wohltuende Wirkung des warmen Wassers wird von der Entdeckung getrübt, daß er Läuse hat, unter der dicken Schmutzkruste hat er sie monatelang nicht bemerkt.

Als Kisch am 18. März 1915 von einer Granate am Kopf getroffen wird, beschließt er, auf dem Weg zum Verbandsplatz, seinen Dienst an der Front zu beenden. Während ein Arzt seine Wunden am Kopf untersucht und verbindet — außer der stark blutenden Wunde am Kopf endeckt er noch Verletzungen an Arm, Oberschenkel und Rücken — überlegt Kisch, daß ein Aufenthalt zu Hause, in einem Prager Krankenhaus, besser als in einem Spital in der Etappe wäre. Doch dazu müßte er zum Offizier befördert werden:

„Hauptmann Schöch trat ein. Ich tat so, als ob ich ihn nicht sehe. Feldwebel Svec: ‚Du, Kisch, der Herr Hauptmann Schöch ist hier.' Ich schien aus dem Jenseits zu erwachen: ‚Wo?' Dann erkannte ich ihn und streckte ihm die Hand entgegen: ‚Ich danke Ihnen für alles Gute, das Sie mir erwiesen haben, Herr Hauptmann', stöhnte ich, und es war bei diesem Betrug mein Dank ziemlich ehrlich gemeint. ‚Nichts zu danken, Kisch, Sie sind ein braver Soldat, und einem braven Soldaten muß man schon helfen.' ‚Nein, Herr Hauptmann, ich habe Ihnen viel zu danken', beharrte ich mit der Starrköpfigkeit von Sterbenden, dann streckte ich ihm die Hand von neuem entgegen, die er ergriffen drückte. ‚Herr Hauptmann'. Ich zog ihn zu mir hernieder. ‚Könnten Sie nicht veranlassen, daß ich ein Grab bekomme, ein eigenes Grab für mich allein.' — ‚Aber, Kisch, so weit ist es doch noch nicht.' Er dachte nach, wie man das machen könne, daß für den Korporal ein eigenes Grab geschaufelt werde. ‚Jeder Kadett hat sein eigenes Grab, warum soll ich nicht auch eines haben.'

Ihm kam eine Idee: ‚Jetzt haben Sie doch nichts dagegen, wenn wir Sie zum Kadetten machen?' ‚Ja, das wäre gut', wimmerte ich, ‚dann bekäme ich ein eigenes Grab.' ‚Also warten Sie, ich gehe gleich zum Obersten.'"

Am 22. März 1915 kehrt der verwundete Kisch nach Prag zurück und wird in das Reservespital des Roten Kreuzes in Prag-Karolinenthal eingeliefert. Am 18. November 1915 wird Kisch „superarbitriert" und für den Felddienst untauglich, aber für den Kanzleidienst tauglich befunden.

Schon Monate vorher versucht die Chefredaktion der „Bohemia" immer wieder in Gesuchen an das Kriegsministerium in Wien, ihren Reporter Kisch in das Kriegspressequartier in Wien zu bringen. „Wir glauben, daß Herr Kisch derzeit zweifellos in der Lage ist, dem Vaterlande als Kriegsberichterstatter größere Dienste zu leisten, wie als durch seine Verwundungen in militärischer Beziehung wohl minder leistungsfähiger Soldat."

Nachdem Kisch im März 1916 wieder völlige Tauglichkeit attestiert wird, wird er wieder in den Krieg geschickt: Zuerst zur Postzensur nach Orsova, anschließend versetzt man ihn nach Gyula. Wegen unerlaubter Berichterstattung von der Front wird er dort zu zehn Tagen schwerem Arrest verurteilt.

Dennoch erhält der „brave Offizier" Kisch, der sich „in verschiedenen Verwendungen durch unerschrockene Haltung und Pflichttreue hervorgetan hat", immer wieder Kriegsauszeichnungen.

Nach einer militärärztlichen Untersuchung, bei der eine „traumatische Neurose mittleren Grades" als Folge einer Granatverletzung mit subjektiven Beschwerden wie: Schwerhörigkeit, Gedächtnisschwäche, häufiges Aufschrecken aus dem Schlaf, Unfähigkeit zu körperlicher Arbeit, Schwindelanfälle auf der Straße, und objektiven Beobachtungen wie: traumatischer Gesichtsausdruck, Lidflattern, Zittern der ausgestreckten Zunge und kleinschlägiger Tremor der gespreizten Finger festgestellt wird, teilt man Kisch nun doch am 18. April 1917 dem Kriegspressequartier in Wien zu, wo Schriftsteller wie Hugo von Hofmannsthal, Franz Werfel und Franz Blei versuchen, die k.u.k. Armee in ein möglichst gutes Licht zu rücken.

Seinen Dienst in der Redaktionsgruppe, der er zugeteilt wird, tritt er am 1. Mai 1917 an. Hier muß er nun die Art von Kriegsberichten schreiben, über die er sich während seines Dienstes an der Front geärgert hat. Im März 1918 wird er in die Redaktion der „Heimat" versetzt, einer Soldatenzeitung, die in über 60.000 Exemplaren an die Frontsoldaten geschickt wird. Chefredakteur der „Heimat" ist Robert Musil.

Neben seiner Arbeit im Kriegspressequartier, deren Büros er oft nicht vor Mitternacht verläßt, berichtet Kisch regelmäßig für verschiedene Zeitungen. Fast jeden Tag schreibt er nach Hause, bittet seinen Bruder Paul um Bücher und Dokumente, die er für seine Recherchen braucht, und bietet auch über seinen Bruder der „Bohemia" Artikel an. So schreibt er in einem Brief am 19. Oktober 1917:

Paul,
ich will Dir einen hochinteressanten Todesfall geben, der zwar noch nicht eingetreten ist, aber vielleicht schon für die Sonntagsnummer zu haben ist.
In ihrer Wohnung im Hause Adalbertgasse 1 ist gestern die Hofratswitwe Frau Antonie Schrötter von Kristelli, geborene Freiin von Ettinghausen, im 88. Lebensjahr gestorben. Die alte Dame hatte sich bis in die letzten Lebenstage eine geradezu unglaubliche geistige Frische bewahrt und wußte anregend von der Wiener Revolution 1848, in der ihr Gatte die erste schwarz-rot-goldene Fahne auf dem Stephansdom hissen ließ, vom ungarischen Aufstand und von der Belagerung Prags durch die Preußen, von ihrer Freundschaft mit Friedrich Hebbel und besonders über die Mitglieder ihrer eigenen so bedeutenden Familie zu erzählen.
Bitte, sage das im Bureau, damit dieser wirklich hochinteressante Nekrolog nicht verschlampt wird.
Sie war „Bohemia"-Abonnentin seit 53 Jahren!

Egon Erwin

Zwischen vorproduzierten Nekrologen und Kriegsberichten findet Kisch aber auch immer Zeit, der Mutter nach Prag zu schreiben. Sie bleibt weiterhin wichtigste Bezugsperson in seinem Leben, in den Briefen kommt immer wieder die Sorge um das Wohlergehen der Mutter zum Ausdruck:

An Mama!
Du sollst Dich, Mutterl, nicht so rackern. Das Geld hat eh keinen Pfifferling wert, und statt Dich anzustellen, geh lieber ins Restaurant essen. Und nimm Dir ein Dienstmädel. Mußt dran denken, daß uns allen an eine Wiederkehr nach Hause nur der Gedanke kettet, daß Du uns dort erhalten bist.

Tausend Küsse von Deinem
Egon Erwin

„Um ein Haar wäre Kisch Präsident der Republik geworden...“

DIE ROTE GARDE IN WIEN

WOVON NIEMAND IN PRAG, AUCH DIE BESORGTE MUTTER nicht, Ahnung hat, ist, daß sich Kisch in dieser Zeit zum radikalen sozialistischen Revolutionär entwickelt, daß Oberleutnant Kisch, Redaktionsoffizier im Wiener Kriegspressequartier, seit Jänner 1918 dem illegalen „Arbeiter- und Soldatenrat“ angehört.

Ermutigt durch das Beispiel der Revolutionäre in Rußland und den Sieg der Bolschewiken im November 1917, hatten anarchistische Arbeiter und Intellektuelle den „Arbeiterrat“ gegründet, der die Errichtung einer sozialistischen Republik zum Ziel hatte. Als sich Oberleutnant Kisch und einige andere hohe Armeeangehörige anschlossen, wurde die Gruppe zum „Arbeiter- und Soldatenrat“ erweitert. Die politischen Ziele, die Kisch ab jetzt verfolgt, rechtfertigt er mit den Erlebnissen im Krieg. Er habe alles mit eigenen Augen gesehen, „den Leichtsinn der Offiziere, die Ordensjägerei, die Tausende von Menschen kostete, das schwelgerische Leben und die Protektion bei den Kommanden.“ Und er merkte, daß die Kriegsmüdigkeit — mit Ausnahme der kleinen Gruppe von „Kriegsgewinnlern“ — fast alle Schichten der Bevölkerung ergriffen hatte.

Es genügt Kisch nicht, mit der linken Bohème im „Café Central“ über Pazifismus zu diskutieren, er sucht nach anderen Gesinnungsgenossen. Bevor er sie für kurze Zeit in der „Freien Jugend“, einem parteilosen Verband junger Arbeiter, findet, sucht er Anschluß bei verschiedenen illegalen Gruppen, wie im „Bund herrschaftsloser Anarchisten“, die nach „Erkenntnis und Befreiung im Sinne Leo Tolstois“ streben. Beim Generalstreik in Wien vom 14. bis 20. Jänner 1918 ist der illegale „Arbeiter- und Soldatenrat“ wesentlich beteiligt. Über 100.000 streikende Arbeiter fordern sofortigen Frieden ohne Annexionen, demokratisches Wahlrecht und bessere Lebensmittelversorgung. Trotz Vorsichtsmaßnahmen bleiben der Polizei die Aktivitäten der illegalen Gruppe um Kisch nicht verborgen. Zwei seiner Mitglieder werden verhaftet, von denen einer Selbstmord verübt, der andere alles erfolgreich ableugnen kann. Über die Teilnahme Kischs am Jänner-Streik gibt es keine Beweise. Er selbst schreibt über diese Zeit immer nur ganz allgemein, daß er unter verschiedenen Decknamen an Besprechungen teilgenommen habe, wobei er sich bei dem Gedanken ertappte, „wieviel schöner es wäre, solch eine Verschwörerszene zu beschreiben, als sie zu organisieren“.

Die Briefe Kischs vom 16. und 18. Jänner an seinen Bruder Paul enthalten keine Erwähnung des Streiks, der ganz Wien in Atem hielt. Also dürfte Kisch mehr Beobachter als Teilnehmer gewesen sein. Doch der Geheimpolizei waren die Verbindungen des Oberleutnants Kisch zu der illegalen Gruppe bekannt geworden: Die Wiener Polizeidirektion richtete an das Kommando des Kriegspressequartiers eine diesbezügliche Anfrage, die aber von einer Kisch freundlich gesinnten jungen Beamtin des Einlaufprotokolls sofort zu den Akten gelegt wurde, ohne daß sie die Vorgesetzten jemals zu Gesicht bekamen. Trotzdem müssen diese doch von den Verdächtigungen gegen Kisch erfahren haben, denn er muß bald darauf das Kriegspressequartier verlassen. Als Presseoffizier wird Kisch zur Marine in den Hauptkriegshafen der Monarchie, Pola, abkommandiert.

Der erste Brief an die Mutter von Bord der S. M. S. „Adria", in dem er schreibt, daß ihm „herrliche Wochen in einer herrlichen Gegend" bevorstehen, ist vom 6. Juni 1918. Das bedeutet, daß die Annahme, Kisch sei während der Meuterei der Matrosen in der Bucht von Cattaro dabei gewesen, nicht zutrifft. Denn die Meuterei brach am 1. Februar aus und war, als Kisch zur Kriegsmarine abkommandiert wurde, schon längst erloschen. Kisch behauptet nämlich, von seinen illegalen Freunden vor seiner Abreise den Auftrag erhalten zu haben, zwischen den Vertrauensleuten unter den Matrosen in der Bucht von Cattaro und linksradikalen Kameraden des Kriegshafens Pola Verbindung herzustellen.

Vom „Arbeiter- und Soldatenrat" war allerdings im Frühjahr 1918 nicht mehr viel übrig geblieben. Kischs bester Freund dieser Tage, Leo Rothziegel, einer der Rädelsführer der Gruppe, war der von der Polizei am eifrigsten Gesuchte. Nachdem er kurzfristig in Ungarn untertauchen konnte, wurde er im April verhaftet. Ohne ihn als Anführer zerfiel die illegale Bewegung immer mehr. Erst Ende Oktober 1918 trafen die Mitglieder des Soldatenrates wieder zusammen. Auch Kisch war von der Westfront, an die er im letzten Kriegsabschnitt geschickt wurde, zurückgekehrt.

Kisch und seine Freunde unterwandern immer wieder Soldatenversammlungen und versuchen die Soldaten von der Gründung einer „Roten Garde" für Wien zu überzeugen. Am 30. Oktober demonstrieren vor dem Wiener Landhaus tausende Arbeiter und Soldaten gegen die Monarchie. Unter den Demonstranten befanden sich auch Egon Erwin Kisch und sein Freund Korporal Stephan Haller. Auch hier versuchen die beiden, die aufgebrachte Menge für die „Rote Garde" zu überzeugen. Stephan Haller fordert die Soldaten auf, am übernächsten Tag zu einer weiteren Demonstration auf die Wiener Ringstraße zu kommen. Dort wurde auch am 1. November bei einer Massenveranstaltung vor dem Deutschmeister-Denkmal von Haller, Kisch und Rothziegel die „Rote Garde" gegründet. Bei der Versammlung spricht auch Kischs Freund aus Prag, Franz Werfel, der bei weiteren Zusammenkünften der Rotgardisten in den ersten Novembertagen auch seine Gedichte vorträgt. In seinem Roman „Barbara oder die Frömmigkeit" schildert Werfel die letzten Tage der Habsburger Monarchie, die ersten der Ersten Republik Österreichs. Werfel selbst nennt sich Ferdinand, sein Freund Egon Erwin Kisch figuriert als Ronald Weiß. Der Auftritt Kischs bei einer illegalen Soldatenversammlung wird von Werfel genau beschrieben:

„Weiß bahnte sich einen Weg aufs Podium. Zunächst herrschte eine kühle und mißtrauische Stimmung. Ronald begann zaghaft. Seine Phrasen schlugen nicht ein. Tonfall und Färbung kamen dem Ohr der Menge fremd vor. Plötzlich aber hatte Weiß den glänzenden Einfall, sich die goldene Tapferkeitsmedaille von der Brust zu reißen und mit großartigem Schwung in den Saal zu werfen. Dies war der erste starke Augenblick des ganzen Abends. Die Leute tobten...

Der Name ‚Genosse Weiß' pflanzte sich laut durch den ganzen Saal fort. Drei Minuten hatten genügt, und ein Führer war erstanden."

Bei der offiziellen Gründung der „Roten Garde" am 1. November ging, so Werfel, „die Wahl des Kommandanten blitzschnell vor sich. ‚Genosse Weiß' donnerte es von allen Seiten." Franz Werfel selbst wurde Mitglied des Militärkomitees, Leo Rothziegel politischer Kommissar.

Die erste Aktion der Rotgardisten zu dieser Zeit, ca. 700 Soldaten, bestand in einer Demonstration vor dem Wiener Parlament, bei der theatralisch eine riesige rote Fahne gehißt wurde. Der nächste Schritt der „Roten Garde", die inzwischen auf 2.000 Mann angewachsen und mit Maschinengewehren ausgestattet war, ist der Kampf um eine Kaserne. Der neu eingesetzte Unterstaatssekretär für Heerwesen stellt die Stiftskaserne zur Verfügung. Den Marsch in Richtung Kaserne schildert Werfel in „Barbara oder die Frömmigkeit":

„Abmarsch! Gott weiß, wer plötzlich die Musikkapelle zusammengetrommelt hatte, die sich an die Spitze des Zuges stellte. Das erstemal im Leben dieser Stadt blitzte und donnerte die Marseillaise durch die erschrockenen Straßen.

Weiß schlenderte neben Ferdinand hinter der letzten Abteilung einher. Die Kappe saß ihm tief im Genick. Er vergrub die Hände in den Hosentaschen und pfiff die Hymne scharf mit. Nichts in seinem Wesen verriet den neuen Machthaber und Feldherrn der Revolution. Ferdinand mußte über ihn lachen, denn er hatte sein abenteuerlichstes Wildwestgesicht hervorgeholt."

In Flugblättern und Artikeln im „Freien Arbeiter" erläutert der Journalist Kisch, was die „Rote Garde" wollte, welches Programm sie hatte: „Wir wollen die Republik bewahren vor Republikanern, die zu ihrem Kaiser in Hofautomobilen nach Schönbrunn hinausfahren!"

Tatsächlich sind in diesen Tagen die führenden sozialdemokratischen Politiker Victor Adler, Karl Renner und Karl Seitz immer wieder in „Hofautomobilen" zur Audienz beim Kaiser gefahren. Der Wiener Polizeipräsident Franz Brandl erwähnt in seinen Erinnerungen den Besuch der Politiker in Schönbrunn am 2. November. Und der Generaloberst Fürst Alois von Schönburg-Hartenstein protokolliert in seinem Tagebuch, daß am 3. November die Staatsräte Renner und Seitz beim Kaiser waren, der ihnen die Gewalt übergeben hatte, „ohne jedoch abzudanken".

Von den Rotgardisten erwartete „ganz Wien, soweit es Geld hatte, Tag für Tag die fürchterlichsten Dinge, allen Spießbürgern lief die Gänsehaut über den Rücken", meint der spätere Minister für Heereswesen, Julius Deutsch. Kisch selbst beschreibt die Furcht des Wiener Bürgertums: „Alles bekam Angst davor, die Roten Garden könnten die vier Kilogramm Mehl verschleppen, welche die Hausfrau im Badezimmer versteckt hat, oder gar in ihrem Salon das rubinrote Überfangglas zertrümmern. Da mag doch lieber der Krieg weiter wüten, da mag doch lieber die Entente Wien besetzen, da mag doch lieber die Welt zugrunde gehen als meine vier Kilogramm Mehl und mein Rubinglas."

Die Angst der Bevölkerung vor der „Roten Garde" wurde von den bürgerlichen Zeitungen genährt, den „Gipfel der Gemeinheit und Feigheit" leistete sich aber, laut Kisch, die sozialdemokratische „Arbeiter-Zeitung". Das „8-Uhr-Blatt" polemisiert in einem Artikel über die „Rote Garde":

> Herr Egon Erwin Kisch, gebürtig aus Prag, Verfasser des mehr pornographischen als erotischen Romans „Der Mädchenhirt", war im Krieg ein tapferer und guter Soldat (wie man dem jungen Manne denn überhaupt zubilligen muß, daß er in allem, was er tut, durchaus ehrliche, wenn auch vielfach etwas unklare Absichten hat). Herr Kisch liest seinen Namen außerordentlich gern in der Zeitung. Bei der Gründung der „Roten Garde" lagen ihm sicherlich unlautere Absichten ferne, und er folgte damit nur dem unklaren und phantastischen Drange seiner jugendlichen Literaturphantasie. Im Kriegspressequartier fand nun Kisch einige Gesinnungsgenossen. Da ist vor allem Herr Franz Werfel, Sohn eines Kommerzialrates, auch aus Prag, auch Sozialrevolutionär, auch Literat. Man kennt ihn als zweifelhaft starke literarische Begabung. Während des Krieges hält er sich längere Zeit auf Kosten des österreichisch-ungarischen Armeeoberkommandos in der Schweiz auf, um dort Propaganda zu betreiben. Damit ist aber die Runde der geistigen Väter der Wiener „Roten Garde" noch nicht vollkommen geschildert. Zu ihnen gehört auch der Schriftsteller Franz Blei. Er gab eine pornographische Zeitschrift, „Der Amethyst", heraus. Zu Beginn des Krieges gründete er in Berlin mit dem Gelde eines dortigen Finanzmannes eine Zeitschrift „Der Kleiderkasten", welche die Abschaffung der Pariser Mode propagierte und sich natürlich heftig gegen alles wandte, was nicht deutsch war, bis ins Mark. Der vierte in diesem Bunde ist Herr Kühtreiber, der sich in seiner Eigenschaft als expressionistischer Maler und Schriftsteller Paris von Gütersloh nennt. Das Werk dieser einigermaßen gemischten Gesellschaft ist also die Wiener „Rote Garde".

Ende November 1918 erreichte die Zeitungskampagne gegen Kisch und die „Rote Garde" ihren Höhepunkt. Aber der Journalist Kisch wehrt sich. Im „Freien Arbeiter" vom 23. November kontert er: „Jede Zeitung hat ihre besondere Moritat zu singen. Die eine von gewaltsam aufgehaltenen Automobilen (‚Neues Wiener Tagblatt'), die andere von diebskommunistelnden Tendenzen und Bezahlung durch den jüdischen Kapitalismus (‚Der Mittag'), die dritte von patriotischen Artikeln, in denen ich die Armee und ihre Siege gefeiert habe (‚Neues Wiener Journal') und die vierte von hocharistokratischer Zusammensetzung der ‚Roten Garde' (‚Österreichische Volkszeitung'). Aber den Gipfel der Gemeinheit und Feigheit hat sich — nun wer — geleistet? Eben das gemeinste und feigste Blatt von Wien, die neue freie Presse der Sozialdemokratie, die ‚Arbeiter-Zeitung'. Dieselbe ‚Arbeiter-Zeitung', unter Anführungszeichen, hat ... die Redner der ‚Roten Garde' verhöhnt, weil diese die formelle Erklärung der Republik und die Abdankung des Kaisers verlangt hatten."

Aber Egon Erwin Kisch bleibt nur einige Tage Kommandant der „Roten Garde". Bereits am 11. November gelang es den Sozialdemokraten, den ehemaligen Redakteur der „Arbeiter Zeitung", Doktor Josef Frey, als Kommandanten durchzusetzen.

Hermann Bahr, „der Herr aus Linz", wie Kisch ihn nannte, schreibt am 12. November 1918 in seinem Tagebuch, daß Kisch um ein Haar Präsident der Republik geworden wäre. Der Journalist Kisch verfaßt im Winter 1918/19 noch die Leitartikel für die „Rote Garde".

Doch im März 1919 nimmt er in einem Abschiedsartikel „Urlaub von der Politik": „Und nun muß geschieden sein. Von einer Zeit, in der ich so glücklich war, keinen anderen Beruf als meine Gesinnung haben zu können. Unsere Sache steht nicht schlecht. Wenn sie aber je schlecht stünde, würdet ihr mich wieder an eurer Seite finden!"

Als die politische Entwicklung der Ersten Republik anders verlief als von Kisch geplant, zog er sich also von der Politik zurück. Später hat er die Erinnerung an die „Rote Garde" fast völlig verdrängt. Am liebsten erzählte er über diese für Österreich so folgenschweren Tage eine erfundene Anekdote, die ihm alle glaubten und für die historische Wahrheit hielten: Wie er damals seinen Bruder Paul in den Redaktionsräumen der „Neuen Freien Presse" verhaften wollte.

„Egonek, was ist los?"

„Was los ist? Revolution ist. Auch wenn's noch nicht in der ‚Presse' steht."

„Egonek! Bist du meschugge geworden? Überhaupt, wie du ausschaust."

„Das hast du nie verstanden. Als einziger von uns fünf bist du ein deutschnationaler Bourgeois geworden!"

„Und du? Der Sohn vom Tuchhändler Kisch aus Prag als Bolschewik kostümiert!"

„Herr Doktor Paul Kisch, räumen Sie im Namen der Revolution Ihren Schreibtisch! Die Redaktion der ‚Neuen Freien Presse' wird von der ‚Roten Garde' übernommen!"

„Also gut. Ich weiche der Gewalt. Aber mach dich auf was g'faßt, Egonek. Das schreib' ich der Mama nach Prag!"

An der von Kisch selbst erfundenen Geschichte stimmt nichts, außer daß Paul Kisch im November 1918 tatsächlich von der Prager „Bohemia" zur Wiener „Neuen Freien Presse" gewechselt hat. Aber auch Karl Kraus hat zur Verbreitung der Anekdote beigetragen, indem er in der „Fackel" die Besetzer der „Neuen Freien Presse" als „Feuilletonisten" bezeichnete, „die selbst diesen Beruf verfehlt haben und auf dem Umweg über die ‚Rote Garde' in eine Redaktion kommen möchten." Jener Karl Kraus, mit dem Kisch eine ewige, tiefe Feindschaft verband. Kisch schreibt in einer Kritik im „Deutschen Abendblatt":

„Karl Kraus, der vorgestern als Gast der Lesehalle hier vortrug, gilt den Leuten, die auch ohne die ‚Fackel' die Druckfehler der ‚Neuen Freien Presse' entdecken, als der verschmockteste Schmock von Wien! Der Fackelkraus ist ein ganz ungefährlicher Herr. Er hat zwar vor Jahren eine brandrote Zeitschrift gegründet, um seine weltbewegenden Ideen zum Ausdruck zu bringen, durch Mißerfolge verstimmt, verlegte sich Kraus aber auf die Philosophie und prägte ‚geistvolle Antithesen'. Außerdem schrieb er über weltbewegende Ereignisse, so z. B. über die Entwendung eines Pelzes im Kaffeehause... Karl Kraus hat es selbst gesagt: Je größer der Stiefel, desto größer der Absatz!"

Aber Karl Kraus kontert. In der „Fackel" Nr. 384/385 gibt er Kisch im Aufsatz „Die mit dem Tod intim sind" dem allgemeinen Spott preis. Kraus identifiziert Egon Erwin Kisch mit der armseligen Figur des Prager Inseratenkeilers Eduard Kisch, der seinen Lebensunterhalt damit verdiente, daß er die Veröffentlichung von Todesanzeigen vermittelte.

Wo die Wurzeln der jahrelangen Feindschaft zwischen Kisch und Kraus liegen, ist schwierig festzustellen. Im Nachlaß von Egon Erwin Kisch findet man ein Manuskript, in dem sich Kisch 16 Seiten lang mit Kraus auseinandersetzt, seine Beziehung zu ihm darzustellen versucht. Unter anderem schreibt Kisch über seinen Widersacher und die „Fackel", die Karl Kraus seit der Jahrhundertwende herausgibt, ab 1910 ganz allein schreibt und die, ohne bezahlte Inserate, manchmal nur zwei Seiten dünn, manchmal über dreihundert Seiten dick ist:

Karl Kraus

Seine Sätze waren klar und scharf umrissen.

Seine Plädoyers waren bereits das Urteil, seine Formulierungen waren so zugespitzt, daß sie jahrelang als Witze kolportiert wurden.

Er war unbestechlich, wohltätig (der Ertrag seiner Vorlesungen fiel nach dem Weltkrieg zum größten Teil der Kriegsblindenfürsorge zu) und hilfsbereit.

Seine Angriffe galten der Wiener Presse, die wegen ihrer Sprachverderbnis und Käuflichkeit jeden Peitschenhieb redlich verdiente. Sie galten der feige tänzelnden und speichelleckerischen Wiener Justizmoral. Sie galten der Massenverblödung durch die moderne Wiener Operette. Sie galten vor allem der Verhunzung der Sprache.

Sein mächtigster Angriff aber hat den Weltkrieg 1914 bis 1918 zum Objekt, die Zeit, die er für „Die letzten Tage der Menschheit" hielt, ein Drama von „der großen Zeit, die ich noch gekannt habe, als sie so klein war", eine Dichtung, die aus Zeitungszitaten und Redewendungen Verkündigungen von apokalyptischer Wucht hervorwachsen läßt.

Wie, so muß sich der Leser meiner Lobeshymne fragen, wie kann es auf der Welt Negatives von so viel Gewicht geben, daß es so viel Positives aufzuwiegen vermag?

Leider gab es dieses überwiegende Negativum.

Karl Kraus vernichtete die Großartigkeit seiner Leistung durch die Mittel, die er anwandte, durch Angriffspunkte, die er sich wählte, durch Bundesgenossen, deren er sich bediente, durch die gewollte Blindheit, die ihm dazu verhalf, nicht zu sehen, wem seine Attacken zugute kamen, wen und was er durch seine Verneinungen bejahte, und schließlich dadurch, daß die von ihm zersetzte, fast niedergekämpfte scheußliche Gesellschaft durch eine unendlich scheußlichere besiegt wurde.

Seine Mittel waren oft genug Mittel, deren Anwendung er bei seinen Angriffsobjekten als hassenswert und verächtlich gebrandmarkt hatte. Er änderte den Sinn von Texten, die er zitierte, durch Weglassungen. Er ließ Vorlesungen stören. Er schädigte durch schikanöse Berichtigungen und Presseklagen auch solche Zeitungen, die unter großen Opfern und Gefahren zur Bekämpfung Hitlers herausgegeben wurden. Er lehnte es ab, die Dimensionen seiner Schußziele in Betracht zu ziehen, schoß mit Kanonen auf Spatzen.

Kisch hat aber den „bedeutenden und verhängnisvollen Mann" nie persönlich kennengelernt. Die seltsame Feindschaft Kisch—Kraus wäre vielleicht durch ein klärendes Gespräch der beiden aufgehoben worden...

Es kafkat, es werfelt, es brodelt, es kischt

PRAG BEI TAG UND NACHT

NACH DEN BEWEGTEN TAGEN MIT DER „ROTEN GARDE" bleibt Kisch vorläufig als vorbestrafter Ausländer — der gebürtiger Prager ist jetzt Staatsbürger der Tschechoslowakischen Republik — noch in Wien. In einem Brief an die Mutter schreibt er, daß man in vielen Kreisen Wut auf ihn, und vor ihm als Extremsozialisten Angst habe. Kisch sehnt sich schon danach, wieder einmal nach länger Pause in Mutters Wohnung ein „anständiges, menschenwürdiges Dasein" zu führen. Das Leben in Wien sei wahnsinnig teuer, Honorare habe er seit zwei Monaten nicht mehr bekommen, Artikel könne er für bürgerliche Zeitungen vorläufig nicht schreiben.

Kisch erhält sich mühsam mit Beiträgen für das „Fremdenblatt" und für die literarische Zeitschrift „Die Waage". Obwohl er „pumperlgesund" ist, macht Kisch während dieser Zeit in Wien eine seelische Krise durch, spricht selbst von „einer Depression, wie ich sie schon seit Jahren nicht mehr hatte". Sein Abwenden vom politischen Leben hat er noch nicht verkraftet, die ständige Kritik seiner Person durch bürgerliche Zeitungen und Karl Kraus, die Schwierigkeiten, seinen Beruf auszuüben, gestalten sein Leben kompliziert.

Im März 1920 entschließt sich der deprimierte Kisch, einige Tage die rauchige Wiener Kaffeehausatmosphäre mit der klaren Luft des Semmerings zu vertauschen. „Es ist wunderbar schön hier, überall liegt noch Schnee, Wald und Luft sind wie Quellwasser..."

Gestärkt durch den wohltuenden Einfluß der Natur, erwartet Kisch gespannt das Erscheinen seines Buches „Die Abenteuer in Prag" im Prager Verlag E. Strache.

Das Buch kommt im Sommer 1920 in Prag heraus. Es enthält Reportagen, die er seit Kriegsbeginn geschrieben hat. Zu dieser Zeit ist Egon Erwin Kisch bereits nach Prag zurückgekehrt, nachdem ihn die Behörden in Wien zu drei Monaten Haft verurteilten.

Im Sommer des Jahres 1920 erlebt Berlin die Eröffnung der unruhestiftenden „Dada-Messe", einer Kulturausstellung von Fotokollagen, Klebebildern und ausgestopften Puppen; Ziel des 1918 von Raoul Hausmann, George Grosz und John Heartfield gegründeten „Dada"-Clubs ist, bürgerliche Kunstformen zu bekämpfen, so fordern sie, Bilder von Peter Paul Rubens bis Oskar Kokoschka zu verbrennen.

In Österreich werden die ersten „Salzburger Festspiele" mit einer Aufführung des „Jedermann" eröffnet. Die Schauspieler bekommen damals als Gage nur Geschenke — der „Tod", Werner Krauß erhält von Max Reinhardt eine Lederhose.

Und in der Geburtsstadt Kischs, in Prag, in die er zurückgekehrt ist, bildete sich zu Beginn der zwanziger Jahre die sogenannte „Prager Schule", der die deutschen Schriftsteller Franz Kafka, Willy Haas, Max Brod, Ernst Weiss, Rainer Maria Rilke und Franz Werfel zugerechnet werden. Der blinde Dichter Oskar Baum schrieb das Drama „Die Tür ins Unmögliche", die Schilderung einer Bergbesteigung durch einen Blinden, der am Gipfel plötzlich verlassen dasteht.

Prag war damals die Hauptstadt eines jungen Staates, in dem die Tschechen nach drei Jahrhunderten wieder zu einer selbständigen Regierung gelangt waren. Die Politiker Masaryk und Beneš versuchten, teilweise mit Erfolg, durch Forcierung und Freiheit aller Kunstrichtungen von den wahren Problemen des Landes abzulenken. Präsident Masaryk traf jeden Freitag abend in der Villa Karel Čapeks einen ausgewählten Kreis von Dichtern und Philosophen und beteiligte sich an den kulturellen Diskussionen.

Prag erlebte glanzvolle Premieren der führenden tschechischen Dichter Čapek und František Langer. Dessen wortkarges und ergreifendes Drama „Peripherie" wurde von Max Reinhardt für deutschsprachige Bühnen übernommen, Perspektiven europäischer Zusammenarbeit der Kulturen eröffneten sich. Werfels Drama aus den Hussitenkriegen „Das Reich Gottes in Böhmen" wurde mit überwältigendem Erfolg am tschechischen Nationaltheater aufgeführt.

Die Mitglieder der „Prager Schule" treffen regelmäßig nachmittags im Kaffeehaus zusammen, jenem Ort für Leute, „die allein sein wollen, aber dazu Gesellschaft brauchen".

Entweder im „Café Continental", im ersten Stock eines unfreundlichen Hauses am Graben, oder im „Café Central". Das „Conti" war die Heimat der deutschsprachigen Schriftsteller und der Journalisten des „Prager Tagblattes". Der unfreundliche Ober Otto verlieh hier das „Bürgerrecht", indem er dem Gast die gewohnten Zeitungen wortlos brachte. Am Ecktisch am Fenster residierte Kisch. Um ihn sammelten sich „Schreibende und Schreibenwollende", hier an seinem Tisch war die „Anlaufstelle für Ankommende und Versammlungsplatz für Zugelassene". Hier oder im „Central" sitzt Kisch mit dem „satirischen Dämoniker Paul Leppin, dem katholischen Neoromantiker René (später Rainer) Maria Rilke, dem ethischen Erotiker Max Brod und dem mystischen Realisten Franz Kafka" zusammen.

Hier diskutierte Kisch oft stundenlang mit dem damaligen Redakteur des „Tagblattes", Friedrich Torberg, über Kommunismus. Torberg schrieb später: „Ich bin niemals den Verdacht losgeworden, daß es Kisch mit seinem Kommunismus nicht wirklich ernst war. Vielleicht wollte er — aus einem im Grunde bürgerlichen Begriff von ‚Anständigkeit' — an einer einmal getroffenen Gesinnungswahl festhalten, vielleicht glaubte er tatsächlich an die Verheißung einer besseren Zukunft."

Oder Egon Erwin Kisch debattierte mit Rainer Maria Rilke über Poesie. „Rilke sprach wie immer erregt auf uns ein, seine langen Hände flatterten wie Tauben auf uns zu. ‚Ich habe die Formel gefunden: Poesie ist Liebe, und Liebe ist Gottesglaube!'"

Oder Kisch befetzte sich mit seinem „Feind" Anton Kuh im „Conti", wo er, gerade wieder auf der Flucht, kurz Zwischenstation gemacht hatte. Das „Café Continental" war eine exakte Kopie des berühmten Berliner „Romanischen Café". Als Anton Kuh das erstemal ins „Conti" kam, äußerte er sich kategorisch über das Prager Literatencafé „Conti": Romanisches Café, leicht beschädigt.

Jener Kaffeehausliterat Kuh — seine Definition des Kaffeehausliteraten: Ein Mensch, der Zeit hat, im Kaffeehaus darüber nachzudenken, was die andern draußen nicht erleben — der neben dem begnadeten Dichter Peter Altenberg der raffinierteste Schnorrer Wiens war. Anton Kuh, der es schick fand, den Homosexuellen zu spielen, obwohl er viele Jahre mit einer früheren Freundin von Altenberg, Bibiana, zusammenlebte, fand auch eine prägnante Definition für Literatur: „Ich teile die Literatur ein in Tisch und Nebentisch."

Im Kaffeehaus wurde aber auch gearbeitet. Das „Conti" hatte nach hinten einen Garten und war nach einer Seite begrenzt von den Redaktionsfenstern des „Prager Tagblattes". So konnten sich Kisch und die anderen Redakteure durch Zeichen über Manuskriptlänge und den Termin des Andruckes verständigen.

Der Journalist Martin Maier, der damals beim „Prager Tagblatt" als „Vorstufe zur Vorstufe eines Reporters" gearbeitet hat, erinnert sich: „Man hat damals gesagt, was es im Literatencafé macht: Es kafkat, es werfelt, es brodelt, es kischt. Für Kisch war der Ecktisch immer reserviert, auch wenn das Café zum Bersten voll war, der Kisch-Tisch blieb leer, niemand wagte es, sich dort hinzusetzen.

Kisch hat die ‚Direkt-Reportage' geprägt, er war immer echt engagiert, Polgar hat später über ihn geschrieben, wenn ihn im Krieg eine Kugel träfe, würde er zuerst nach seinem Notizblock greifen, und dann erst an seinen Kopf.

Die Zeitungen in Prag sind damals erst spät abends herausgekommen; wenn wichtige Nachtkritiken noch ins Blatt mußten, wurde erst um ein Uhr morgens angedruckt, die Kulturredakteure diktierten dann den Setzern direkt in die Maschine.

Man erinnert sich an eine für Kisch typische Anekdote. Es gab beim ‚Prager Tagblatt' einen Wirtschaftsredakteur, der ein Genie war. Er besaß nicht nur die Kraft der Sprache, sondern hatte die analytische Fähigkeit, mit dem Artikel die Börse in Aufruhr zu versetzen. Eines Tages fuhr dieser Wirtschaftsredakteur nach London, um ‚zu klären', wie so etwas im ‚Tagblatt' genannt wurde. Er kam mit bedeutenden Wirtschaftsleuten Englands zusammen, fuhr zurück, um einen Artikel darüber zu schreiben. Einen Artikel von Weltgeltung. Er steckte das Manuskript ein und ging in die Redaktion. Auf dem Weg dorthin ist er von einem Auto überfahren und gräßlich zugerichtet worden. Als er nach Monaten im Spital besucht werden darf, ist Egon Erwin Kisch einer der ersten am Krankenbett und erklärt dem Kollegen den Unterschied zwischen einem guten und einem schlechten Journalisten: Der schlechte Journalist fährt nach London, dort klärt er, dann fährt er zurück, schreibt den Artikel, dann geht er in die Redaktion und wird überfahren. Der gute Journalist fährt nach London, dort klärt er, dann fährt er zurück, schreibt den Artikel, dann geht er in die Redaktion und gibt ihn ab, und dann, erst dann wird er überfahren...“

Die Nächte durchzechte Kisch mit Freunden wie dem langhaarigen Dichter und Frauenarzt Dr. Hugo Salus; mit dem, bevor er Theaterkritiker des „Tagblattes“ wurde, als Post- und Gerichtsbeamten tätigen Max Brod oder dem „Schwejk“-Autor Jaroslav Hašek.

Das berühmte Bierlokal „U Fleků“ war die erste Station der kommenden langen Nacht. Hier stärkte man sich mit dem legendären Prager Schinken und einigen Gläsern Bier, von dem es über 100 verschiedene Sorten für die Strapazen des ausschweifenden Prager Nachtlebens gab.

In den unzähligen Nachtcafés, Varietés und Weinstuben traf Kisch die Menschen, die er liebte: Eigenbrötler, Unterweltler, Prostituierte, „geniale Schreiber“ und andere vom Leben Gezeichnete.

Hier erzählten ihm die „kleinen Leute“ Erlebnisse und Andekdoten, die er am nächsten Tag oft für eine Reportage aus „Prager Gassen und Nächten“ verwendete. Sein liebstes Nachtlokal war das „Café Montmartre“ in der Nähe des Marktes am Altstädter Ring. Hier trat ja die Chansonette „Revolution“ auf, der Hauptgrund für Kisch, das „Montmartre“ fast jede Nacht zu besuchen. „Ganz Prag beneidet mich um sie“, meinte er immer wieder. „Revolution“ konnte im ganzen fünf Fremdwörter, die sie fleißig und meistens falsch verwendete. Der Kellner im „Montmartre“ hieß aus unergründlichen Gründen „Hamlet“. Eines Tages lief die „Revolution“ auf Kisch an seinem Stammtisch zu und rief: „Kinder, wir werden berühmt, das Nationaltheater spielt ein Stück über unseren Kellner!“ Sie ging sich natürlich sofort das Stück anschauen; als sie zurückkam meinte sie: „Die erste Nummer mit dem Gespenst ist ja ganz hübsch, aber der Rest...“

Letzte Station Egon Erwin Kischs war dann am frühen Morgen der Wenzelsplatz. Meist schaute man noch kurz in die „Lucerna“ hinein, ein Varieté mit den schönsten Tänzerinnen Prags.

Und dann packte den „großen Fresser“ Kisch der Hunger. Die Würstelmänner in den Durchhäusern am Wenzelsplatz waren noch da, Kisch stopfte, von Heißhunger geplagt, die scharfen, dicken Würste in sich hinein, und während er mit übervollem Mund kaute, sprach er zugleich weiter.

„Schon wieder ist's Tag geworden“, registrierten die von der letzten Nacht Übriggebliebenen, wenn sie aus einem Lokal auf die Straße treten, in dem die Zigeuner zum Abschied noch den Rakoczy-Marsch spielten. Man knöpft sich fröstelnd das Sakko zu und zündet sich die letzte „Prinzesas“ an. Vom oberen Wenzelsplatz kündigen große Staubwolken das Herannahen der „Hygieia“ an, der Prager Straßenkehrer. Sonst ist der Platz menschenleer.

Auch der Standplatz der Pferdekutschen ist verwaist. Ein einziger Polizist steht Tag und Nacht da. Mißmutig wartet er auf seine Ablöse. Aus den Animierlokalen tönt noch leise Musik, der letzte Tango wird gespielt...

Vielleicht ißt Kisch in einer der „Suppenstuben", die ab drei Uhr morgens geöffnet sind, noch schnell eine „drštková polévka", eine Kuttelflecksuppe, bevor er sich endlich auf den Heimweg macht.

Der Nachtschwärmer Kisch schildert seinen Weg nach Hause am besten selbst: „Weiter geht der einsame Weg. Mehrere Male muß halt gemacht werden, denn alle Leute, die man trifft, sind Bekannte. Da begrüßt einen der alte Fiala in seinem alten, abgetragenen Havelock, der nächtliche Wetterprophet. Um zwei Kreuzer prophezeit er das schönste Wetter, um drei Kreuzer gibt er es sogar schriftlich. Dort kommt ein anderer Bekannter. Ein alter Detektivinspektor, schon lange im Ruhestande. Aber er kann nicht schlafen. Vierzig Jahre hat er gefahndet und inspiziert — nun kann er das Nachtwachen nicht mehr lassen und geht die ganze Nacht spazieren. Die Direktrice der ‚Roten Mühle' fährt nach Hause. Gleich hinter ihr rollt ein schweres Gefährt durch die Gasse: Die Kanalräumer haben ihr nächtliches Tagewerk beendet.

Es ist die Stunde des Schichtwechsels. Ein Teil der Stadt geht schlafen, ein Teil der Stadt erwacht. Noch ist nicht Frühstückszeit, und schon leiht die Sorge um den Mittagstisch den Gassen das Gepräge. Hundegespanne mit Gurkenladung, riesige Streifwagen mit Kohlköpfen und Salat, die weißen Wagen der Dampfmolkereien, Bauersleute mit gemüsebeladenen Schubkarren, alte Weiber mit Schwämmen, Erdbeeren und anderen Waldfrüchten eilen der Altstadt zu. Sie bringen dem ‚Bauche von Prag' ihre Opfergaben.

Die Schnapsbutiken sind voll von Leuten, die sich aus den zahllosen Fäßchen Arzneien gegen Mattigkeit und Nervosität kredenzen lassen. Die Gassen beleben sich immer mehr. Bäckerjungen, Fleischergehilfen die auf dem Rade aus der Zentralschlachtbank in den Laden fahren, Nachtwächter, Plakatankleber und Zeitungsausträgerinnen sind die Passanten. Wenige Minuten später ziehe ich die Glocke meines Hauses. Während der Hausmeister herbeikommt, um sein letztes Sperrsechserl einzuheimsen und dann das Haustor schon offen zu lassen, zieht der in Phantasieuniform gekleidete Bedienstete der ‚Wach- und Schließgesellschaft' seine Uhr und richtet sie. Er weiß: wenn ich nach Hause gehe, ist's Punkt sechs Uhr. Und da gibt es noch Menschen, die behaupten, ich führe keinen regelmäßigen Lebenswandel..."

Am „Tisch von Kisch“

DIE „GOLDENEN ZWANZIGER JAHRE“ IN BERLIN

IM JAHRE 1922 ÜBERSIEDELT EGON ERWIN KISCH NACH BERLIN. Die nächsten zehn Jahre befindet er sich fast immer auf Reisen. Dänemark, die Niederlande, die Sowjetunion, Nordafrika, Belgien, die USA, Frankreich, Korsika, Sardinien und China sind die Ziele seiner Recherchen. Doch immer wieder kehrt Kisch in die damalige Weltstadt Berlin zurück. Das Berlin der „Tollen zwanziger Jahre“ wird zu seiner zweiten Heimat.

Berlin, die „große babylonische Hure“, befand sich während dieser Jahre in einem unglaublichen Vergnügungstaumel. Moralische Skrupel, sexuelle Tabus gab es nicht mehr. Transvestitentum war Mode, das Einnehmen von Kokain reine Routine. „Ich schlafe nicht mit einem, ich schlafe mit der ganzen Mannschaft, denn das ist so modern“, sang die Kabarettistin Ilse Bois. Auf dem Kurfürstendamm stolzierten Freudenmädchen herum, Fünfzehnjährige boten sich den Vorübergehenden an, Hausfrauen nahmen Knaben mit in ihre Wohnung: Um dem Elend und der Leere des Lebens zu entgehen, schwelgten die Menschen in fleischlichem Genuß.

Jenes Jahrzehnt, die „Goldenen zwanziger Jahre“, war nur schwach vergoldet. Das politische Leben wurde von geheimer Aufrüstung, Hitler-Putsch, kommunistischen Aufständen, Weltwirtschaftskrise und Millionen Arbeitslosen geprägt. Jenes Jahrzehnt, das heute wie ein Tummelplatz deutscher Idealisten und Genies, Literaten und Maler, Architekten und Wissenschafter erscheint, war für viele Intellektuelle alles andere als „toll“ oder „golden“.

Ein großer Teil jener, die den Ruhm dieses Jahrzehnts ausmachen, wie Freud und Einstein, Thomas Mann und Hugo von Hofmannsthal, Richard Strauss und Arnold Schönberg, die Künstler vom Bauhaus und die Expressionisten hatten ihre entscheidenden Werke schon vorher geschaffen. Schriftsteller, die heute als Repräsentanten der „Goldenen zwanziger Jahre“ gelten, waren damals unbekannt; oder Außenseiter — wie Kafka und Musil, Brecht und Kästner.

Die wahren Lieblinge des deutschen Volkes in jenem Jahrzehnt waren Kitschautoren wie Walter von Molo oder Waldemar Bonsels: Von seiner „Biene Maja“ wurden 700.000 Exemplare verkauft.

Nationalismus, schwelender Bürgerkrieg, Verachtung der Intellektuellen konnten Künstler auf allen Gebieten nicht daran hindern, neue Wege zu beschreiten. Die „Dada-Bewegung“ erlebt ihren Höhepunkt. Die „Neue Sachlichkeit“ mit Künstlern wie Max Beckmann, George Grosz und Otto Dix wird geprägt, die Jazz-Begeisterung in der Metropole Berlin kennt keine Grenzen, Kabaretts schießen in den ersten Nachkriegsjahren wie Pilze aus dem Boden. In Berlin gibt es zu Beginn der zwanziger Jahre 38 Kabaretts, deren Autoren unter anderem Joachim Ringelnatz und Kurt

Tucholsky sind. Der erste Tonfilm wird aufgeführt, erstmals wird „Hamlet" von einer Frau gespielt. Asta Nielsen trägt in dem Drama ihr Haar pagenartig geschnitten: der erste „Bubikopf" in Deutschland. Josephine Baker gastiert am Kurfürstendamm, der Bananentanz der dunklen Schönheit „mit dem lackierten, schwarzglänzenden Köpfchen eines exotischen Vogels", wird zum Tagesgespräch. Max Reinhardt beherrscht die Berliner Theaterszene, die „Dreigroschenoper" wird uraufgeführt und Zeitschriften wie „Die Weltbühne" und „Die literarische Welt", mit Beiträgen von Robert Musil, Joseph Roth, Jakob Wassermann und Egon Erwin Kisch erscheinen. Diese pulsierende Weltstadt Berlin ist also vom Beginn der zwanziger Jahre an bis 1933 Kischs zweite Heimat geworden. Der Kontakt zu Prag reißt vor allem durch die vielen Briefe und Pakete der noch immer um ihren Lieblingssohn besorgten Mutter nicht ab:

> Liebe Mama,
> mit der lieben Sendung von Gänsefett, Gänsekeulen und Gänseleber soll der Kontakt mit dem Vaterhause wiederhergestellt sein, der wohl im vergangenen Jahre einen Rekord an Vernachlässigung erlebt hat. Also Mama, gestern hat mir Rosenfeld Deine Sendung gebracht, und gestern und heute hab ich schon eine starke Lücke hineingefressen, es schmeckt herrlich, und ich danke Dir vieltausendmal für Deine Güte.
>
> 1 000 Küsse, 1 000 Dank von Deinem
> Egon Erwin

Kisch fühlt sich in Berlin sehr wohl, „viel Arbeit und noch mehr Rummel, ununterbrochen klingelt das Telefon, ununterbrochen sind Leute da, ich verdiene genug Geld."

Er wohnt, zusammen mit Gisela Liner, die Kisch auch auf den meisten seiner Reisen begleitete und die er später im Exil ohne viel Aufsehen geheiratet hat, im „Bayrischen Viertel" in Berlin. Seine spätere Frau Gisela lernte Kisch schon 1917 in Wien kennen, als sie im Büro einer Tierfutterfabrik am Trattnerhof arbeitete.

Egon Erwin Kisch liebte Kinder über alles. In jeder seiner bescheidenen Wohnungen auf den vielen Stationen seiner Emigration schmückte er, sofort nachdem er eingezogen war, alle Wände mit Kinderzeichnungen. Mit Zeichnungen von fremden Kindern, die er auf der Straße — ob in Mexico oder Versailles — gegen Zauberkunststücke, die er den begeisterten Kindern darbot, eintauschte. Seine Kinderliebe ging so weit, daß Kisch seine Geburtstage immer nur mit seiner „Gisl" und einer Schar fremder Kinder feierte, wie das Photo aus dem Exil in Mexico beweist. Um so tragischer war für den kinderliebenden Kisch der Tod seiner nur vier Wochen alt gewordenen Tochter, Ende der zwanziger Jahre. Das von Geburt an kaum lebensfähige, untergewichtige Kind, das „wie die kleine Gisl" aussah, wurde in Berlin beigesetzt.

Die Wohnung der Kischs in der Güntzelstraße 3 wird zum gesellschaftlichen

Treffpunkt vieler Intellektueller, meistens gab es mehr Gäste als Sessel, sodaß man am Boden sitzen mußte. Die bescheidene Zwei-Zimmer-Wohnung im Haus, in dem auch der rothaarige, dynamische Polizeireporter der „Nachtausgabe" Billy Wilder wohnt, wird schon bald nach Eintreffen der Kischs in Berlin Geheimtip für anregende Gespräche, Anekdoten aus aller Welt und den „besten Kaffee Berlins". Gisela Kisch war nicht nur verläßliche Begleiterin ihres Mannes bei den „Abenteuern in fünf Kontinenten", sie schrieb nicht nur Kischs handschriftliche Manuskripte in zehn bis zwölf Fassungen auf der Maschine, bis er sie endlich für druckreif hielt; auch ihr Kaffee, den sie für die unzähligen Freunde und Besucher braute, wurde legendär. Wurde zu einer Legende, über die sogar Anna Seghers zweimal in ihren Büchern schrieb. Anna Seghers schreibt auch: „Egon machte, wenn Gisl nicht bei ihm war, einen verwahrlosten Eindruck." Gisela Kisch war für ihren Mann nicht nur treue Gefährtin, sie war über dreißig Jahre lang Mitarbeiterin und Kritikerin, Geliebte und mütterliche Freundin des sensiblen Menschen Egon Erwin Kisch.

Mehr als zu Hause bei seiner Gisl war Kisch aber, auch im turbulenten Berlin der zwanziger Jahre — im Kaffeehaus. Sein Stammcafé war das „Romanische" an der Gedächtniskirche; Treffpunkt der Berliner Bohéme, von Literaten und Verlegern, Schauspielern und Theaterdirektoren. Hier saßen die Etablierten, und die, die es um jeden Preis werden wollten. Hierher kamen linke Journalisten, verklärte Illusionisten, die entweder eine politische oder eine literarische Karriere oder im schlechtesten Fall eine Liebeskarriere machen wollten.

Einer der Altmeister des deutschen Films, Géza von Cziffra, erzählt, wie er das „Romanische Café" vor über 60 Jahren kennengelernt hat: „Das ‚Romanische' befand sich in einem im romanischen Stil erbauten Eckhaus von der Tauentzien- bis zur Budapester Straße. Wenn man durch die Drehtür, die fast unentwegt rotierte, das Café betrat, stand man vor der Entscheidung: links oder rechts. Dies war keineswegs ein politisches Problem. Eine politische Rechte gab es damals im ‚Romanischen' nicht, obwohl ich hier auch einmal einen jungen Mann namens Joseph Goebbels Zeitung lesend sitzen sah.

Links von der Drehtür lag der kleinere Teil des Cafés mit etwa fünfzehn Tischen, die andere Seite mit der Balustrade war ungefähr dreimal so groß. Die linke Seite war für die ‚Schwimmer' reserviert, auf der rechten Seite saßen die ‚Nichtschwimmer'. Die Arrivierten saßen links, auch die weniger Arrivierten, die sich aber immerhin durch ihre Schreiberei über Wasser halten konnten. Rechts, bei den ‚Nichtschwimmern', fand man recht abenteuerliche Gestalten, mitunter auch einige hartnäckige Anarchisten. Auf der Balustrade saßen die ‚Mondbewohner', die weltentrückten Schachspieler, unter ihnen fast täglich der Weltmeister Emanuel Lasker. Als ich das erste Mal ins ‚Romanische' kam, wendete ich mich zufällig nach links, Kisch saß mit dem Chefredakteur der ‚Berliner Illustrierten', Fröschl, dem Gründer der legendären ‚Weltbühne', Siegfried Jacobsohn, und Billy Wilder an seinem Stammtisch. Er akzeptierte mich nach einer kurzen Befragung, woher ich komme, was ich überhaupt hier wolle, sofort. Er wurde mein väterlicher Freund, hatte mich vielen wichtigen Leuten vorgestellt, mir den Kontakt zum ‚Berliner Tagblatt' hergestellt. Ich hatte es mit seiner Hilfe geschafft, als Freund Kischs wurde ich von allen geschätzt...“

Kisch kam pünktlich, um drei Uhr nachmittags, in sein Stammcafé, und blieb hier, je nachdem, ob er abends noch ins Theater oder Kino ging, bis sieben, acht oder neun Uhr. Ab ca. zehn Uhr abends war dann das „Romanische“ fast leer, nur einige Schachspieler blieben etwas länger. Kaum war Kisch durch die Drehtür auf seinem Stammtisch auf der „Schwimmer“-Seite zugegangen, kam auch schon der „Rote Richard“, mit den für Kisch vorbereiteten Zeitungen. Der rothaarige, bucklige Kellner war aber nicht nur für die Zeitungen und Bestellungen der „linken“ Stammgäste zuständig, sondern er verborgte auch Geld. Das viele Trinkgeld, das er bekam, verlieh der „Rote Bankier“ mit Wucherzinsen sofort wieder an seine Gäste.

Am „Tisch von Kisch“, dem Stammtisch des „Rasenden Reporters“, sitzen zu dürfen, war eine große Ehre. Kisch, der seine Revolutions-Illusionen in Wien zurückgelassen hatte, war der ungekrönte König unter den linken Intellektuellen im „Romanischen Café“. Seine Aura zog die Menschen an, er war Mittelpunkt, ohne es auszuspielen und blieb immer bescheiden. An seinem Tisch saß der Verleger Ernst Rowohlt neben der „Ausdruckstänzerin“ Anita Berber, Joachim Ringelnatz neben Kurt Tucholsky, der Maler Otto Dix neben dem schnorrenden Kaffeehausliteraten Anton Kuh. Kischs „Feind“ Kuh hatte meistens noch weniger Geld als die anderen; für einen „kleinen Schwarzen“ am „Tisch von Kisch“ verkaufte er bereitwillig einen Witz.

Ob in Prag oder Berlin, in Mexico City oder Paris, wohin Kisch auch immer kam, sofort hatte er ein Stammcafé, und sofort gab es dort auch einen „Tisch von Kisch“.

Eine undefinierbare Sonderstellung unter den Intellektuellen im Berlin der zwanziger Jahre nahm Joseph Roth ein. Der Schöpfer des „Radetzkymarsch“, der über seinen Freund Kisch schrieb:

> Was seine Berichterstattungen zu literarischen
> Werken macht, ist die Gnade des echten
> Schriftstellers, die darin besteht, daß man
> die Wirklichkeit beschreibt, ohne die Wahrheit
> zu verletzen. Daß man trotz der dokumentarischen
> Wirklichkeit nicht versäumt, die Wahrheit zu sagen.
> Diese Fähigkeit allein ist es, die Egon Erwin Kisch
> eine ganz besondere, ich möchte fast sagen,
> eine einmalige und einzige Bedeutung gibt.

Joseph Roth mied das „Romanische". Der Monarchist, der die Monarchie verspottete, fühlte sich nicht wohl unter den politischen Emigranten, den linken Weltverbesserern oder manchen Künstlern, die „links" waren, weil es gerade als „chic" galt. Der sensible Eigenbrötler Roth saß lieber im Hinterzimmer einer winzigen Konditorei auf der Potsdamer Straße. Hier schrieb er, der seine literarische Begabung als Reporter einer Mittagszeitung verschwendete, völlig isoliert und in Ruhe gelassen, seinen ersten Roman, „Das Spinnennetz". Oder er saß, in tiefer Trauer über die Menschheit, an einem kleinen Tischchen vor dem „Café zur Post", wo er auch wohnte. Hier baute er aus den Untertassen der konsumierten Getränke stundenlang, stumpf vor sich hinblickend, kleine Türme.

Mit leichtem Gepäck und seiner Sammlung von Taschenmessern — über hundert Stück — ließ Roth eines Tages, ohne es irgend jemandem zu sagen, sein kleinbürgerliches Kabinett bei der Wilmersdorfer Wirtin zurück, um nach Paris zu gehen. Das unstete Leben dieses Melancholikers erlosch in einem Pariser Armenspital. An einem sonnigen Maitag warf Kisch, zum Ärger der monarchistischen Trauergäste, einen Strauß roter Nelken — als Gruß des SDS — in das offene Grab.

Der SDS, „Schutzverband Deutscher Schriftsteller", war eine Vereinigung von Emigranten, dessen erklärtes Ziel der Kampf gegen den Faschismus war. Ehrenpräsident der SDS war Heinrich Mann, Vorsitzender Egon Erwin Kisch, Mitglieder unter anderem Ernst Bloch, Anna Seghers, Alfred Kerr, Ludwig Marcuse, Wieland Herzfelde und sein Bruder John Heartfield. Bei einem internationalen Schriftstellerkongreß in Paris im Juni 1935 „Zur Verteidigung der Kultur" werden Kisch und Mann als Vertreter des SDS in den Kongreßvorstand gewählt. Unter den 250 Schriftstellern aus 38 Ländern befinden sich André Gide, Boris Pasternak, Louis Aragon und André Malraux.

Außer seinem Engagement für den antifaschistischen SDS war Kisch während seiner Zeit in Berlin politisch nicht mehr tätig. Damals arbeitete er nur mehr journalistisch, schrieb an seinen Büchern und für verschiedenste Zeitungen und Zeitschriften. Schrieb literarische Reportagen ohne politisches Engagement. Schriftsteller, die damals überzeugte Kommunisten waren, beschreiben Kischs politische Haltungstaten als „gelinde gesagt zwiespältig": Arthur Koestler, für den Kisch im späteren Pariser Exil zu einer Art Vaterfigur wurde, schildert ihn als desillusionierten Kommunisten, der seine Enttäuschung mit Zynismen tarnt, weil er weiß, daß es für eine Umkehr zu spät ist. „Ich denke nicht, Stalin denkt für mich", habe Kisch immer wieder gemeint. Alfred Kantorowicz berichtet, Kisch habe während des Spanischen Bürgerkrieges — an dem beide auf republikanischer Seite teilnahmen — seufzend zu ihm gesagt: „Wehe uns, wenn wir gesiegt haben!"

Und der 88jährige Wiener Schriftsteller und Ideologe Bruno Frei, der in seinem bewegten Leben mit Gesinnungsgenossen wie Tschou en-lai, Ernst Fischer, Fidel Castro und Pablo Neruda zusammentraf, meint, daß Kisch kein Kommunist war.

„Er sympathisierte zwar mit der damals aufstrebenden kommunistischen Partei, war aber absolut sicher kein Kommunist. Kisch glaubte damals, daß die Revolution um die Ecke warte. Wir alle standen unter dem Eindruck der russischen Oktober-Revolution, wir glaubten, es sei eine revolutionäre Epoche. Erst später stellte sich heraus, daß sie es nicht war."

Vermutlich war Kisch einer jener linken, idealistischen Intellektuellen, die sich von der Sowjetunion etwas anderes erhofften, als Stalin ihnen später bescherte. Zum 80. Geburtstag Egon Erwin Kischs, im April 1965, schreibt „Die Welt": „Seine Freunde berichten, wie er unter dem Terror der Kommunisten seelisch litt. 1939, nach dem Hitler-Stalin-Pakt, ist er nahe daran, mit ihnen Schluß zu machen. (Er gehörte übrigens nie der Partei an.) Wie es heißt, hat ihn nur seine Frau Gisl, eine leidenschaftliche Kommunistin, immer wieder von dem letzten Schritt zurückgehalten." Soweit die „Welt".

Aber auch die Witwe des ehemaligen Vorsitzenden der Kommunistischen Partei Österreichs, Hilde Koplenig, meint: „Wenn Kisch kommunistisch gedacht hat, dann nur, weil er wollte, daß es den Menschen besser gehe. Die ganze Parteidisziplin war ihm egal, er war ein sehr legerer Mensch. Und einer der Hauptgrundzüge seines Wesens war Güte, menschliche Güte."

Manès Sperber beschreibt Kisch als einen Mann, der keine Illusionen mehr gehabt habe, der ihm gegenüber meinte: „Wenn man so alt wie ich geworden ist und sein ganzes Kapital in einer Firma investiert hat, kann man nicht mehr aussteigen und neu beginnen."

In der Biographie Kischs befinden wir uns noch im Berlin der „Goldenen zwanziger Jahre". Diese Jahre am Ende der Weimarer Republik sind für Egon Erwin Kisch die glücklichsten, erfolgreichsten. Mit den Büchern über seine Reisen, „Zaren, Popen, Bolschewiken", „Paradies Amerika" und „China geheim" hat er sich endgültig nicht nur als Journalist, sondern auch als Schriftsteller etabliert. In Berlins linker literarischer Intelligenz ist er Mittelpunkt.

Wenn er nicht gerade auf einer seiner Weltreisen war, oder im „Romanischen Café" Hof hielt, war er im Paradies der Schauspielerprominenz, bei „Schwannecke". Natürlich gab es auch hier ein „Kraftzentrum", wie Bruno Frei die Stammtische Kischs in aller Welt nennt. Der „Tisch von Kisch" war auch immer Anlaufstelle für intellektuelle Berlin-Neulinge, die in der fremden Stadt erst heimisch werden mußten. Oskar Maria Graf, „der Provinzschriftsteller" — wie er sich selbst gerne nannte — gerade aus seiner Heimatstadt München in der pulsierenden Metropole Berlin angekommen, besucht das Künstlerlokal „Schwannecke". Das Geschwätz der linken Schickeria dort ödete ihn sofort an. „Die Menschen in ihrer übergescheiten Beflissenheit" wirkten auf ihn nur lächerlich. „Sie redeten im wunderbarsten Jargon ‚marxistischer' Gelehrsamkeit, und der Provinzschriftsteller hörte ruhig zu. Sie ereiferten sich über die Auslegung dieses oder jenes ‚marxistischen' Begriffs, und es klang wie das Brevierbeten eines katholischen Priesters. Man gab sich generös und trank nur das Teuerste, und natürlicherweise wurde man immer gescheiter und von Mal zu Mal zungengewandter." Der einzige, mit dem Graf sich sofort verständigen konnte, war Kisch. Später spazierten die beiden noch stundenlang durch die nächtlichen Straßen Berlins.

Neben seinen beiden Stammlokalen, dem „Schwannecke" und dem „Romanischen Café", besuchte Kisch oft das winzige „Café Steiner", Ecke Schlüterstraße—Kurfürstendamm, bekannt durch die beiden rassigen, russischen Schwestern, die dort servierten. Oder man ging spätabends noch zu „Anne Maenz", dem Stammlokal von Emil Jannings in der Augsburgerstraße. Die Bierstube in der Nähe der unzähligen großen und kleinen Theater am Kurfürstendamm wurde auch oft von Bert Brecht besucht, der 1920 Dramaturg an den Münchner Kammerspielen war und hier, bei „Anne Maenz", versuchte, mit der Berliner Theaterwelt Kontakte zu knüpfen. Doch Kisch und Brecht, nach dessen Erstlingsdrama „Trommeln in der Nacht", 1922, ein Kritiker schrieb, „Brecht habe über Nacht das dichterische Antlitz Deutschlands verändert", verstanden einander nicht sonderlich gut. Zu groß war der Unterschied in der Mentalität der beiden. Die joviale, fröhliche Art Kischs lag dem grüblerischen, zurückhaltenden Brecht überhaupt nicht...

„Nichts ist verblüffender als die einfache Wahrheit“

DAS WESEN DES REPORTERS

IM JAHRE 1923 ERSCHEINT EIN BUCH, IN DEM KISCH EINE GEmischte Runde von Personen der Weltgeschichte zu Wort kommen läßt: Luther, Bismarck, Beaumarchais, Peter Altenberg und Richard Wagner, Karl Marx und Johann Wolfgang Goethe, Napoleon und Dostojewski. Sie alle haben eines gemeinsam: Sie alle haben irgendwann einmal Artikel zu Papier gebracht, Anklage- und Rechtfertigungsschriften, Kunstkritiken und Gerichtsberichte, politische Manifeste und Feuilletons. Alle diese Texte, bei deren Sammlung Kisch seine Prager Freunde Willy Haas und Paul Wiegler, Feuilletonchef der „Bohemia“, geholfen haben, sind für Kisch „journalistisch“. Er nennt das Buch „Klassischer Journalismus“, spricht von „Meisterwerken der Zeitung“ und verkündet bei Erscheinen dieser Anthologie, ein „Lehrbuch der Nation“ geschaffen zu haben.

Kisch, der sich bei diesem Buch erstmals auf die Rolle des Kommentators beschränkt, kommt zu der Feststellung: „Zu lernen ist, daß der Geistigkeit nur durch Geistigkeit zu begegnen ist, durch kein Gerichtsurteil, kein Attentat und keine Lüge, zu lernen ist, daß nicht die bessere Sache den irdischen Sieg erficht, sondern die besser verfochtene Sache.“ Für Egon Erwin Kisch ist und war seit seinen journalistischen Anfängen der Beruf des Reporters nicht negativ besetzt, für ihn ist der Reporter kein „Kehrrichtsammler der Tatsachenwelt“, wie Karl Kraus meint. Kisch stört auch der geringschätzige Unterton mancher „Leitartikler“ bei der Bezeichnung „Reporter“. Für ihn ist die Arbeit des Reporters die ehrlichste, sachlichste, wichtigste.

Schon im Jänner 1918 schreibt Egon Erwin Kisch im „Literarischen Echo“ über das

Wesen des Reporters
Der Reporter mag übertreiben, unverläßliche Nachrichten
bringen, dennoch ist er immer von der Tatsache
abhängig, immer ist ein Patrouillengang, ein Weg,
ein Gespräch oder ein Anruf die Grundlage selbst
der kleinsten Notiz. Der Leitartikler an sich ist
immer in der Lage, ohne von seinem Sessel aufzustehen,
über irgendein Thema zu schreiben.
Es gibt auch immer irgendein Thema.

Im „Klassischen Journalismus“ läßt also Kisch, vielleicht auch um das negative Bild des Reporters zu korrigieren, Personen der Weltgeschichte, von Karl Marx und

Napoleon bis zum Kaffeehaus-Literaten Peter Altenberg als „Kollegen“ zu Wort kommen.

„Meisterwerke der Zeitung“ sind für Egon Erwin Kisch sowohl „Der Bericht über das Erdbeben von Pompej (79 n. Chr.)“ von Plinius d. J. wie Emile Zolas Schilderung eines Leichenschauhauses, oder Themen wie „Fanny Elßlers Fuß“, „Beethovens Missa Solemnis“, Goethes Bericht „Über Leonardo da Vincis Abendmahl zu Mailand“ und Fürst Otto von Bismarcks „Geschichte eines deutsch-russischen Neutralitätsvertrages“.

In seiner Kolumne „Auf dem Nachttisch“ in der „Weltbühne“ nennt Kurt Tucholsky, allerdings erst sechs Jahre nach Erscheinen, die Sammlung Kischs „Meisterwerke der Zeitung“ eine „Fundgrube“, und attestiert ihm, er habe „da etwas sehr Gutes gemacht“. Und als das Buch herauskommt und sofort zum Bestseller wird, in dem die eigentliche Biographie Kischs enthalten ist, und das — von ihm selbstgewählte — Synonym Kischs wird: „Der rasende Reporter“, ist Kurt Tucholsky der einzige Kritiker, der nicht in das begeisterte „Hier ist kein Buch, hier ist das Leben“ einstimmt. Tucholsky beginnt seine Besprechung des „Rasenden Reporters“ mit dem Satz: „Ja, du kriegst deine Besprechung“... und distanziert sich von Kischs Behauptung im Vorwort des Buches, der Reporter habe keine Tendenz.

„Der Reporter hat keine Tendenz, hat nichts zu rechtfertigen und hat keinen Standpunkt. Er hat unbefangen Zeuge zu sein und unbefangen Zeugenschaft zu liefern. Selbst der schlechteste Reporter leistet werktätige Arbeit: Denn er ist von den Tatsachen abhängig, er hat sich Kenntnis von ihnen zu verschaffen, durch Augenschein, durch ein Gespräch, durch eine Beobachtung, eine Auskunft. Nichts ist verblüffender als die einfache Wahrheit, nichts ist exotischer als unsere Umwelt, nichts ist phantastischer als die Sachlichkeit. Und nichts Sensationelleres gibt es in der Welt als die Zeit, in der man lebt.“

Diese Sätze, als Vorwort im „Rasenden Reporter“ formuliert, enthalten Kischs journalistisches Credo, sind Maxime seiner Berufsauffassung. Obwohl später ergänzt, variiert, sogar teilweise verworfen, ist er doch immer wieder zu diesem Standpunkt zurückgekehrt. Auch sein journalistisches Debut, die erfundene Geschichte vom Brand der Schittkauer Mühlen, führt zur gleichen Erkenntnis: Der Reporter soll finden, nichts erfinden.

„Der Rasende Reporter“ wird zum Bestseller. Das Buch enthält Reportagen aus ganz Europa; Milieuschilderungen, historische Studien und sozialkritische Berichte. Kisch beschreibt Stahlarbeiter in Bochum, die Ahnengalerie Albrecht Dürers, interviewt den letzten Wiener Scharfrichter und Clowns am Pariser Flohmarkt, ist bei den Heringsfängern an der Nordsee, bei den Heizern eines Riesendampfers und bei einer Totenfeier in Kopenhagen dabei, vergleicht die Berliner Sechs-Tage-Rennen mit einer „elliptischen Tretmühle“ und recherchiert den „Raubmord im Hotel Bristol“.

Als Schreiber war Kisch aber nie „rasend". Der nachdenkliche, beschauliche Mensch Kisch war alles andere als ein „rasender Schreiber". Seine handschriftlichen Manuskripte — versehen mit verschnörkelten Initialen, Korrekturen, Einfügungen und Strichen — schrieb er bis zu zwölfmal um, bis sie endlich auf der Maschine geschrieben werden konnten — meist von seiner Frau Gisl.

Bevor er überhaupt zu schreiben begonnen hat, recherchierte er sorgfältig, bemühte sich, Berge von Hintergrundmaterial herbeizuschaffen, sammelte Zusatzinformationen und überprüft schließlich gewissenhaft noch einmal alles. Die pointiert und nie langweilig geschriebenen Texte Egon Erwin Kischs wirken also nur, als wären sie „rasend" geschrieben.

Die Reportagen-Sammlung „Der Rasende Reporter" erscheint 1924. In Chamonix werden die ersten olympischen Winterspiele abgehalten, Lenin erliegt einem Schlaganfall, in Österreich wird der Schilling als neue Währung eingeführt, und, wieder einmal, eine Operette uraufgeführt, die „Gräfin Maritza".

1924 stirbt, 40jährig, durch seine Krankheit auf knapp 50 Kilogramm abgemagert, Franz Kafka im Sanatorium Dr. Hoffmann in Kierling bei Klosterneuburg. Zwei Tage, nachdem Kisch aus dem „Prager Tagblatt" vom Tod seines Freundes in Berlin erfährt, schreibt er seiner Mutter: „Schade, schade um ihn. Er war weitaus der echteste von den Prager Dichtern. Ein großer und feiner Mensch."

Einige Zeit später, am 17. November, schreibt Kisch wieder nach Prag:

> Liebe Mama,
> Über den „Rasenden Reporter" habe ich in der Berliner Presse begeistert Kritiken und überhaupt viel Ruhm. Jeder ist von dem Buch begeistert. Leider ist im Buchhandel eine so furchtbare Stagnation, daß sich meine Hoffnung, auch finanziell damit viel zu erringen, nicht zu erfüllen scheint. Allerdings brauche ich nicht zu verzweifeln, da das Weihnachtsgeschäft noch nicht eingesetzt hat. Hörst Du in Prag etwas über das Buch sprechen? Hat es Taussig (Eisengasse) in der Auslage, Taubeles, der Ochs, ferner ‚André und Neugebauer'? Am verhälnismäßig meisten hat bisher der brave Reach in der Schalengasse verkauft! In der nächsten Woche erscheint mein Buch über Redl und dann (im Feber) ein großes Prager Buch, aber die sind mir nicht so wichtig wie der „Ras. Rep.". Im Laufe dieser Woche fahre ich zu Dr. Blau nach Leipzig, um dort einige Sachen für seinen Verlag zu machen. Du weißt doch, daß er an Stelle von Richard Katz, der wegen Unfähigkeit mit hoher Abfindung (er ist jetzt auf einer Weltreise) herausgeschmissen wurde, Verlagsdirektor ist.
> Bacher hat mir heute geschrieben (er will einen Beitrag für „Zeit im Bild"), und auch sonst blühen die journalistischen Geschäfte...
> Mit tausend Küssen bin ich, liebes Mutterl,
>
> Dein Egon.

Aus dem „Paradies Amerika“ zu den „Zaren, Popen, Bolschewiken“

DIE GROSSEN REISEN

BEVOR FÜR EGON ERWIN KISCH DIE ZEIT DER GROSSEN REISEN, nach Rußland und Amerika, nach China und Afrika, beginnt, fährt er noch mit der Mutter auf Sommerfrische in die Schweiz. Ernestine und Egon Erwin Kisch unternehmen anstrengende Bergbesteigungen in den Schweizer Alpen und entspannende Schiffs-Rundreisen auf dem Bodensee. Doch „Egonek“ bringt von jeder seiner Reisen Stoff für neue Reportagen mit. Ob er nur zwei Tage oder zwei Monate im Ausland ist, auch während des beschaulichen Urlaubs mit der Mutter in der Schweiz kann Kisch seine Neugierde nicht zügeln. Wie ein Spürhund ist er neuen Themen für Reportagen auf den Fersen.

So recherchiert er in der Schweiz beim Schuhmacher Kammler über seinen prominenten Untermieter: Herrn Uljanow, besser bekannt als Wladimir Iljitsch Lenin.

In „Lenins möbliertes Zimmer“ berichtet der Schweizer Schuhmacher: „... am 8. April 1917 hat mir Herr Uljanow mitgeteilt, daß er gleich abreisen muß. Ich hab ihm geantwortet: ‚Das Zimmer ist doch bis zum 1. Mai bezahlt, warum wollen Sie jetzt schon weg?‘ Er hat dringend in Rußland zu tun, sagte er mir darauf. Na, ich hab den Kopf geschüttelt, denn daß jemand die Miete für einen halben Monat verfallen läßt, noch dazu, wenn man kein überflüssiges Geld hat wie Herr Uljanow...

Küchenbenützung war ausgemacht, Frau Uljanow hat gekocht, meistens Eier, soviel Pfeffer hat sie daraufgestreut, und Tee haben sie immer getrunken. Herr Uljanow hat den ganzen lieben Tag am Tisch gesessen, Bücher gelesen und Zeitungen und bis spät in die Nacht hinein geschrieben. Jesus, hat der Briefe und Zeitungen bekommen! Sehen Sie, dieser Winkel war täglich voll, und Herr Uljanow hat sie geholt, damit der Postbote nicht so oft die Treppen steigen muß.“

Die Erinnerungen des Schuhmachers an seinen prominenten Untermieter sind im Buch „Hetzjagd durch die Zeit“, das 1926 im Erich Reiss-Verlag in Berlin erscheint, enthalten.

Mit dem Buch „Wagnisse in aller Welt“, das ein Jahr später herauskommt, sprengt Kisch den europäischen Rahmen seiner Reportagen. An den einzelnen Titeln wie „Die Kasbah von Algier“, „Ritt über die Wüste und den Schott“ und „Die tunesischen Juden von Tunis“ kann man den Weg der Reisen Kischs nachvollziehen.

Und 1927 erscheint auch „Zaren, Popen, Bolschewiken“, journalistische Ausbeute von Kischs Reise durch die Sowjetunion. Kurz bevor Kisch seine Reise antrat, wurde er noch Mitglied der KPD.

Das am 18. November 1925 ausgestellte Dokument wird noch heute im Museum für tschechische Literatur in Prag-Strahov aufbewahrt. Kisch war also Mitglied der Kommunistischen Partei, der Reise durch den jungen sozialistischen Staat stand nichts mehr im Wege...

Seine Reiseroute gibt Kisch gleich im ersten Kapitel bekannt: Sie führt geradlinig von Norden bis Südosten. Leningrad, Moskau, über das Donez-Becken ans Kaspische Meer in die transkaukasischen Republiken Armenien, Georgien und Aserbeidschan.

Am 30. 12. 1925 schreibt Kisch aus Moskau:

> Liebstes Mutterl,
> ich bin also in Moskau und bin ganz glücklich, denn diese Stadt ist äußerlich und innerlich das Schönste auf der Welt.
> Tausend Wünsche und Küsse von Deinem
>
> Egonek

Kisch registriert aber auch Mißstände und Unzulänglichkeiten in der Sowjetunion, er rechtfertigt sie nicht.

Bettler: vorhanden (fast so viele wie Dohlen)
Arbeitslose: vorhanden
Bürokraten: vorhanden (jeder zweite Mensch trägt eine Aktentasche)
Menschenschlangen vor den Schnapsläden
Straßenbahnen bis zum Bersten überfüllt
detto: Wohnungen

Aber Kisch ist auch von vielen Dingen in der Sowjetunion fasziniert. So von der Bibliothek des „Marx-Engels-Institutes", ist überwältigt von dem Material, das das Institut aus allen Bibliotheken Europas und aus der New York Public Library zur Geschichte des Sozialismus zusammengetragen hat. Kisch besucht im Donez-Becken Kohlegruben und Chemiebetriebe, zwei große Fabriken in Leningrad, meint aber, daß er eigentlich nicht an den Finnischen Meerbusen gekommen ist, um „neuerlich der Magie des Eisens zu erliegen". Ihn interessieren die Menschen, die Arbeiter dieses Landes. Aber „sie arbeiten wie anderswo... man sieht ihnen nicht an, daß sie die Herren der Fabrik und des Staates sind". Auch in der Sowjetunion interessieren Kisch vor allem die Außenseiter der Gesellschaft, in diesem Fall der sozialistischen Gesellschaft. Die Personengruppe, die im Buchtitel „Zaren, Popen, Bolschewiken" nicht erwähnt sind. Ob das die Zigeuner sind, die am Mai-Aufmarsch unerschrocken Transparente mit Aufschriften wie: „Zigeuner aller Länder, vereinigt euch!" oder „Sollen wir ewig die Parasiten der Völker bleiben?" mit sich führen, oder die vielen tausend verlausten Straßenkinder, die durch den Krieg, zwei Revolutionen und Hungersnot zu Waisen geworden sind, oder auch die „Männer und Frauen im Gefängnis".

Kischs Rußland-Reportagen, er selbst nennt sie seine „ersten wirklichen Reportagen“, sind anders als bisher. Anders geschrieben, und anders zu lesen. Eher sachliche – sich auf Zahlen und Statistiken stützende Berichte, als pointiert und leicht lesbar geschriebene, dem Feuilleton ähnliche Reportagen. Trotz der selbstauferlegten Strenge im Stil nannte ein kommunistischer Kritiker Kisch nach Erscheinen seines Buches über die Sowjetunion einen „Conférencier“. Selbstsicher urteilte ein „Kommissar für Volksbildung“ in der Literaturzeitschrift „Literaturnaja gaseta“: „Kisch ist wahrhaft. Er macht uns keine Reklame, er macht uns keine Komplimente.“

Das Buch verkaufte sich, obwohl weit schwieriger zu lesen als die vorhergegangenen, ausgezeichnet: Zwischen 1927 und 1930 wurden zehn Auflagen gedruckt.

Kischs nächstes großes Reiseziel: die Vereinigten Staaten von Amerika. Dreimal hintereinander hatten die Amerikaner Egon Erwin Kisch das Einreisevisum verweigert, doch am 30. Oktober 1928 ist es soweit: An Bord des Luxusdampfers „Olympic“ landet Kisch in Amerika und geht mit falschen Papieren als „Dr. Becker“ illegal an Land. Die Prozeduren der Paßkontrolle und die Überprüfung der Personalien durch die Einwanderungskommission dauern stundenlang. Dr. Becker, der als Beruf „author“ angegeben hat, wird gefragt, was er denn für ein Schriftsteller sei.

„Novellen und Romane schreibe ich.“

„Und Politik?“

„Not at all!“ erwidert er lächelnd.

So darf er hinunter in die Landungshalle, hinein nach Amerika.

„Dr. Becker“ erlebt sofort etwas „Beeindruckendes“: den gigantischen Rummel einer Präsidentenwahl. In einer Woche wird der 31. Präsident der USA gewählt. New York steht Kopf. Am 6. November 1928 wird schließlich der Republikaner Herbert Hoover mit großer Mehrheit der neue Präsident. Hoovers Karriere „made in USA“: Vom Waisenkind und Botenjungen über Kellner und Ingenieur zum Millionär und Politiker. Kisch merkt also sofort, wo er sich befindet: Im „Paradies Amerika“. So nennt er auch das Buch, das ein Jahr danach von seinen Erlebnissen in Amerika berichtet. Im Stil eines Hollywood-Filmverleihes heißt es: Egon Erwin Kisch beehrt sich darzubieten: „Paradies Amerika“.

Zwischen Oktober 1928 und April 1929 steht Kisch am ersten Auto-Fließband der Welt, bei Mr. Ford in Detroit, blickt hinter die Kulissen Hollywoods, der Wall Street und des Weißen Hauses, besucht die Schlachthäuser von Chicago und das Zuchthaus Sing-Sing. Er sieht die 930 fensterlosen Zellen im berüchtigten Gefängnis am Hudson River, in den 90 Zentimeter breiten und zwei Meter zehn langen Zellen ist „tagsüber ein Klappbett und ein Schemel, in der Nacht auch ein mit Exkrementen gefüllter Eimer und ein Mensch.“ Kisch begegnet Goldgräbern und Gangstern, Multimillionären und Arbeitslosen. Upton Sinclair, mit dem Kisch wegen einer Dramatisierung seines Romanes „Petroleum“ verhandelt, fragt den Besucher aus Europa, ob er Charlie Chaplin kennenlernen wolle. „Selbstverständlich wollte ich“, schreibt Kisch, „denn er ist einer von den Gerechten, um derentwillen Amerika verschont werden muß von dem Schicksal Sodoms und Gomorrhas."

Charlie Chaplin, der zuvor in englischen Music-Halls nur drittklassige Rollen als Entertainer spielen durfte und dann in die USA auswanderte, dreht gerade den Film „City Lights". Kisch beschreibt im Buch „Paradies Amerika", von dem mehr als dreißig Auflagen gedruckt werden, wie Chaplin über eine Woche lang an einer einzigen Einstellung arbeitet.

Chaplin und Kisch verstehen einander, werden Freunde. Eines Nachmittags trinken sie Tee miteinander, plötzlich wird eine Dame gemeldet. Chaplin geht ihr entgegen, Kisch in den Seitenraum, um sich zu kämmen. Vor dem Spiegel liegt ein weißer Kamm, der nicht sehr sauber ist:

> „Es stak ein Büschel ausgekämmter, dunkler Haare darin. Ich schob sie heraus, warf sie auf die Erde und brachte meine Frisur in Ordnung. Dabei fiel mir ein, man könnte auf dem blitzsauberen Parkett das kleine Haarbüschel sehen und erkennen, daß jemand unbefugt die Garderobe des Bosses benützt habe. Vielleicht waren die Härchen sogar zu einem bestimmten Zweck da? So hob ich sie auf und legte sie wieder auf den Kamm.
>
> Harry Crocker kam herein, um sich auch ein bißchen schön zu machen. ‚Sehen Sie', sagte er und zeigte auf das schwarze Etwas, das wieder auf dem weißen Kamm war, ‚das ist der Schnurrbart. Er hat ihn schon fünfzehn Jahre, immer denselben, ein New Yorker Theaterfriseur hat ihn dem Boß angepickt. Kein anderer Bart taugt etwas für monatelange Aufnahmen bei jeder Witterung. Und den New Yorker Friseur können wir nicht mehr ausfindig machen. Wenn der Bart kaputt ist, sagt Charlie, wird er glattrasiert weiterspielen'.
>
> Ich muß wohl bleich geworden sein — Chaplin ohne Bart — und ich wäre schuld."

Sieben Jahre später, 1936 in Paris, sieht Kisch seinen amerikanischen Freund Chaplin in „Modern Times". In einem Brief schreibt er:

> Dear Charlie Chaplin,
> schrecklich viel Zeit ist vergangen seit unseren Hollywooder Tagen. Damals ließen Sie mir Ihre alten Filme vorführen, soweit ich sie nicht kannte, und forschten in meinen Augen nach dem Urteil; durch Beifall und Millionen hatten Sie den Zweifel nicht verloren, den der echte Künstler in sein eigenes Können setzt. Wann immer eine besondere Szene begann, legten Sie Ihre Hand auf mein Knie, um mich vorzubereiten, mir zu sagen, wie wichtig Ihnen das nun sich Abspielende sei. Dann zeigten Sie mir, was von „City Lights" schon fertig war, und Ihr Auge verließ das meine nicht, Ihre Hand nicht mein Knie. Seither ist schrecklich viel Zeit vergangen, schrecklich viel schreckliche Zeit.

Ihr kleiner Schnurrbart, Ausdrucksmittel für Kläglichkeit und Lächerlichkeit, ist führerreif geworden, und während Sie beim stummen Film blieben, hat Ihr übler Kopist mit seinem schreienden, mißtönenden, endlosen Tonfilm Karriere gemacht...

Gestern habe ich Ihre „Modern Times" gesehen, und ohne daß Sie mein Knie drückten und ohne daß Ihre Augen nach Kritik forschten, will ich Ihnen mein Urteil sagen, meinen Einwand gegen Ihren Film: zu kurz ist er. Sechsmal, achtmal so lang möchte man atemlos dasitzen, die Atemlosigkeit nur durch das Lächeln und das Weinen des Entzückens unterbrechend.

Am Ende aller Ihrer früheren Filme sah man Sie resignierend die Achsel zucken und, Ihr Stöckchen drehend, mutterseelenallein ins Ausweglose von dannen watscheln. Auch diesmal ziehen Sie davon, aber anders als sonst: Ihre Freundin ist es, die verzweifeln wollte, aber Sie haben es ihr ausgeredet. Sie haben ihr von der Pflicht zur Zukunft geredet, und mit ihr, also nicht allein, gehen Sie den Weg weiter. Das ist der Unterschied. Das nächste Mal werden Sie nicht zu zweit sein, wenn wir Sie recht verstanden haben, sondern mit vielen.

Als Ihr Film zu Ende war, fiel beim ersten Schritt aus dem Theater Marigny mein Blick auf das Haus, in dem ein Mann starb, dessen Gedichte Sie mir in Hollywood rezitierten. Hier oben starb er, einer der auch ein Ritter des Humors und der Gerechtigkeit war. Hier oben starb Heinrich Heine, er starb im Exil, und man hat ihn seither in seiner Heimat oft getötet. Aber er lebt noch immer und wird sein Happy-End erleben wie Sie, Charlie Chaplin, in einem Film künftiger „Modern Times".

Ich grüße Sie in alter Liebe.

Ihr Egon Erwin Kisch

Ende April 1929 kehrte Kisch aus dem „Paradies Amerika", seiner „längsten und weitaus ergiebigsten Reise", nach Berlin zurück. Schon im Mai veröffentlichen Berliner Zeitungen die ersten Amerika-Reportagen. Ein Jahr lang bleibt Kisch jetzt in Berlin — seit 1925 der längste Zeitraum, den er ohne Unterbrechung hier verbrachte.

Er erlebt hier, wie die NSDAP bei Landtagswahlen ihren Stimmenanteil von 4,6 auf 11,3% erhöht, beobachtet die vielen ehemaligen Offiziere, die als Eintänzer bei Tanzveranstaltungen neue Verdienstmöglichkeiten finden, registriert den größten Triumph in der Geschichte des deutschen Boxsports; Max Schmeling wird neuer Weltmeister.

Die nächste große Reise führt Egon Erwin Kisch 1932 nach China. Über Mittelasien reist er in China illegal ein, seit 1927 bekämpfen sich die Kommunisten unter Mao Tse-tung und Regierungstruppen unter der Führung Tschiang Kai-schecks.

Kisch kann seine Erschütterung beim Anblick des fernöstlichen Kriegsschauplatzes kaum verbergen. Es erscheint ihm unwirklich, daß im zerbombten Shanghai der Bezirk, in dem die eigentlichen Beherrscher der Stadt, die Europäer, leben, völlig unbeschädigt geblieben ist. Während in anderen Stadtteilen ganze Straßenzüge brannten, Kinder von zusammenbrechenden Häusern begraben wurden, merkte man hier im internationalen Distrikt Shanghais fast nichts davon. Straßenbahnen und Rikschas verkehren, Zeitungen erscheinen, Kinos und Restaurants werden von den Europäern besucht.

Eine Kommission des Völkerbundes trifft in Shanghai ein, um die Schlachtfelder zu besichtigen. Der Kriegsschauplatz wird „...ein wenig aufgeräumt. Die Völkerbundkommission hatte sich mit der Besichtigung der Schlachtfelder Zeit gelassen, und so räumten die Japaner den Kriegsschauplatz ein wenig auf. Wie Nestroys Holofernes: ‚Schafft's dö Leichen weg, i kann dö Schlamperei net leiden.' Es hätte wirklich nicht gut ausgesehen, Gruppen hingerichteter Chinesen und Chinesinnen, Leichen mit Knebeln im Mund, mit abgehackten Gliedmaßen. Solcher Anblick hätte den Herren vom Völkerbund, die mit Empfängen, Tees, Diners und Soupers belastet sind, den Appetit verderben können. Unmittelbar nach der Besichtigung von Tschapei und Wusung aßen sie im Cathay-Hotel...“

In dem vom Bürgerkrieg zerrissenen China sind, einmal mehr, Randgruppen der Gesellschaft Ziel Kischs kritischer Kommentare: Erschüttert beobachtet er Kinder, die als Textilarbeiter ausgebeutet werden, die Insassen eines chinesischen Irrenhauses und das monotone Leben der Palast-Eunuchen. „China daheim“ erscheint zu Beginn des Jahres 1933 in Berlin, verkauft konnte das Buch jedoch nicht mehr werden.

Das „Europäische Känguruh“ in Australien

VOM HITLER-GEFÄNGNIS NACH MELBOURNE

KISCHS BUCH DARF IN DEUTSCHLAND NICHT MEHR VERkauft werden, weil Berlin „den historischen Tag“, den 30. Jänner 1933 erlebt: Nach zähen Verhandlungen, die einen Monat dauern, ist Adolf Hitler an der Macht. Reichspräsident Hindenburg ernennt den Führer der NSDAP zum Reichskanzler.

In der jetzt rasch um sich greifenden Nazi-Typologie war Egon Erwin Kisch „der Asphaltliterat, dessen Bücher mit Recht schon auf unseren ersten Scheiterhaufen verbrannt wurden“.

Als in der Nacht zum 28. Februar das Gebäude des Reichstages brannte, holt Hitler zum ersten entscheidenden Schlag gegen seine Widersacher aus. Noch während die Feuerwehr vergeblich versucht, den Brand zu löschen, werden tausende Menschen, Kommunisten, Intellektuelle und andere Gegner der Nationalsozialisten, in einer Nacht-und-Nebel-Aktion verhaftet. Auch Kisch ist darunter. Am Dienstag, dem 28. Februar, wird Kisch in seiner Berliner Wohnung in der Motzstraße verhaftet und zum „Alex“, zum Polizeipräsidium, gebracht.

Als erster deutscher Schriftsteller schreibt Kisch über die Zustände in Hitlers Gefängnissen: „Die Polizisten sind junge Burschen, schon mit dem hilfspolizeilichen Hakenkreuz auf der Armbinde. Sie scheinen sehr aufgeregt, ihr Dienst ist ihnen neu, um so mehr versuchen sie ihre Unsicherheit hinter flegelhaftem Benehmen zu verbergen; sie machen höhnische Bemerkungen, und wenn sie jemanden anschreien, sich nicht zu bewegen, so apostrophieren sie ihn nicht anders, als ‚Dreckskerl‘, ‚Saujud‘ und per Du. ‚Das ist also das Pack?‘ fragt der neue Polizeipräsident Herr von Lewetzow und schielt uns über die Achsel verächtlich an. ‚Wo bist Du verhaftet worden?‘ fragt er Hermann Duncker. Bevor der grauhaarige Gelehrte, Lehrer des Sozialismus für eine ganze Generation, noch antworten kann: ‚Wirst Du die Hacken zusammenreißen, wenn ich mit dir spreche, Du Saubengel?!‘

Und schon hat er einen anderen erspäht, der ihm nicht stramm genug zu stehen scheint: ‚Führen Sie den Lümmel sofort in Dunkelarrest und legen Sie ihm Eisen an, bis ihm die Schwarten krachen.‘ Diensteifrig stürzen sich zwei Büttel auf Otto Lehmann-Russbüldt, den alten Obmann der Liga für Menschenrechte, und zerren ihn fort. Man stößt uns in eine unterirdische Gemeinschaftszelle, 47 müssen darin Platz finden. Jeder von uns sucht sich einen Nachbarn, neben dessen Platz er den Paletot zum Kopfkissen faltet, Gruppen konstituieren sich. Man erzählt einander, wie sich die Verhaftungen abgespielt haben. Manche Wohnungen hatten regelrechte Belagerungen durch die Nazis zu bestehen, Schüsse wurden durch die Tür abgefeuert, dann Möbel zerhackt und Bücher zerrissen, die Überfallenen angesichts ihrer Frauen und Kinder schändlich mißhandelt.“

Nach knapp 14 Tagen, am 11. März, wird Egon Erwin Kisch aus dem Gefängnis Spandau entlassen und ausgewiesen. Kisch hatte Glück, seine tschechoslowakische Staatsbürgerschaft rettete ihn vor den Nazi-Machthabern, Staatspräsident Beneš, mit dem er in seiner Jugend Fußball spielte, hatte erfolgreich interveniert.

Nach einem kurzen Aufenthalt in Prag geht er nach Paris ins Exil. Paris ist in der Zwischenzeit zum Zentrum der deutschsprachigen Antifaschisten geworden. Ihre erste aufsehenerregende Aktion war die Herausgabe des „Braunbuches über Reichstagsbrand und Hitlerterror“, das Willi Münzenberg bis zum Sommer 1933 zusammengestellt hatte. Innerhalb weniger Wochen erscheint das Buch in zwanzig Sprachen. Im „Braunbuch“ wird versucht, die wahren Hintergründe des Reichstagsbrandes aufzudecken. Lord Marley, der Vorsitzende des Weltkomitees für die Opfer des Hitler-Faschismus, schreibt im Vorwort:

„Unser Buch soll die Erinnerung an den verbrecherischen Weg der Nazi-Regierung ständig wachhalten. Unser Buch ist ein Beitrag zum Kampf gegen Hitler-Faschismus. Dieser Kampf ist nicht gegen Deutschland gerichtet. Dieser Kampf wird für das wahre Deutschland geführt.“

Als Beitrag von Egon Erwin Kisch wird im „Braunbuch über Reichstagsbrand und Hitlerterror“ sein authentischer Bericht über den Aufenthalt im Hitler-Gefängnis veröffentlicht.

Unmittelbar nach Erscheinen des Buches fährt Kisch nach London, um vor dem internationalen Untersuchungsausschuß zur Aufklärung des Reichstagsbrandprozesses auszusagen.

Im Herbst 1934 wird Kisch als Delegierter des Weltkomitees gegen Krieg und Faschismus zu einem antifaschistischen Kongreß nach Melbourne eingeladen.

Am 12. Oktober geht Egon Erwin Kisch in Marseille an Bord der S. S. „Strathaird“, mit dem Ziel Australien. Doch obwohl er ein Einreisevisum des britischen Konsulats in Paris hatte, verweigerte der Generalstaatsanwalt Robert Menzies Kisch die Einreise. Bei seiner Ankunft in Freemantle in Westaustralien am 6. November 1934 hatte man ihm mitgeteilt, daß er „unerwünschter Ausländer“ sei und in Australien nicht landen dürfe. Die deutsche Botschaft hatte von der Reise Kischs erfahren und erfolgreich bei der damals dem nationalsozialistischen Deutschland gegenüber noch unentschiedenen australischen Regierung interveniert.

Trotz aller Hindernisse gelang es Journalisten an Bord des Schiffes mit Kisch zu sprechen, durch die australischen Zeitungen wurde die Affäre publik. Sofort wurde das „Kisch-Empfangskomitee“ — gebildet, um den berühmten Schriftsteller aus Europa zu empfangen — in „Kisch-Verteidigungskomitee“ umbenannt. Der Kongreß wurde am 10. November eröffnet, Kischs Platz in der ersten Reihe blieb leer.

Die S. S. „Strathaird", das Schiff, auf dem sich Kisch befindet, fährt inzwischen mit dem ungewünschten Gast die australische Küste entlang. Am 13. November, um zwei Uhr nachmittags, legt die S. S. „Strathaird" im Hafen von Melbourne an. Hier warten schon hunderte Demonstranten mit Transparenten wie „Kisch muß landen" und „Solidarität mit Egon Erwin Kisch". In Sprechchören wird immer wieder verlangt, den offiziell eingeladenen und mit einem Einreisevisum ausgestatteten Delegierten Kisch einreisen zu lassen. Kisch winkt vom Oberdeck der aufgebrachten Menge am Kai zu, die Situation spitzt sich immer mehr zu. Noch einmal fordern die Beamten der Einreisebehörde Kisch auf, mit dem Schiff wieder zurück nach Europa zu fahren.

Aber in dem Augenblick, als das Schiff vom Hafen ablegt — zwei Meter Wasser war schon zwischen dem Rumpf der S. S. „Strathaird" und dem Uferrand — sieht plötzlich die Menschenmenge an Land mit Entsetzen, wie sich Kisch, fünf bis sechs Meter hoch über ihnen, auf die Reling schwingt und — hinunterspringt. Auf eine Stahlschiene des Piers fallend, bricht er sich ein Bein.

Aber Egon Erwin Kisch hatte es geschafft. Er wußte, wenn er erst einmal australischen Boden „betreten" hat, konnte er von den Behörden ohne ein ordentliches Gerichtsverfahren nicht mehr nach Europa zurückgeschickt werden. Direkt vom Hafen wurde er ins Gefängnis gebracht, von dort erst in das Krankenhaus. Im Krankenhauspyjama wurde er am nächsten Morgen vor Gericht gebracht und zu sechs Monaten Zwangsarbeit verurteilt. Gegen das Verfahren wurde Berufung eingelegt; das Oberstgericht entschied, den „unerwünschten Ausländer" gegen eine Kaution von 100 Pfund auf freien Fuß zu setzen. Wenige Tage später saß Kisch schon als Ehrengast auf dem Podium des Stadions von Melbourne, als ihn 8.000 Menschen mit donnerndem Beifall begrüßten...

Kisch wird nach Sydney eingeladen, um Vorträge zu halten und auch dort von seiner „Landung in Australien" zu berichten. Von hier schreibt er seinem „Liebsten Mutterl":

> Wahrscheinlich hast Du Dir in letzter Zeit einige Sorgen um mich gemacht, aber es war ganz ohne Anlaß, ich habe hier viele Freunde, halte hier fast täglich stundenlange Vorträge (englisch), muß Interviews geben und manchmal auch zu Gericht, da mein lustiger Prozeß noch nicht ganz zu Ende ist. Hier gibt es Känguruhs, Australneger, Juden und Emus in Hülle und Fülle, auch Tschechoslowaken habe ich getroffen, aber keine Prager. Ins Kino gehe ich selten, weil man in allen mein Bild zeigt und meine Ansprache hört — man staunt mich an, als wäre ich ein europäisches Känguruh.
> Jedenfalls bin ich gesund, meine Fußverletzung ist längst geheilt, und ich renne wie ein Wiesel herum.
> Dein wohlbehaltenes Sorgenkind
>
> Egon

Auf Intervention des Premierministers Lyons wird der Anwältin Kischs, Miss Jollie-Smith, nach endlosen Gerichtsverhandlungen folgender Kompromiß vorgeschlagen: Ihr Klient verpflichtet sich, mit dem nächsten Schiff nach Europa abzureisen und keinen anderen australischen Hafen zu berühren; bis zu seiner Abreise weder öffentlich zu sprechen noch irgendwelche Informationen an die Presse zu geben. Die Regierung ihrerseits verpflichtet sich, sämtliche Gerichtskosten zu tragen und keine Eintragung in seinem Paß vorzunehmen, aus der hervorgeht, daß ihr Klient Verbot hatte, das Commonwealth zu betreten.

Bevor Kisch auf der S. S. „Oxford" Ende März 1935 via Neuseeland die Heimreise antritt, schreibt er noch einmal nach Prag:

> Mein liebes altes Mutterl,
> Dein Sorgenkind ist nach allerhand Trubel auf dem Heimweg. Ich hatte eine wilde Zeit hier, die wildeste meines Lebens, abenteuerreich und tragikomisch, jetzt aber bin ich müde – schließlich ist es auch schon just fünfzig Jahre her, seit Du mich im Eckzimmer geboren hast. Am 28. Feber war in Melbourne ein Fackelzug mit 30.000 Menschen anläßlich des 2. Jahrestages meiner Verhaftung im Hitler-Deutschland – daß ich solchen Rummel in der Welt machen werde, hast Du Dir damals am 29.4.1885 beileibe nicht gedacht.
> Ich küsse Dich mein liebstes Mutterl tausendmal und hoffe auf ein baldiges glückliches Wiedersehen!
> Dein treuer Egon

Das Buch, das Kisch über seine Landung in Australien schreibt und das 1937 in Amsterdam erscheint, heißt auch so: „Landung in Australien".

Schon vor Antritt der Reise hatte sich Kisch alle für ihn erreichbare Literatur über Australien aus der Bibliothek der Geographischen Gesellschaft entliehen und an Bord der S. S. „Strathaird" gründlich studiert. Wieder einmal Beweis dafür, wie ernsthaft sich Kisch auf die Themen, die er behandeln wollte, vorbereitete, wie gewissenhaft er Details recherchierte. Und obwohl er nur wenige Wochen in Australien verbrachte, beschreibt er diesen Erdteil präziser als manche der dicken, lehrmeisterhaft und trocken geschriebenen Reisebücher. Neben seiner „Landung in Australien" beschreibt Kisch die dramatischen Szenen der Haifischjagd, die „Lotterie mit vierbeinigen Losen" – die Pferderennen, berichtet von Goldgräbern und Cricket-Spielern und analysiert die „Anbetung des heiligen Lammes", die Schafzucht in Australien.

Als das Buch, fast zwanzig Jahre später, auch in der Bundesrepublik erscheint, schreibt „Die Zeit": „Und immer noch ist es ein nützliches Buch. Und es ist nicht zu spät, als daß man nicht eine Menge davon lernen könnte, gerade heute. Vor allem die Reportage als Kunstform. Neuere Versuche bei uns (ich nenne nur Wallraff, Schreiber, Krüger) haben den Sinn dafür geschärft, aber keiner dieser Autoren erreicht diese souveräne, gänzlich uneitle Meisterschaft Kischs."

Als „Fremdenführer" in Versailles und Amateur-Zauberer in Mexico

DIE LETZTEN STATIONEN DER EMIGRATION

IM SOMMER 1936 FINDEN IN BERLIN – VON DEN VERANSTALTERN mit deutscher Gründlichkeit präzise durchorganisiert und mit ungeheurem Propagandaaufwand verbunden – die XI. Olympischen Sommerspiele statt. Schon beim Einmarsch der Mannschaften am „Reichssportfeld" wird der politische Hintergrund dieser Spiele deutlich. Unter tosendem Beifall von den Rängen und dem auf der Ehrentribühne sitzenden Adolf Hitler grüßen die Mannschaften von Österreich, Bulgarien, Italien und auch Frankreich beim Einmarsch ins Olympia-Stadion nicht mit dem üblichen olympischen Gruß, sondern, nach Art der Nationalsozialisten, mit erhobener Hand.

Die Olympischen Sommerspiele von Berlin werden zu einem großen Erfolg für die Organisatoren, aber auch zu einem gewaltigen Prestige-Gewinn für den Nationalsozialisten. So bezeichnet der „Daily Telegraph" in seinem Schlußbericht am 17. August die Spiele als eine der glänzendsten, und für den „Observer" ist das „neue Deutschland der hervorragendste Gastgeber".

Zur selben Zeit erlebt das krisengeschüttelte Europa einen neuen Kriegsherd: Nach einem Militärputsch General Francisco Francos bricht in Spanien der Bürgerkrieg aus.

Im Mai 1937 fährt Egon Erwin Kisch nach Spanien, um für verschiedene Zeitungen über den Bürgerkrieg zu berichten. Doch schon sehr bald, Mitte Juni, genügt es Kisch nicht mehr, nur zu berichten. Kisch wird nach kurzer Ausbildung dem österreichischen Bataillon der republikanischen „Internationalen Brigaden" zugewiesen und kämpft gegen die Faschisten. Die Feuertaufe hatte das österreichische Bataillon mit seinem Mitkämpfer Kisch Anfang Juli mit der Brunete-Offensive bei Quijorna.

Kisch nimmt auch am internationalen Schriftstellerkongreß in Madrid teil und meint in seiner Rede: „Wir Schriftsteller aus aller Welt und aus allen Lagern müssen in unseren Schriften nicht nur für die Gegenwart des spanischen Freiheitskampfes eintreten, sondern wir müssen auch dafür sorgen, daß die Geschichtsschreibung diesen heldenhaften Widerstand nicht verfälschen kann und ihn als das hinstellen muß, was er wirklich ist: ein Krieg um die Menschenrechte gegen die Methoden des Faschismus." Im Oktober besucht Kisch das Lazarett der Interbrigaden in Benicasim, das sein jüngster Bruder Friedrich als Chirurg leitete. In den mondänen Villen im eleganten Badeort Benicasim liegen jetzt die verwundeten Soldaten der Internationalen Brigaden und warten auf ihre Heilung. Hier lernt Egon Erwin Kisch die beiden schwerverwundeten jungen Tiroler Johann Knotzer und Max Bair kennen, die ihm die Geschichte ihrer Reise vom kleinen Tiroler Dorf Puigg am Brenner bis zum Kriegsschauplatz Spanien erzählen. Um auf der republikanischen Seite im Spanischen Bürgerkrieg kämpfen zu können, verkaufte Knotzer seinen ganzen Besitz: drei Kühe. Mit dem Geld, das er dafür bekommen hatte, fuhr er gemeinsam mit Bair nach Paris, um von dort mit Hilfe der Antifaschisten nach Spanien gebracht zu werden.

In der ein Jahr später erschienenen „Bauerngeschichte zwischen Tirol und Spanien", dem Buch „Die drei Kühe", beschreibt Kisch die Begleitumstände der Reise der beiden Tiroler Bauern.

Ab Juni 1933 lebte Kisch in Paris, ein Jahr später übersiedelt er in das nahe, ruhigere Versailles. In unmittelbarer Nähe des strahlenden Schlosses des Sonnenkönigs bezieht er eine winzige Wohnung in einem kleinen, schäbigen Hotel in Versailles. Hier in dem Hotel in der Rue du Jeu de Paume, genau gegenüber dem historischen „Ballspiel-Haus", in dem sich 1789 Vertreter der Französischen Revolution trafen und einander geschworen hatten, nicht eher auseinanderzugehen, als bis ihr Werk vollendet ist, wohnte Kisch wieder in einer der typischen Emigranten-Wohnungen: Mischung aus größerem Hotelzimmer und kleinerer Wohnung. In der Mitte des Zimmers ein großer, runder Tisch, voll von Büchern und Zeitschriften, überall von Zigarettenstummeln überquellende Aschenbecher. Schon sehr bald wußte Kisch alles über die Geschichte des „Ballspiel-Hauses", das Leben des Sonnenkönigs im nahen Schloß von Versailles und in welchem Haus welche Aristokraten gegen die Revolution konspirierten. Die Wohnung der Kischs wurde auch hier in Versailles sehr bald Treffpunkt der vielen Emigranten, die aus Deutschland und Österreich geflüchtet waren. Sonntag mittag traf man sich in der Rue du Jeu de Paume. Oft waren in der kleinen Wohnung mehr als fünfzig Freunde zusammengekommen, Gisl Kisch kratzte wieder einmal das letzte Geld zusammen, um unten im Restaurant drei, vier Fleischportionen zu bestellen, die dann ausgiebig auf einem kleinen Spirituskocher durch Kartoffeln und Eier „gestreckt" wurden, damit alle satt werden.

Am Nachmittag betätigte sich Egonek als „Fremdenführer"; stolz zeigte er seinen Gästen die Stätten der Französischen Revolution, durch seine Anekdoten wurden die Zusammenhänge lebendig. Am liebsten führte Kisch die Besucher ins „Musée du Jeu de Paume", das historische „Ballspiel-Haus". Hier kannte er jedes Stück. Besonders gerne verweilte er während seiner „Führung" vor dem Bild des Dr. Guillotin, der die Einführung einer Maschine zur Hinrichtung der Konterrevolutionäre empfahl. Die vielen Gruppenbesuche, die Kisch in das Museum brachte, die präzisen Erklärungen, die er mit lauter Stimme gab, erweckten in dem Museumsdiener, der sich um die Möglichkeit gebracht sah, seine eigenen Führungen zu veranstalten (und so auch um das Trinkgeld), den Verdacht, Kisch sei ein arbeitsloser Fremdenführer.

Lion Feuchtwanger erinnert sich eines Tages, den er mit Kisch in Versailles verbrachte: „Wie lebendig wurden Schloß und Gärten durch die Menschen und Geschehnisse, mit denen Kisch aus erstaunlich präsenter Kenntnis heraus Räume, Winkel, Wege, Ausblicke füllte. Seine Urteile wuchsen niemals aus dem Zufall des Moments heraus, sie waren die Früchte gründlichen Wissens und wohldurchdachten Erlebens."

Sehr bald hatte Kisch auch in Paris ein Stammcafé. War es in Prag das „Conti", in Berlin das „Romanische", wurde es hier das legendäre „Café des Deux Magots" am Boulevard St. Germain. Und auch hier, dem Treffpunkt der französischen Intellektuellen — Jean Paul Sartre wohnte um die Ecke in der Rue Jacob und lernte im „Deux Magots" Simone de Beauvoir kennen — gab es bald den „Tisch von Kisch". Hierher versuchte Kisch seine beiden Freunde Hermann Kesten und Joseph Roth aus ihren „Elfenbeintürmen" zu locken. Von hier ziehen Kesten und Kisch, der „Heilige Trinker" Roth und der aus Wien angekommene Bruno Frei weiter. In eines der unzähligen kleinen Bistros oder in das billige russisch-armenische Emigrantenrestaurant „Tari-Bari", in der Rue des Quatre Vents.

Und hier in Paris veröffentlicht er den Nachruf auf seinen ermordeten Freund Erich Mühsam, den „braune Henkersknechte mit Stahlruten und Revolverschüssen zwingen wollten, das Horst-Wessel-Lied zu singen, und der mit dem Aufgebot seiner letzten Kräfte die Internationale sang."

Im antifaschistischen SDS, dem „Schutzverband Deutscher Schriftsteller", arbeitet Kisch mit vollem Einsatz weiter, innerhalb des SDS gründet und leitet er auch eine Arbeitsgemeinschaft für Journalisten. Einer Gruppe von 30 bis 40 jungen Leuten erklärte er in einem rauchigen Saal im ersten Stock eines Cafés am Boulevard St. Michel das Wesen des Reporters, hielt Referate über das „Dogma von der Unfehlbarkeit der Presse" oder die „Subjektive Wahrheit der impressionistischen Reportage". Nach den theoretischen Vorträgen jagte er die jungen Journalisten hinaus zur Arbeit. Sie mußten die Besichtigung der Citroën-Werke mitmachen und darüber berichten, mußten Kisch Reportagen über Alltäglichkeiten abliefern.

Kisch selbst nimmt in den Büchern, die er im französischen Exil schreibt, die Form seiner Reportagebände aus den zwanziger Jahren auf, Reportagen aus verschiedenen Ländern, aber mit einheitlicher Thematik. Schon 1931, als Kisch seinen „ständigen Wohnsitz", seinen Ausgangspunkt für die vielen Reisen dieser Zeit, in Berlin hat, erscheint das Buch „Prager Pitaval" nach dem Muster der Reportagebücher aus den zwanziger Jahren, Mischung aus historischen und aktuellen, aus alltäglichen und spektakulären Kriminalfällen. Drei Jahre später, Kisch war gerade nach Versailles gezogen, erscheinen in Amsterdam die „Geschichten aus sieben Ghettos", in denen Kisch über den raufłustigen jungen Juden Jack Oplatka, der sich jede Nacht in Spielhöllen herumtreibt, tagsüber aber bei katholischen Messen ministriert und dessen Sprache ein Gemisch aus Prager Deutsch, Kirchenlatein und Yankee-Slang ist, erzählt, aber auch das Leben der jüdischen Bevölkerung in Bagdad oder Shanghai reflektiert. Eine Aussage wird fast in jeder der „Geschichten aus sieben Ghettos" deutlich: Daß der Glaube an die eigene Besonderheit jedem sein Ghetto von innen her errichtet, wie er von außen vom Staat ins Ghetto gewiesen wurde.

Egon Erwin Kisch selbst bekannte sich immer dazu, Jude zu sein, vor allem als Reaktion auf die bestialischen Methoden der Nazi-Machthaber. Zur jüdischen Religion jedoch hatte er keine starken Bezugspunkte. Emotionell fühlte er sich dem Judentum zugehörig, ohne jedoch den Glauben an die Religion zu besitzen.

Im selben Jahr, 1934, erscheint in der Pariser „Edition du Carrefour" das Buch „Eintritt verboten". Er schildert Besuche in Lourdes und in einem Spielcasino, beschreibt einen Stierkampf aus der Sicht des Schwächeren, des Stiers.

Im Dezember 1939, deutsche Truppen hatten bereits Polen überrollt, flieht Kisch aus Europa. Nach anfänglichen Schwierigkeiten mit den amerikanischen Behörden gelingt es ihm doch, ein Durchreisevisum für das Ziel seiner Emigration zu bekommen: Mexico.

Mexico, von einem linksliberalen Präsidenten regiert, Sammelbecken von Emigranten aus ganz Europa. Vorerst geht die Reise Kischs — seine Frau Gisl kommt erst ein halbes Jahr später nach — von Frankreich aus mit dem Schiff „Pennland" nach New York. Zu Weihnachten notiert er in seinem Tagebuch:

23. Dezember

Bin Gefangener auf dem Schiff. Meine Kabine ist abgesperrt. Durchs festgeschraubte Bullauge sehe ich die neue Welt. Der Immigration Officer sagt, mein Paß sei nicht in Ordnung.

24. Dezember

Nachts in der versperrten Koje, tags in der Lounge. Langeweile und Sorge. Draußen denken Freunde an mich, aber sie dürfen mich nicht besuchen.

25. Dezember

Kein Mensch darf an Bord. Endloser Tag. Und der morgige?

26. Dezember

Auf einem Tender zu der von der Freiheitsstatue gehüteten Gefängnisinsel. Hier war ich vor zehn Jahren als Reporter. Jetzt warte ich mit Hunderten.

27. Dezember

Abends im Schlafsaal Gespräch mit dem chinesischen Kollegen H. T. Tsiang, der schon Monate lang hier ist. Über Pässe, Transit-Visa, Visitors-Visa, Immigrations-Visa. Er erzählt von Selbstmorden.

28. Dezember

Seit drei Tagen gehen wir hier auf den Fliesen auf und ab. Endlich die Verhandlung. 500 Dollar Bürgschaft.
Frei! Frei! Frei!

Mexico City ist die letzte Station der Emigration. Hier sollte Egon Erwin Kisch für die nächsten sechs Jahre bleiben, bis zum Frühjahr 1946.

Und auch hier, im mexikanischen Exil wiederholt sich alles: Kisch bezieht in einem Neubau an der Straßenecke Amsterdam—Michoacan in einem Randbezirk der Stadt eine Eineinhalb-Zimmer-„Emigrantenwohnung". Auch hier gibt es sofort wieder ein Stammcafé mit dem „Tisch von Kisch".

Und hier im fernen Lateinamerika trifft er alte Bekannte; Bekannte und Freunde von den früheren Stationen seiner Emigration: Anna Seghers, Ludwig Renn, Theodor Balk, Bruno Frei und den Komponisten Marcel Rubin aus Wien.

Rubin erinnert sich: „Wir alle haben in ziemlich enger Gemeinschaft gelebt, waren eine Insel in dem großen mexikanischen Meer. Eine Insel auch, was die geistige Tätigkeit betrifft. Der ‚Heinrich-Heine-Club' wurde gegründet; das war nicht ein Kaffeehaus für Emigranten, sondern wir führten dort Theaterstücke auf — z. B. zum 60. Geburtstag Egoneks die dramatisierte Fassung des Redl-Stoffes ‚Die Hetzjagd'. Kisch selbst wurde damit überrascht, er wußte bis zum letzten Moment nichts davon, Konzerte wurden veranstaltet, Vorträge in deutscher und spanischer Sprache organisiert. So gab es auch sehr viel Kontakt zu mexikanischen Intellektuellen. Während meiner Emigration in Mexico habe ich Egon Erwin Kisch sehr gut kennengelernt: Er war kein Dogmatiker, war so wie zwei andere große deutsche Schriftsteller, Anna Seghers und Ludwig Renn, die auch in Mexico waren, nie auf einer sturen Parteilinie, hätte sich nie vom dogmatischen Flügel der Emigranten parteipolitisch verwenden lassen. Für Kisch war Kommunismus eine Sache des Humanismus, die damals aktuelle Form des Humanismus. Und vor allem auch die wirksamste Form des Antifaschismus."

In der deutschsprachigen Zeitschrift „Freies Deutschland", die in Mexico City herausgegeben wird, schreibt Kisch ein Interview mit einer Pyramide, erläutert die „Kulturgeschichte des Kaktus", berichtet über Fußballspiele der Mayas und besucht das Indiodorf „Venta Prieta", zirka 100 km von Mexico City entfernt. Venta Prieta, obwohl von ausgedehnten Maisfeldern umgeben und von Schafherden durchzogen, ist kein Dorf, eher eine Bergarbeitersiedlung, wie man sie früher im Ruhrgebiet fand. Der Großteil der Bevölkerung arbeitet in den Bergwerken von Real del Monte, den größten Silberminen der Welt.

Und ausgerechnet hier, in Venta Prieta, findet der Reporter Kisch — eine Gruppe von 37 jüdischen Indianern. Die kleine Glaubensgemeinschaft hat auch eine aus Backstein errichtete Synagoge, am Abend des Freitag und dem Morgen des Samstag werden hier regelmäßig Gottesdienste abgehalten. Manchmal kommt ein Rabbiner mit dem Autobus aus dem zwei Stunden entfernten Mexico City. Als Kisch die Indianer besucht, hat er Glück, der Rabbiner ist gerade hier, der seltsame Besucher aus Europa darf am Gottesdienst teilnehmen: „Auch ich trat vor, schloß die Füße aneinander und sprach, was der Rabbi uns vorsprach, nur die Namen seiner Toten fügt jeder Betende selber ein. Mein Vater und meine Mutter waren in Prag geboren, lebten dort, starben dort und sind dort begraben. Niemals konnte ihnen in den Sinn kommen, daß einer ihrer Söhne den Totenspruch für sie in einer Gruppe von Indios sprechen werde, im Schatten der silbertragenden Berge von Pachacu. Meine Eltern ahnten nicht, daß ihre Söhne einmal verjagt sein würden, nach Mexico der eine, nach Indien der andere, und die beiden, die Hitler nicht entfliehen konnten, in unbekannte Stätten unvorstellbaren Grauens. Meine Gedanken schweiften weiter. Verwandte, Freunde, Bekannte und Fremde, Opfer Hitlers, alle haben Anspruch darauf, daß ihrer im Totengebet gedacht werde. Ein Zug von Millionen. Als letzter trete ich weg vom Altar."

Egon Erwin Kisch hat die jüdischen Indianer im fernen Venta Prieta entdeckt, mit ihnen gebetet und als erster über sie geschrieben. Dadurch sind sie bekannt geworden, dadurch konnte die baufällige Synagoge repariert werden. Darüber sind sie sehr glücklich. Doch jetzt steht Venta Prieta sogar in amerikanischen Reiseführern, seither kommen Touristen und Journalisten aus aller Welt, voll bester Absichten, aber im Grunde nur, so glauben die Indios, um ein exotisches Schauspiel zu erleben.

Auf der letzten Station seiner Emigration war aus dem früheren Bestseller-Autor ein armer Mann geworden. Kisch und seine Frau mußten immer bescheidener leben, mußten übersiedeln, in eine noch kleinere Wohnung auf der Av. Tamaulipas 152 ziehen. Der begeisterte Amateur-Zauberer mußte in Mexico zeitweilig bei Zauberveranstaltungen auftreten. Egon Erwin Kisch, der Journalismus zur Literatur erhoben hatte, mußte sich vom Verfassen von Kreuzworträtseln ernähren.

Die „Memoiren" Kischs, das Buch „Marktplatz der Sensationen", in dem Kisch all die großen und kleinen Abenteuer am Beginn seines bewegten Lebens bis zu seinem 30. Geburtstag beschreibt, erscheint 1942 im Emigrantenverlag „El Libro Libre", hier in Mexico. Sowohl für dieses als auch für seine „Entdeckungen in Mexico" — im selben Verlag 1945 erschienen — gilt Voltaires Ausspruch, dem Egon Erwin Kisch sein Leben lang treu blieb: „Alle Gattungen sind erlaubt, nur die langweilige nicht."

„Ich will nicht irgendwo in der Welt sterben, sondern zu Hause“

DAS ENDE EINES UNRUHIGEN LEBENS

IM FEBRUAR 1946, DER ZWEITE WELTKRIEG IST ZU ENDE, AUF DER Konferenz von Jalta ist von Churchill, Roosevelt und Stalin Europa in eine westliche und östliche Hälfte aufgeteilt worden, bereitet sich Egon Erwin Kisch auf seine Rückreise in die Heimat vor. Unmittelbar nach Kriegsende zögert Kisch zwar, in die Tschechoslowakei zurückzukehren, aber von der Krankheit bereits gezeichnet, geht er in seine Heimatstadt Prag zurück, um nicht „irgendwo in der Welt zu sterben, sondern zu Hause...“

Wie überall schuf sich Kisch durch seine herzliche, ehrliche Persönlichkeit auch in Mexico viele Freunde. Als er das Land, das ihm über sechs Jahre Asyl gewährt hatte, verließ, verabschiedeten ihn Mariachis spielende Volksmusikanten...

Seine Reise nach Europa führt ihn vorerst über New York nach London. Hier bleibt er für einige Tage, der Schriftsteller Paul E. Marcus erkannte seinen Freund Kisch, als dieser plötzlich vor seiner Wohnungstür stand, erst beim zweiten Hinsehen: „Er wirkte krank und sehr erschöpft, war dick und 60 Jahre alt geworden.“ Auf die Frage, warum er so dick geworden sei, antwortete der humorvoll gebliebene Kisch: „Mexico war zu klein für mich, man hatte zu wenig Bewegung“.

Von London fuhr Kisch und seine Frau über Frankreich nach Prag. Im Juni 1946, kurze Zeit, nachdem die Kommunisten in der Tschechoslowakei die Wahlen gewonnen hatten und ihr Vorsitzender Klement Gottwald mit der Regierungsneubildung beauftragt war, ist Egon Erwin Kisch an der letzten Station seines unruhigen Lebens angelangt: in seiner Heimatstadt, seinem geliebten Prag.

Doch das, was Kisch hier vorfand, war nicht mehr „sein Prag“. Seine Muttersprache ist seit der deutschen Okkupation verpönt, seine Freunde von früher sind nicht mehr hier oder tot, das politische Klima ist eisig.

Vorerst weiß Kisch nicht, wo er wohnen soll. Als Übergangslösung wird ihm von den Behörden ein kleines Zimmer im Hotel „Alkron“ am Wenzelsplatz zugewiesen. Ladislav Mňačko, der damals als junger Journalist ein Interview mit dem heimgekehrten Egon Erwin Kisch machen sollte, besuchte ihn im Hotel: „Der Chefredakteur hatte mich bei ihm angemeldet, ich klopfte und war sehr enttäuscht. Ich hatte mich auf den großen Journalisten, Vorbild für alle, eingestellt. Doch da saß ein dicker, erschöpfter Mann in Hemd und Hosenträgern auf dem Bett, hinter ihm saß seine Frau, Socken stopfend. Kisch wirkte auf mich deprimiert. Er erzählte mir, welchen Eindruck Prag auf ihn mache, wie sich seine Heimatstadt verändert habe, erzählte von einem nächtlichen Spaziergang durch die Altstadt. Überall öffneten sich die Fenster, seine toten Freunde winkten ihm zu und riefen: ‚Hallo Egonek'..."

Nach einigen Wochen Hotelaufenthalt bekommen Kisch und seine Frau eine in der U laboratore 22 auf dem Prager Letna-Hügel gelegene alte Villa zugewiesen. Jene Villa, in der einige Zeit vorher noch der SS-Hauptsturmführer Adolf Eichmann, „Sonderreferent für die Evakuierung von Polen und Juden", gewohnt hatte. Im Auftrag der Partei sollte Kisch Ende 1946 ein Buch über die wiedererstandene Tschechoslowakei schreiben. Doch Kisch lehnt den „ehrenvollen Auftrag" sofort ab. Im ehemaligen Palais Sylva-Tarrouca am Prager Graben ist der Treffpunkt der „Association of Foreign Journalists". Hier erzählt Kisch einem Freund, dem Schriftsteller Johannes M. Mauthner: „Dieses Buch schreiben würde für mich bedeuten, alle Bindungen an das frühere Prag, das Prag meiner Jugend, an eine Unzahl von Freunden in allen Lagern, ja meine bisher geschriebenen Bücher zum Thema Prag, einfach zu vergessen und zu verleugnen..."

Der Marsch der illegalen kommunistischen Volksmilizen durch die Straßen Prags, die erste Verhaftungswelle der Partei, der schon einige seiner Freunde zum Opfer fielen, der offen ausgesprochene Antisemitismus, all das war zuviel für Egon Erwin Kisch. Er verließ fast nie mehr sein Haus, lebte völlig abgeschlossen und isoliert, seinen Erinnerungen überlassen. Sein Arzt versprach ihm noch einige Jahre Leben, sollte er auf Rauchen und Trinken verzichten. Den guten Rat des Arztes lehnte er ab. Er wollte nicht mehr. Wollte nicht mehr weiter leben.

An einem sonnigen Mittwochnachmittag, dem 24. März 1948, wird Kisch nach zwei Schlaganfällen auf einer Bahre aus der „Eichmann-Villa" getragen, in das Krankenhaus in der Sokolstraße eingeliefert. Eine Woche später, am 31. März 1948 — einen Monat nach dem kommunistischen Staatsstreich, drei Wochen nach dem Fenstersturz Jan Masaryks — stirbt Egon Erwin Kisch, knapp 63jährig.

Als 1927 die „Literarische Welt" neben Tucholsky, Friedell und Polgar auch den damals 41jährigen Egon Erwin Kisch gefragt hatte, wie sein eigener Nekrolog lauten müsse, schlug Kisch einen Anschlag im „Romanischen Café" in Berlin vor:

Heute, 17 Uhr nachmittags, während die Leiche
des Stammgastes, Herrn Kisch, in die Erde
gesenkt wird, tritt im „Romanischen Café"
eine Arbeitsruhe von drei Minuten ein,
innerhalb welcher Zeit nicht serviert wird.

Die Prager Regierung ordnet nach dem Tod Kischs ein pompöses Begräbnis an, der Gewerkschaftsvorsitzende und spätere Staatspräsident Zapotocky spricht von einem „großen Sohn der Tschechoslowakei". Doch schon einige Wochen nach seinem Tod — Kischs Freund und Protektor aus der Emigration in Mexico, André Simon, der später im Slánský-Prozeß verurteilt und von den Kommunisten als „Spion und Hochverräter" gehängt wurde, ist schon verhaftet — hat man Egon Erwin Kisch völlig vergessen.

Als im Jahre 1963 das kommunistische Standardwerk über Journalisten in der Tschechoslowakei „Noviny a novinari" erschien, wurde darin der „Große Sohn" mit keinem einzigen Wort erwähnt. Schon lange vor der Ermordung seines Freundes Simon durch die neuen Machthaber hatte Egon Erwin Kisch mit dem Kommunismus gebrochen. Er starb „rechtzeitig" eines natürlichen Todes; auch Kisch wäre unter den Opfern des Slánský-Prozesses gewesen. Tragischer Akzent eines Lebens, das ausgefüllt war von der Suche nach der Wahrheit, dem Kampf für Gerechtigkeit...

Epilog

FÜR DEN GRÜNDER UND HERAUSGEBER DER „ZEIT“, GERD Bucerius, sind die Arbeiten Kischs noch immer, genau hundert Jahre nach dessen Geburt, „Lehrstücke für jeden Journalismus einer jeden Zeit“; der „STERN“ hat 1977 einen deutschen Reportage-Preis, der alljährlich an die besten deutschsprachigen Journalisten verliehen wird, zu Ehren Kischs nach ihm benannt. Für den Journalisten und Autor großer Fernseh-Dokumentationen, Hugo Portisch, war Egon Erwin Kisch ein „Lehrmeister in Geschichte“, und auch er meint: „Wir können noch viel von Kisch lernen.“

Ich freue mich über das Urteil dieser großen Journalisten von heute, fühle mich bestätigt, ein Buch über den Menschen, „der Augen im Kopf hat und es versteht, sie zu gebrauchen“, geschrieben zu haben.

Mir scheint am Werk Egon Erwin Kischs wichtig zu sein, daß er dem Journalismus das „Fragwürdige“ und der Literatur das „Elitäre“ genommen, beides in Beziehung zueinander gebracht und so die Reportage zur literarischen Kunstform erhoben hat.

Mir scheint am Leben Egon Erwin Kischs wichtig zu sein, daß sein soziales Pathos, sein Engagement gegen Ungerechtigkeit und Unterdrückung echt war.

Ähnlich wie Kischs Vorbild, Heinrich Heine, hätte er gerne schon auf Erden das Himmelreich errichtet.

Manès Sperber meint, „jeder seiner Leser wird Kischs mitfühlendes Herz merken, das nur für jene geschlagen hat, die darunter zu leiden hatten, daß sie da geboren waren, wo sie geboren waren, daß sie so leben mußten, wie sie eben lebten.“

Wien, im Februar 1985 — Michael Horowitz

Prag lässt nicht los… Dieses Mütterchen hat Krallen.
Da muss man sich fügen (Franz Kafka).

OBUV

LINKE SEITE: KISCHS GEBURTSHAUS IN DER PRAGER MELANTRICHGASSE.
OBEN: DIE FÜNF BRÜDER KISCH ALS KINDER IM JAHRE 1896.
VON LINKS NACH RECHTS: FRIEDRICH, PAUL,
EGON ERWIN, WOLFGANG; VORNE: ARNOLD

Das Renaissance-Portal des Geburtshauses.

Die zwei Bären am Portal des Geburtshauses. Rechte Seite: Die Melantrichgasse in Prag

E. E. KISCH MIT SEINEN BRÜDERN 1912. VON LINKS NACH RECHTS:
PAUL, ARNOLD, WOLFGANG, EGON ERWIN, FRIEDRICH

„Fliegendes Kaffeehaus“ im Prager Ghetto, 1905

Die Kreuzung Graben-Wenzelsplatz um 1910, Korso der Deutschen in Prag.
Rechte Seite, oben links: Das Portal der Piaristenschule, die E. E. Kisch besuchte.
Oben rechts: So sieht der Hof der ehemaligen Piaristenschule im heutigen Prager Bezirk „Panska“ im November 1984 aus.
Unten: Innenhof des Nebenhauses der Piaristenschule. Hier verbrachte Kisch die Schulpausen.

COLLEGIUM

Redaktion der „Bohemia".

(Gründungsjahr 1828.)

Telephon 636
und 2739.

Prag, Annahof, am 14. Oktober 1907.

Beilagen der „Bohemia":
Feuilleton-Beilage,
Prager Frauenzeitung,
Sport und Spiel.

Dü,

Dein Brief hat mich – sans phrase! – sehr gefreut. Nicht etwa deshalb, weil ich eine Antwort auf meine moraltheologischen Philippiken erwartete und einen anständigen Brief bekam. Das wäre mir nämlich ganz schnuppe. Aber etwas anderes. Der Brief zeigt mir, daß Du dich innerlich in eine andere Welt gekommen bist, daß Du endlich einmal aus Deiner eigenen Sphäre herausgerissen bist und – in jeder Zeile zeigt es Dein Brief – eine andere Einteilung der Menschen kennen gelernt hast, als in Bürschchen und Fräule. Nicht nur die Konversation mit Baron Stock und seine Einladung, das ist eine Lappalie. Aber wenn Du Tag und Nacht mit einem Wiener Maler (hoffentlich ein Bohemien?), einem polnischen und einem Bukowinaer Studenten beisammen bist, Leuten anderer Schichte und anderer Lebensziele und anderer Nationalität, so wirst Du doch an Menschenkenntnis gewinnen, wenn Ihr Pläne und Lebensschicksale austauscht. Karten werdet Ihr wohl auch spielen? Na, in der Situation ist's ja verzeihlich. Und daß die syphilitischen „Pülcher" ganz famose Typen sind – hast Du das früher gewußt?

Es ist wahrhaftig schade, daß Deine militärische Karriere, die so verheißungsvoll bisher begonnen hat, schon beim „Marsch eins!" beendigt sein soll. Auf eines möcht' ich Dich aufmerksam machen: Es kann Dir, wie schon zahllosen anderen, leicht passieren, daß Du nachträglich geschickt und doch nächstes Jahr wieder einrücken wirst. Das ist a.) unangenehm; b) zeitraubend und c.) kostspielig. Ich bleibe bei meinem Rat: Schau' daß Du das Jahr zu Ende dienst. Wer weiß ob Dein nächstjähriger Hauptmann wieder ein intelligenter Generalstäbler, Dein Leutnant ein absolvierter [illegible] ist.

Prager Neuigkeiten im Lapidarstil? Nun: Rudi Weil ist tatsächlich nach Brünn abgegangen; u.

RECHTS: ALS KORPORAL IM SEPTEMBER 1913.
UNTEN: IM JULI KOMMT KISCH ALS KORPORAL AN DIE SERBISCHE FRONT: DIE SOLDATEN WERDEN IN VIEHWAGGONS IN DEN KRIEG GESCHICKT.

Die Begründer der „Roten Garde“:
E. E. Kisch (links) und Leo Rothziegel

12. NOVEMBER 1918:
ANLÄSSLICH DER GRÜNDUNG
DER ERSTEN REPUBLIK
DEMONSTRIEREN MEHRERE
ZEHNTAUSEND WIENER VOR
DEM PARLAMENT IN WIEN.

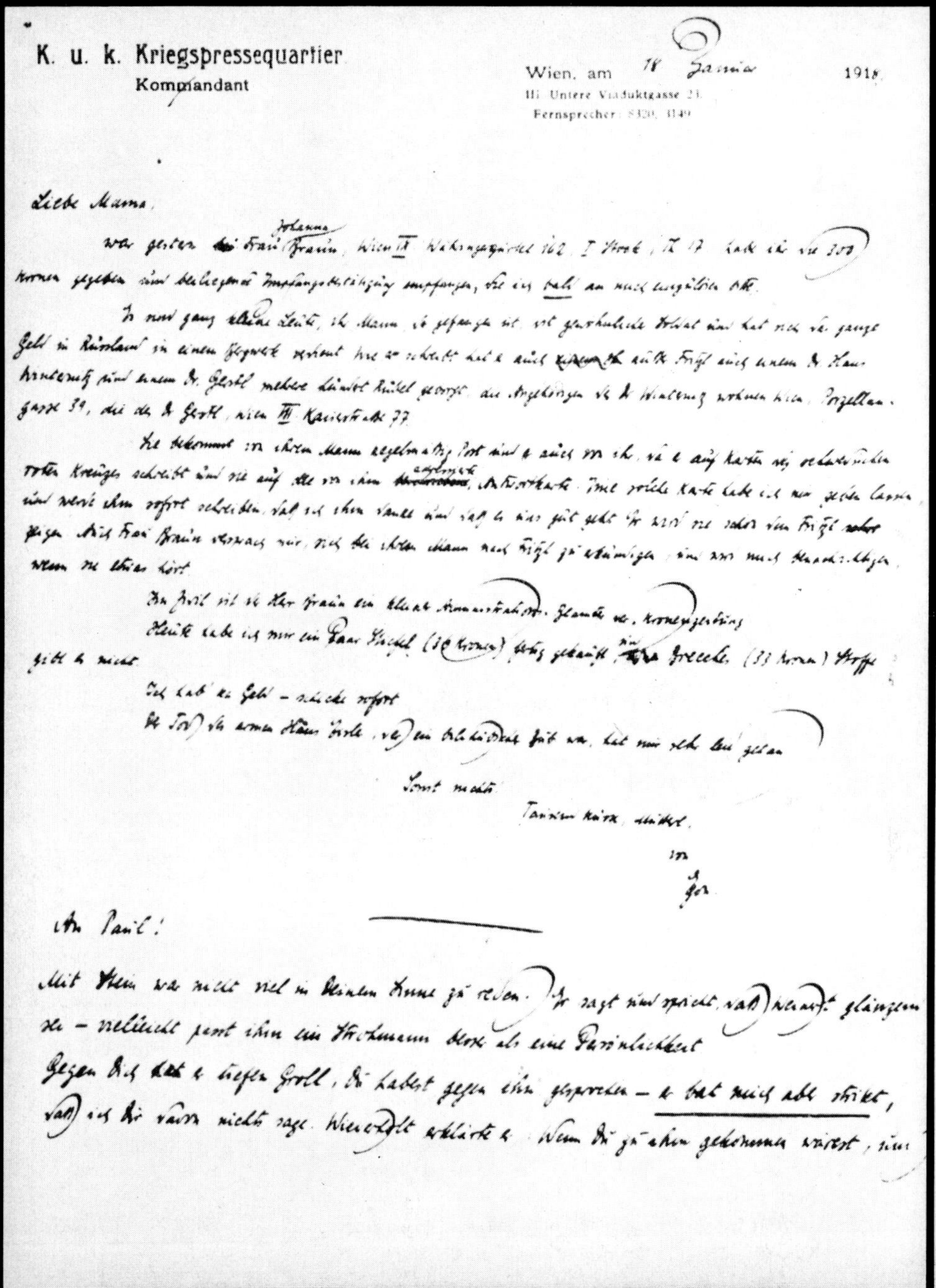
K. u. k. Kriegspressequartier
Kommandant

Wien, am 18 Jänner 1918
III. Untere Viaduktgasse 21.
Fernsprecher: 8320, 1149

Liebe Mama,

Sonst nichts.

An Paul!

Brief an die Mutter vom 18. Jänner 1918 aus dem k.u.k. Kriegspressequartier in Wien.

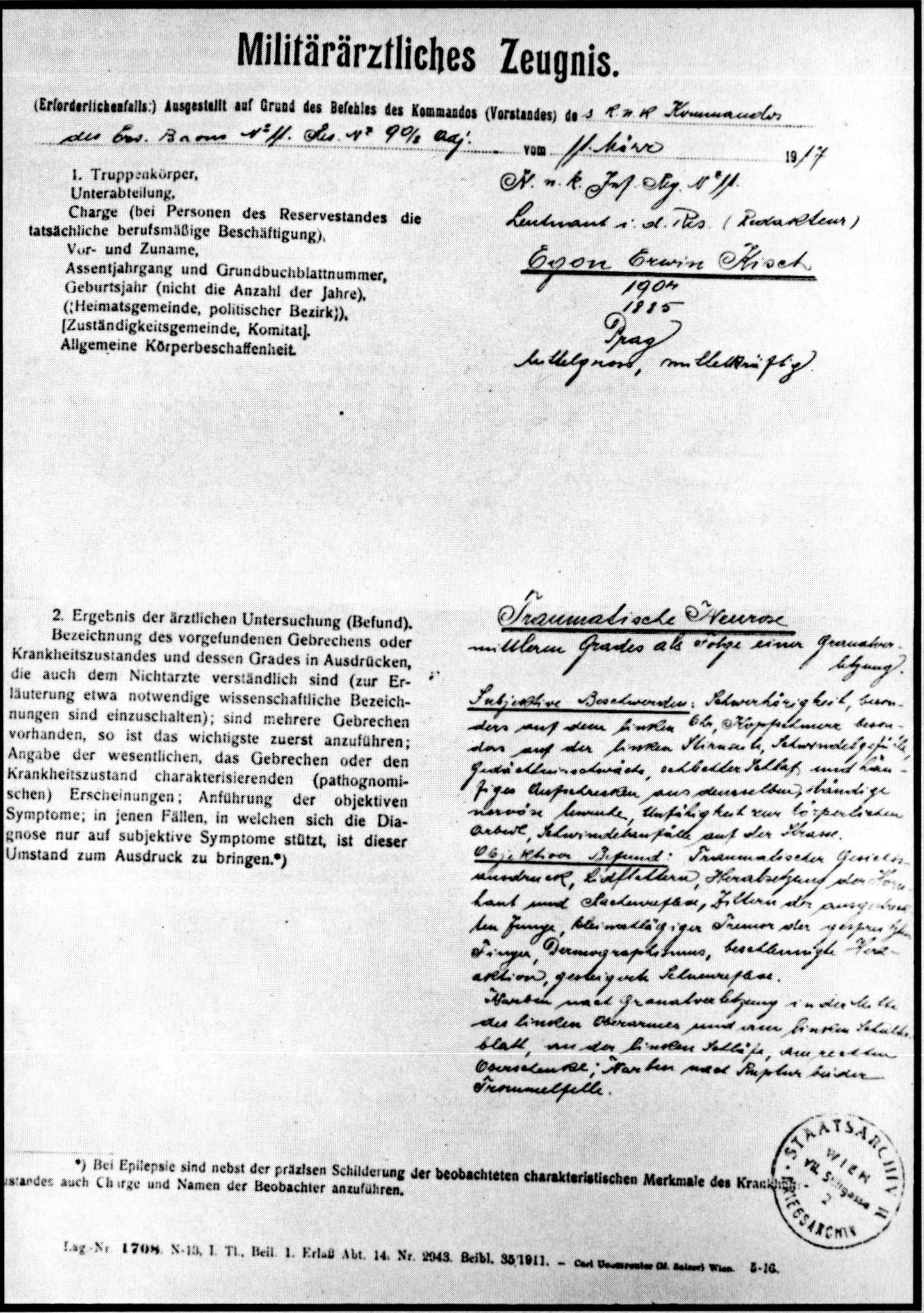

Militärärztliches Zeugnis.

(Erforderlichenfalls:) Ausgestellt auf Grund des Befehles des Kommandos (Vorstandes) des k. u. k. Kommandos des Ers. Baons No 11. Res. No 90/2 adj. vom 11. März 1917

1. Truppenkörper,	K. u. k. Inf. Rgt. No 11.
Unterabteilung,	
Charge (bei Personen des Reservestandes die tatsächliche berufsmäßige Beschäftigung),	Leutnant i. d. Res. (Redakteur)
Vor- und Zuname,	Egon Erwin Kisch
Assentjahrgang und Grundbuchblattnummer,	1904
Geburtsjahr (nicht die Anzahl der Jahre),	1885
(;Heimatsgemeinde, politischer Bezirk;)), [Zuständigkeitsgemeinde, Komitat].	Prag
Allgemeine Körperbeschaffenheit.	mittelgross, mittelkräftig

2. Ergebnis der ärztlichen Untersuchung (Befund). Bezeichnung des vorgefundenen Gebrechens oder Krankheitszustandes und dessen Grades in Ausdrücken, die auch dem Nichtarzte verständlich sind (zur Erläuterung etwa notwendige wissenschaftliche Bezeichnungen sind einzuschalten); sind mehrere Gebrechen vorhanden, so ist das wichtigste zuerst anzuführen; Angabe der wesentlichen, das Gebrechen oder den Krankheitszustand charakterisierenden (pathognomischen) Erscheinungen; Anführung der objektiven Symptome; in jenen Fällen, in welchen sich die Diagnose nur auf subjektive Symptome stützt, ist dieser Umstand zum Ausdruck zu bringen.*)

Traumatische Neurose mittleren Grades als Folge einer Granatverletzung.

Subjektive Beschwerden: Schwerhörigkeit, besonders auf dem linken Ohr, Kopfschmerz besonders auf der linken Stirnseite, Schwindelgefühle, Gedächtnisschwäche, schlechter Schlaf, und häufiges Aufschrecken aus demselben, ständige nervöse Unruhe, Unfähigkeit zur körperlichen Arbeit, Schwindelanfälle auf der Strasse.

Objektiver Befund: Traumatischer Gesichtsausdruck, Lidflattern, Herabsetzung der Hornhaut und Rachenreflexe, Zittern der ausgestreckten Zunge, kleinwelliger Tremor der gespreizten Finger, Dermographismus, beschleunigte Herzaktion, gesteigerte Sehnenreflexe.

Narben nach Granatverletzung in der Mitte des linken Oberarmes und am linken Schulterblatt, an der linken Schläfe, am rechten Oberschenkel; Narben nach Ruptur beider Trommelfelle.

STAATSARCHIV WIEN VII. Stiftgasse 2 KRIEGSARCHIV II

*) Bei Epilepsie sind nebst der präzisen Schilderung der beobachteten charakteristischen Merkmale des Krankheitszustandes auch Charge und Namen der Beobachter anzuführen.

Lag.-Nr. 1708. N-13, I. Tl., Beil. 1. Erlaß Abt. 14. Nr. 2943. Beibl. 35/1911. – Carl Ueberreuter (M. Salzer) Wien. 5-16.

Oben: Militärärztliches Zeugnis vom 11. März 1917:
Der Leutnant Kisch leidet unter einer
„Traumatischen Neurose“.
Rechte Seite: Der Revolutionär Kisch wohnt in Wien stets in
feudalen Herrschaftshäusern. Oben: Linke Bahngasse 9;
Unten: Rudolf von Alt-Platz 5;
Mitte: Der „Roberthof“.

Über den Dächern von Prag-Žižkov

Max Brod (links). „Selten wurde ich beim Erlebnis einer Dichterpersönlichkeit so hin- und hergerissen, wie gerade bei Egon“, schreibt er über seinen Freund Kisch. Rechts: Der Maturant Kisch

Links: Franz Werfel. Der gebürtige Prager war einer der Wortführer des Expressionismus in der deutschen Lyrik. Franz Kafka (rechts), zwei Jahre vor E. E. Kisch geboren.

Oben: Von den Literatencafés im Umkreis des „Prager Tagblattes“ blieb nur eines: Das frühere „Café Arco“ ist heute eine traurige Bierstube.
Rechte Seite: Die Theingasse in der Prager Altstadt.

KARLSBRÜCKE, PRAG.

906 LIESS SICH KISCH IN KONSTANTINOPEL EINEN ARTISTEN AUF DEN RECHTEN
OBERARM TÄTOWIEREN. „ES SCHMERZTE. ES SCHMERZTE JEDER STICH. ICH BISS DIE
ZÄHNE ZUSAMMEN UND WIEDERHOLTE NUR: DAFÜR HAST DU'S FÜR EWIG.“

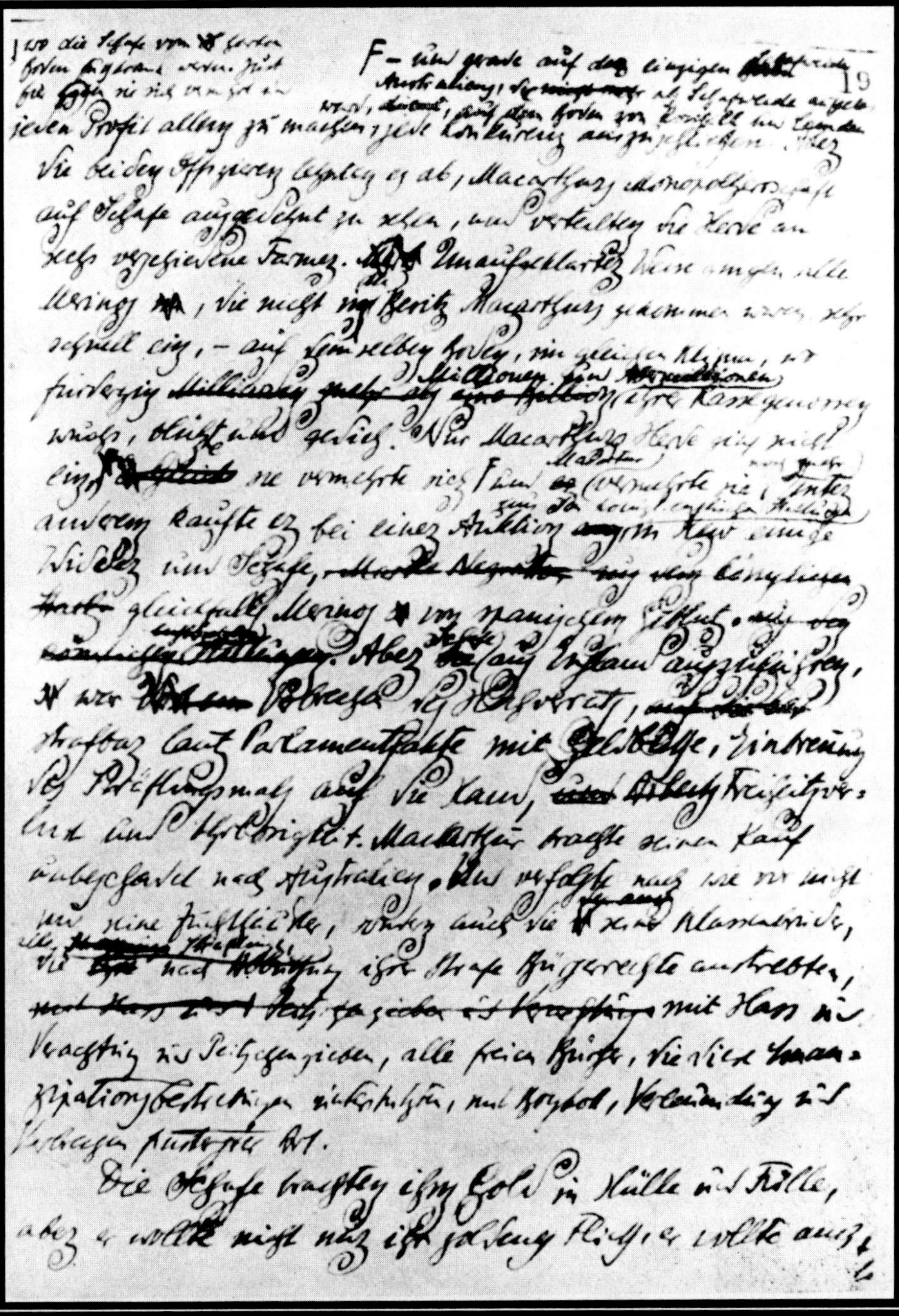
jeden Profit allein zu machen, jede Konkurrenz auszuschließen. Aber die beiden Offiziere lehnten es ab, Macarthurs Monopolherrschaft auf Schafe ausgedehnt zu sehen, und verteilten die Herde an sechs verschiedene Farmer. Unaufgeklärter Weise gingen alle Merinos, die nicht in Besitz Macarthurs gekommen waren, sehr schnell ein, — auf demselben Boden, im gleichen Klima, wo fünfzig Millionen ihrer Nachkommen wuchsen, blühten und gediehen. Nur Macarthurs Herde ging nicht ein, sie vermehrte sich. (Und Macarthur vermehrte sie: unter anderem kaufte er bei einer Auktion zu Kew einige Widder und Schafe, gleichfalls Merinos von spanischem Stamm. Aber Schafe aus England auszuführen, war Verbrechen des Hochverrats, strafbar laut Parlamentsakte mit Geldbuße, Einbrennung des Brandmals auf die Hand, Freiheitsverlust und Ehrlosigkeit. Macarthur brachte seinen Kauf unbeschadet nach Australien. [illegible] verfolgte nach wie vor [illegible] nur seine Geschäfte, [illegible] Klassenbrüder, alle, die [illegible] ihre Strafe [illegible] antreiben, mit Haß zu verachten [illegible], alle freien Bürger, die diese Emanzipationsbestrebungen unterstützten, mit Boykott, Verleumdung und [illegible]

Die Schafe brachten ihm Gold in Hülle und Fülle, aber er wollte nicht nur ihr goldenes Vlies, er wollte auch

„Der rasende Reporter" war kein „rasender Schreiber": Manuskriptseite mit verschnörkelten Initialen, Korrekturen, Einfügungen und Strichen

Linke Seite und rechts unten: Der alte jüdische Friedhof in der Prager Altstadt (im Zentrum des ehemaligen Ghettos).
Oben: Die Altneusynagoge während eines Gottesdienstes im November 1984.

WELTSTADT BERLIN WÄHREND DER „GOLDENEN ZWANZIGER JAHRE“: CAFÉ KRANZLER AM KURFÜRSTENDAMM.

Im Romanischen Café in Berlin, knapp vor der Abreise in die USA (Oktober 1928)

Die „Alfred Jackson-Girls“ im „Wintergarten“, Berlin 1922

OBEN: ZU BEGINN DER DREISSIGER JAHRE GAB ES IN DEUTSCHLAND BEREITS SECHS MILLIONEN ARBEITSLOSE.
RECHTE SEITE: BERLIN, DIE „GROSSE BABYLONISCHE HURE“: JOSEPHINE BAKER WÄHREND IHRES BERÜHMTEN „BANANEN-TANZES“

WOHNUNGSNOT IM BERLIN DER „TOLLEN ZWANZIGER JAHRE“

OBEN: BEI „ASCHINGER“ KONNTE MAN BILLIG ESSEN: EINE PORTION LÖFFELERBSEN KOSTETE 1925 DREISSIG PFENNIG, UND EIN KORB MIT GRATIS-GEBÄCK STAND AUF JEDEM TISCH. – UNTEN: MÜLLHAUFEN WERDEN NACH ESSBAREM DURCHSUCHT

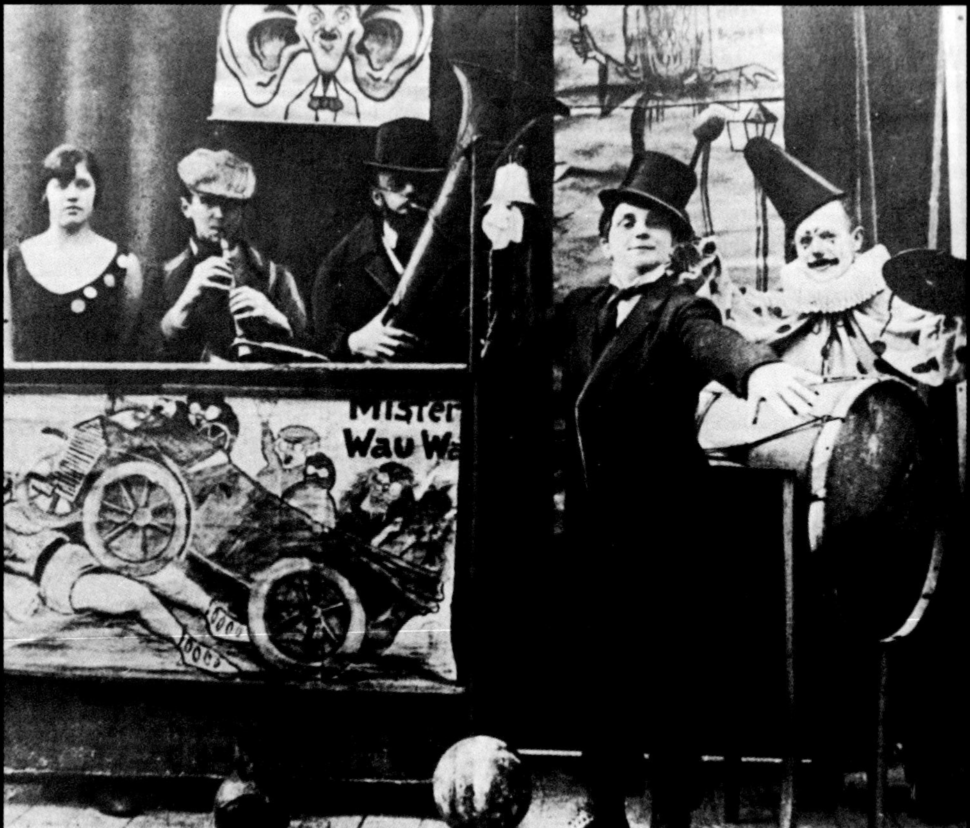
Mister
Wau Wa

E. E. KISCH VOR DEM ROMANISCHEN CAFÉ, BERLIN.
GEMÄLDE VON RUDOLF SCHLICHTER

OBEN: FISCHER AN DER NORDSEE 1933. KISCHS REPORTAGE
DARÜBER: „HERINGSFANG".
UNTEN: „WALZWERK DER KRUPP AG IM JAHRE 1928. KISCHS REPORTAGE
DARÜBER: „STAHLWERK IN BOCHUM, VOM HOCHOFEN AUS GESEHEN"

OBEN: „SECHSTAGERENNEN". KISCHS REPORTAGE: „ELLIPTISCHE TRETMÜHLE"
UNTEN: AUTOS VOM FLIESSBAND, 1933. KISCHS REPORTAGE: „BEI FORD IN DETROIT"

IA-17280
IVB-08965

Der k.u.k. Scharfrichter Josef Lang während einer Hinrichtung am 13. Juli 1916: Grinsende Gesichter scharen sich um den Hochverräter C. Battisti. Kisch beschreibt in „Eines Schafrichters Lebenslauf“ die skurrile Atmosphäre dieser Hinrichtung.

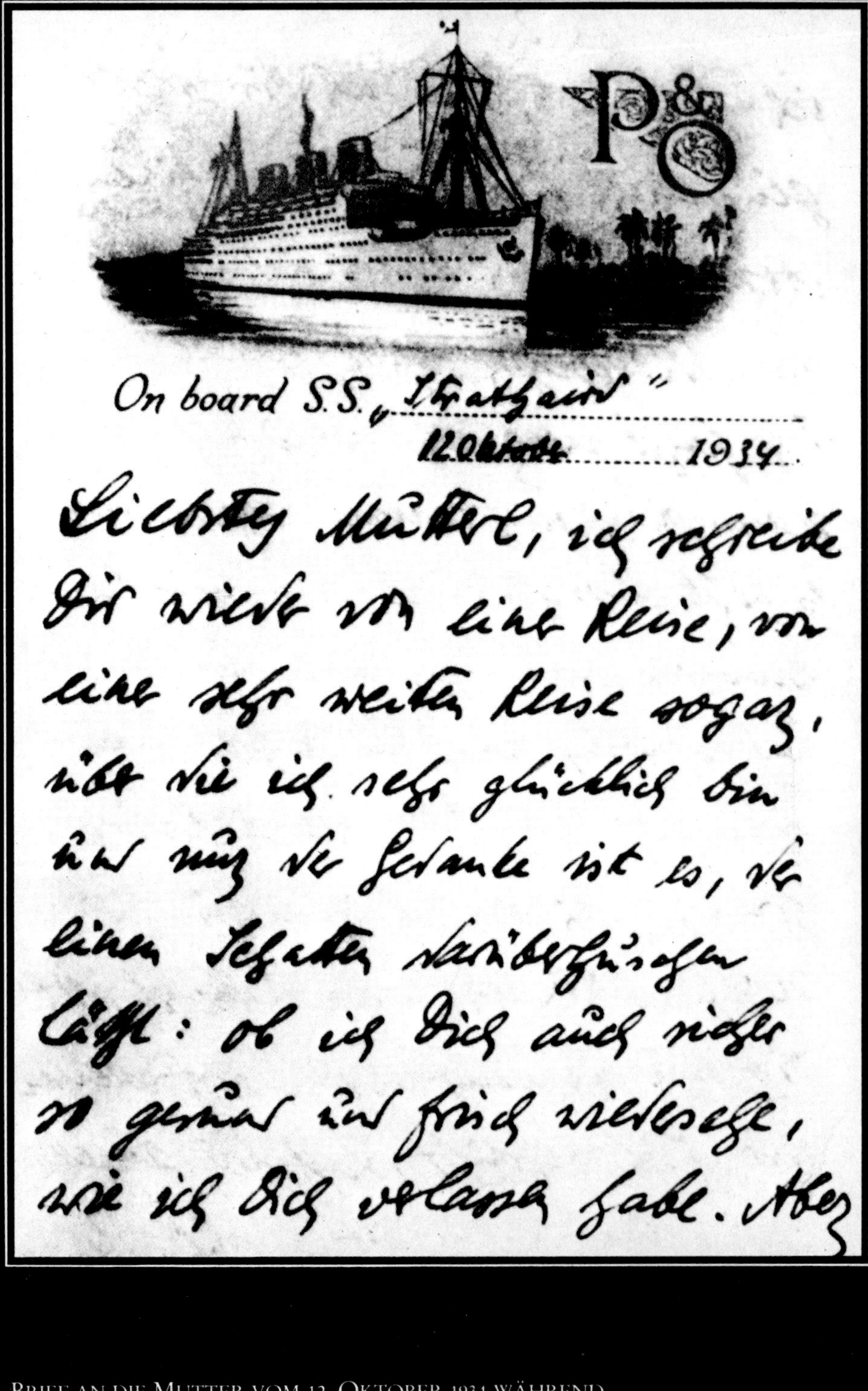

P&O

On board S.S. „Strathaird"
12. Oktober 1934

Liebstes Mutterl, ich schreibe Dir nicht von einer Reise, von einer sehr weiten Reise sogar, über die ich sehr glücklich bin und nur der Gedanke ist es, der einen Schatten darüberhuschen läßt: ob ich Dich auch sicher so gesund und frisch wiedersehe, wie ich Dich verlassen habe. Aber

Brief an die Mutter vom 12. Oktober 1934 während der Überfahrt nach Australien.

Die mühsame „Landung in Australien“. Der Kinderfreund Kisch mit einem kleinen Buben auf dem Promenadendeck der „Strathaird“.

Der rasende Reporter hat es doch geschafft: er ist in Australien.

Kisch muss von vier Stewards von Bord getragen werden.

Nach der Gerichtsverhandlung wegen der illegalen Einreise.

Egon Erwin Kisch im „Paradies Amerika“:
Mit Upton Sinclair und Charlie Chaplin

值此德克優秀的散文家吉希（Egon Erwin Kisch）七十歲誕辰之際，我們在這裡致紀念之忱。

吉希是中國人民尊愛和欽敬的德克作家之一。第一次世界大戰以後，他就用有力的文筆揭露了帝國主義侵略的暴行，描寫了殖民地人民的悲苦。在文學上，他創立了自己特有的風格，發展了報告文學，使它變成了一種現代的新文體，一種短小精悍的戰鬥的武器。

吉希的報告集子「秘密的中國」，不但在形式上是別致的，在內容上也是豐富的。他對半封建半殖民地的舊中國作了深刻的描繪，對中國人民寄與了無限的同情。現在，中國人民在毛主席

LINKS: GEBURTSTAGSGRUSS AUS CHINA: DER SCHRIFTSTELLER MAO DUN SCHREIBT AN DEN „EUROPÄISCHEN MEISTER DER FEDER" KISCH

AM INTERNATIONALEN SCHRIFTSTELLERKONGRESS „ZUR VERTEIDIGUNG DER KULTUR" IM JUNI 1935 IN PARIS NAHM KISCH NEBEN HEINRICH MANN ALS VERTRETER DEUTSCHLANDS TEIL: (KARIKATUR VON GEA AUGSBOURG). ZU ERKENNEN SIND: NR. 1) ANDRÉ GIDE, 2) ANDRÉ MALRAUX, 6) HEINRICH MANN, 8)

RECHTS: KISCH UND CHAPLIN.
DREIMAL WIRD KISCH DIE EINREISE IN DIE USA VERWEIGERT. 1928 FÄHRT ER MIT FALSCHEN PAPIEREN ALS DR. BECKER INS „PARADIES AMERIKA“.
UNTEN: IM SPANISCHEN BÜRGERKRIEG KÄMPFTE KISCH AUF DER SEITE DER REPUBLIKANER.

1945 wird im „Heine-Club" in Mexiko zum 60. Geburtstag von Kisch eine dramatisierte Fassung vom „Fall Redl" aufgeführt.

OBEN: 1946 AM WENZELSPLATZ.
UNTEN: KISCH DIKTIERT SEINER FRAU GISELA.

Als Kisch aus der Emigration in Mexiko zurückkommt, wird ihm dieses Haus von der Regierung zugewiesen: Unten Rechts. Zufällig dasselbe Haus, in dem einige Zeit vorher Adolf Eichmann gewohnt hat… Diese aus drei Häusern bestehende Sackgasse im Bezirk „Nusle“ (oben) fanden die heutigen ČSSR-Machthaber als geeignet, um sie „Kischova“, die Kisch-Strasse zu benennen. (Mitte). Die ehemalige Druckerei des „Prager Tagblattes“. Jetzt erscheint hier in der Panska 8 die Jugendzeitung „Mladá Fronta“ (unten links).

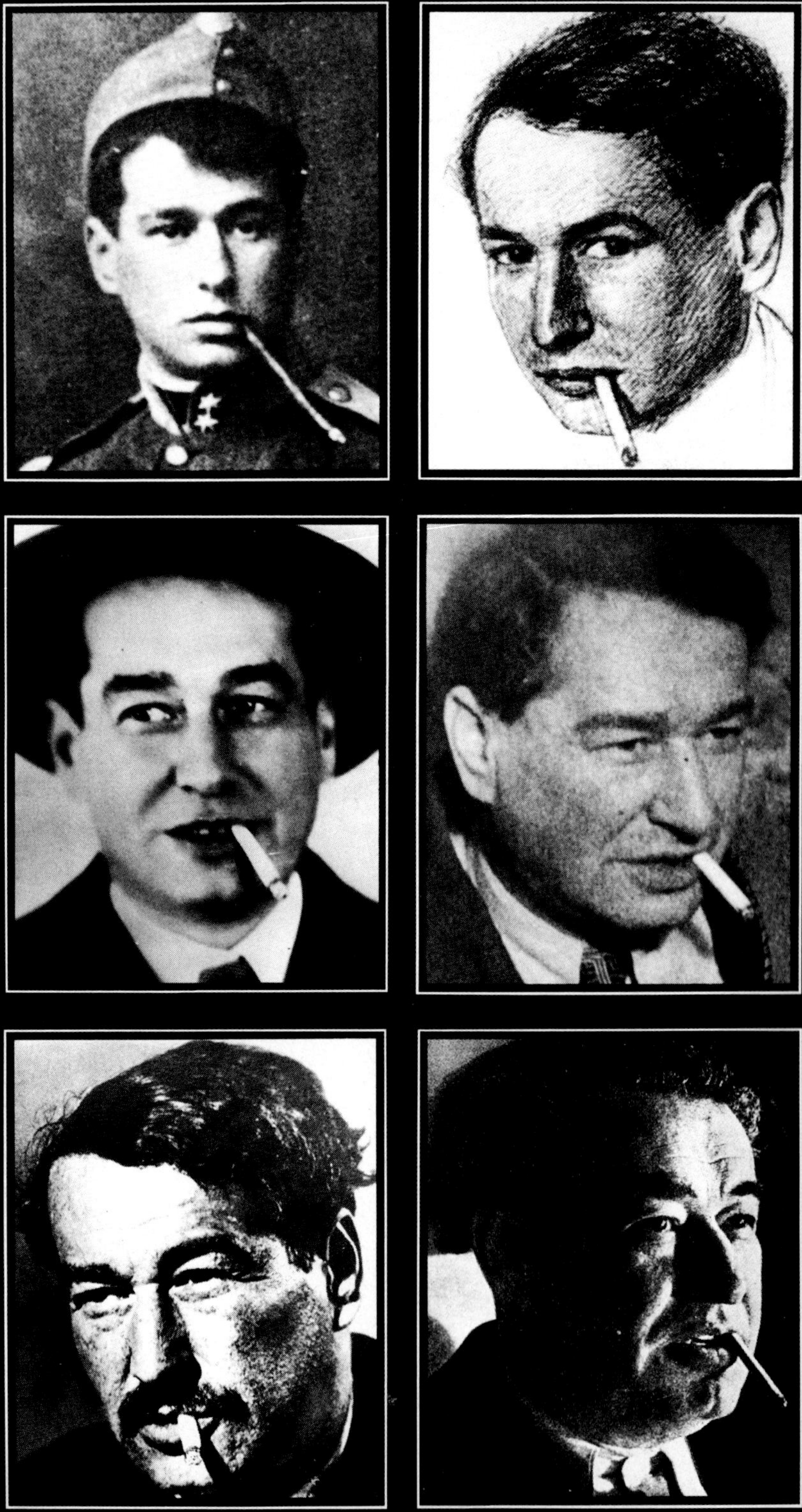

Portraits von Egon Erwin Kisch aus den Jahren 1913, 1920 (oben), 1928, 1930 (Mitte) und 1938, 1947 (unten).

Die letzten Reportagen: an der Schreibmaschine…

…in der Schuhfabrik „Bata“ in Prag

Staatsbegräbnis für Egon Erwin Kisch am 3. April 1948 in Prag.

Auf eine Rundfrage „Wie soll Ihr Nekrolog aussehen?“ schlug Kisch einen Anschlag im Romanischen Café vor: Heute, drei Uhr nachmittags, während die Leiche des Stammgastes, Herrn Kischs, in die Erde gesenkt wird, tritt im „Romanischen Café“ eine Arbeitsruhe von drei Minuten ein, innerhalb welcher Zeit nicht serviert wird: Das Grab am Prager Friedhof Vinohrady

BILLY WILDER, KISCHS FREUND AUS DEM BERLIN DER „GOLDENEN ZWANZIGER JAHRE“, UND MICHAEL HOROWITZ: INTERVIEW IM FEBRUAR 1985, BEVERLY HILLS.

Zwei Gespräche über Egon Erwin Kisch

„Egonek wäre 1968 einer unserer Mitkämpfer gewesen"

GESPRÄCH ZWISCHEN PROF. EDUARD GOLDSTÜCKER UND MICHAEL HOROWITZ IN BRIGHTON, ENGLAND, OKTOBER 1984

M. H.: Herr Prof. Goldstücker, 1951 wurden Sie für einige Jahre eingesperrt?

E. G.: Ja, im Dezember 1951 wurde ich verhaftet und zu lebenslänglichem Zuchthaus verurteilt. Weihnachten 1955 wurde ich befreit und rehabilitiert, ich war also vier Jahre eingesperrt.

M. H.: 1968 wurden Sie als Präsident des Tschechoslowakischen Schriftstellerverbandes gewählt, nach dem „Prager Frühling" ausgebürgert und mußten von außen zusehen, wie Ihre Heimat durch die neuen Machthaber auf das Niveau einer rückständigen Kolonie — wie Sie selbst gesagt haben — gebracht wurde.

E. G.: Das war eine Folge meines Auftretens bei öffentlichen Veranstaltungen. Ich wurde meiner Staatsbürgerschaft beraubt, nach meiner Ausbürgerung war ich staatenlos, hatte nur ein Reisedokument der Vereinten Nationen. Erst im Jahr 1981 wurde ich britischer Staatsbürger.

M. H.: Wann haben Sie Egon Erwin Kisch kennengelernt?

E. G.: Im Frühjahr 1946. Es war unmittelbar nach Kischs Rückkehr aus dem mexikanischen Exil. Kisch kam mit Otto Katz, der sich André Simon nannte, aus Mexiko nach Prag zurück. Katz, Kischs Freund aus dem Exil, war ein sehr bekannter Schriftsteller und einer der Herausgeber des berühmten „Braun-Buches über Reichstagsbrand und Hitler-Terror", das 1933 erschienen ist. Katz wurde 1952 mit Slánský und anderen Freunden gehängt. Ich war damals, im Frühjahr 1946, von der Partei beauftragt, für Kisch und Katz ein Mittagessen, das in „herzlicher Atmosphäre" stattfinden sollte, zu arrangieren. An dem Zusammentreffen nahmen auch internationale Delegierte des 8. Parteitages, der damals gerade in Prag stattfand, teil. Darunter auch der französische Dichter Paul Eluard. Bei dem offiziellen Essen betonte Kisch, daß er sehr glücklich sei, wieder in „seinem Prag" zurück zu sein. Aber ich fühlte, daß er sich isoliert fühlte, ich spürte die Tragödie. „Der rasende Reporter" kam in seine Heimatstadt zurück, konnte aber keine Wurzeln mehr fassen, sich nicht mehr beruflich betätigen. Er versuchte, einiges zu schreiben, fuhr nach Karlsbad, um „Karl Marx in Karlsbad" zu beschreiben; fuhr zu Tito nach Jugoslawien. Er versuchte dies und das. Aber alles blieb ohne Widerhall. Wie gesagt, er war damals, nach seiner Rückkehr aus dem Exil, sehr, sehr isoliert. Im Spätherbst 1946 traf ich ihn einmal abends zufällig am Wenzelsplatz. Er ging mit seiner Frau spazieren — ich mit meiner. Kisch rannte auf mich zu, umarmte mich und sagte: „Mensch, wo bist du die ganze Zeit?" Ich antwortete: „Im Außenministerium." Darauf antwortete er leise: „Dorthin geht kein anständiger Mensch."

M. H.: Haben Sie damals schon etwas von seiner Krankheit gemerkt, war Kisch verändert?

E. G.: Ja, er wirkte auf mich anders als früher. Der für ihn charakteristische Glanz in seinem Gesicht war weg. Er ist ja auch leider zu früh gestorben.

M. H.: Glauben Sie, daß Kisch, nachdem er nicht mehr „sein Prag" gefunden hat und sich so isoliert gefühlt hat, „an gebrochenem Herzen" gestorben sein könnte?

E. G.: Ja, absolut.

M. H.: Herr Professor, war Kisch für Sie ein diszipliniertes, linientreues Parteimitglied, oder war er — wie es Mňačko formuliert — ein für die Partei nützlicher Idiot?

E. G.: Ich erinnere mich an eine kleine Episode. Nach meiner Befreiung, Ende der fünfziger Jahre, saß ich mit einigen Freunden zusammen, darunter auch Gisl Kisch. Plötzlich erzählte jemand, Kisch hätte 1937 in Spanien zu dem deutschen Schriftsteller Alfred Kantorowicz gesagt: „Wehe uns, wenn wir gesiegt hätten". Die Frau Kischs, Gisela, dementierte, ich traue ihm das aber absolut zu. Aber sicher war er kein „nützlicher Idiot". Die Art und Weise seiner Annäherung an die Partei ist mir bis heute unklar. Er selbst schreibt auch nie darüber. Ich habe einige Diplomarbeiten an der journalistischen Fakultät begutachtet; auch dort fand ich keine Erklärung, wie zum Beispiel der jähe Übergang vom Leutnant Kisch zum Rotgardisten Kisch, 1918 in Wien, stattfand. Darüber gibt es keine dokumentarischen Beweise. Plötzlich war Kisch Kommunist.

Ich glaube nicht, daß Kisch ein „Sozialistischer Journalist" war. Er hat sich bemüht, die Sachen so zu beschreiben, wie er sie erlebt hat; vor allem hatte er einen ausgeprägten Sinn für Gerechtigkeit. Schon die Reportagen aus dem Nachtasyl und über die Hopfenpflücker waren sozial-engagierte Arbeiten.

M. H.: Was, glauben Sie, wäre aus Egon Erwin Kisch geworden, wenn er nicht „rechtzeitig" vor den Slánský-Prozessen gestorben wäre?

E. G.: Die Prozesse waren in der Grundtendenz antisemitisch. Das ist sogar von der Parteileitung offiziell so formuliert worden. Wenn Kisch nicht sowieso angeklagt worden wäre, hätte ganz gewiß für ihn eine Zeit äußersten Leidens begonnen. Kisch wäre, so wie zwei Freunde von ihm, die Schriftsteller Fürnberg und F. C. Weiskopf, von der Partei kaltgestellt worden.

M. H.: Stimmt es, daß man in der Tschechoslowakei in den späten fünfziger Jahren versucht hat, Kisch als tschechischen Schriftsteller hinzustellen?

E. G.: Ja, es wurde eine einzige Übersetzerin bestimmt, die berechtigt war, Kischs Bücher zu bearbeiten. Diese Dame, Jarmila Hasova, wollte nichts mehr davon wissen, daß Kisch ein deutscher Schriftsteller war, er wurde einfach zum Tschechen gemacht. Und Kischs Witwe, Gisela, half ihr dabei.

1958, zehn Jahre nach Kischs Tod, veranstaltete der tschechoslowakische Schriftstellerverband einen Diskussionsabend. Prof. Poláček, der heutige Nachlaßverwalter von Kischs Werken, und ich sprachen in Referaten über den „deutschen Schriftsteller Egon Erwin Kisch". Gisela Kisch und die Übersetzerin Hasova, die in der ersten Reihe saßen, polemisierten immer wieder heftig gegen uns.

M. H.: Sie, Herr Prof. Goldstücker, haben ja 1963 anläßlich einer Tagung, zumindest kurzfristig, den Bann der Partei über Franz Kafka brechen können. Heute sind in der Tschechoslowakei sowohl Kafka als auch Kisch verpönt, Bücher gibt es von beiden nicht zu kaufen.

E. G.: Der Fall Kafka ist anders zu sehen. Franz Kafka war zwar auch Jude, das wurde aber von offizieller Seite nie ausgesprochen. Was die Leute von der Parteiführung an Kafka am meisten gestört hat, war, glaube ich, seine dekadente, pessimistische Art zu schreiben. So ein Schriftsteller könnte die sozialistische Gesellschaft negativ beeinflussen und hat daher keinen Platz in diesem System. Ich war sehr erschüttert, daß Franz Kafka zu seinem hundertsten Geburtstag 1983 in der Tschechoslowakei total totgeschwiegen wurde. Ich habe darüber auch in einigen englischen und deutschen Zeitschriften geschrieben.

M. H.: Wenn Egon Erwin Kisch 1968 noch gelebt hätte, wäre er auch, so wie Sie, von der Vision überzeugt gewesen, daß es einen „Sozialismus mit menschlichem Antlitz" geben könnte?

E. G.: Ja, absolut. Egonek wäre einer unserer Mitkämpfer gewesen.

M. H.: Vielen Dank für das Gespräch.

Fußball, Beuschel und Nackt-Tänzerinnen

GESPRÄCH ZWISCHEN BILLY WILDER UND MICHAEL HOROWITZ IN BEVERLY HILLS, USA, FEBRUAR 1985

M. H.: Herr Wilder, in Österreich gelten Sie als „schwierig", man weiß, daß Sie hier in Ihrer Wohnung fast niemanden empfangen, vielen Dank, daß Sie mir sofort zugesagt haben —

B. W.: — selbstverständlich erzähle ich Ihnen über Kisch. Erstens hätte er sich gefreut, daß jemand die lange Reise von Wien hierher macht, um zu recherchieren, und zweitens war eine Biographie über Egon Erwin Kisch schon längst fällig.

M. H.: Sie selbst haben ja auch als Reporter begonnen. Stimmt es, daß Sie schon während Ihrer Mittelschulzeit für Zeitungen gearbeitet haben?

B. W.: Ich kannte einen Journalisten, der als „Rätselredakteur" bei der Wiener „Stunde" beschäftigt war. Für ihn habe ich Kreuzworträtsel „komponiert", das war der Beginn meiner Karriere als Journalist. Nach der Matura habe ich hauptsächlich Sport-Berichte geschrieben. Da mein Vater unbedingt wollte, daß ich Rechtsanwalt werde, habe ich dann die Wiener Universität besucht — allerdings nur einige Wochen. Später habe ich auch für die Zeitschrift „Die Bühne" gearbeitet. Bei der „Bühne" spezialisierte ich mich auf Interviews, für die Weihnachtsnummer des Jahres 1925 machte ich eine der damals beliebten Umfragen zum Thema „Die Gefahr des aufkeimenden Faschismus". An einem einzigen Tag interviewte ich Alfred Adler, Richard Strauss, Arthur Schnitzler und — fast — Sigmund Freud. Der hat mich allerdings hochkantig rausgeschmissen. 1926 bin ich dann nach Berlin übersiedelt —

M. H.: — dort haben Sie ja Kisch kennengelernt.

B. W.: Ja, ich habe ihn das erste Mal im legendären „Romanischen Café" gesehen. Man wußte, als Neuankömmling in Berlin muß man ins „Romanische" gehen, hier war der Treffpunkt der Intellektuellen. Und hier hatte Egon Erwin Kisch seinen Stammtisch. Er war damals schon sehr angesehen, sein Reportagenband „Der rasende Reporter" war gerade erschienen und ein Riesenerfolg. Ich war zwanzig Jahre jünger als er, als Journalist noch Anfänger, begann mich gerade zu rasieren, trotzdem wurden wir sofort Freunde. Er hat meine Manuskripte immer, bevor ich sie abgegeben habe, durchgelesen, und auch oft korrigiert. Und er verschaffte mir auch eine Wohnung in seinem Haus. Er wohnte im 3. Stock eines Zinshauses im „Bayrischen Viertel", in der Güntzelstraße 3. Durch Zufall erfuhr er von einem freien möblierten Zimmer, genau unter ihm, im 2. Stock. Ich habe ihn in seiner Wohnung oben sehr oft besucht, seine Frau, die Gisl, hat herrlich für uns gekocht. Aber vor allem haben wir in seiner Wohnung Fußball gespielt. Kisch war ja ganz verrückt nach Fußball. Zwischen zwei Sesseln war das Tor, ich mußte immer der Tormann sein, und mit einem alten, verschimmelten Tennis-Ball hat mir Egon immer „eingeschossen“.

M. H.: Warum sind Sie von Wien weg und nach Berlin gegangen?

B. W.: Ich wollte eigentlich nur für kurze Zeit nach Berlin fahren, ich hatte von einem Jazz-Konzert mit Paul Whiteman erfahren, ich wollte unbedingt darüber schreiben. Durch meinen Freund Kisch bin ich dann in Berlin geblieben, bin nie mehr nach Wien zurückgegangen. Berlin war damals eine Weltstadt, die Metropole Europas. Ich war fasziniert vom Leben dort. Gershwin spielte mit einer Big-Band, die Stadt war in einem Vergnügungstaumel, es gab hunderte Nachtlokale wie das „Eldorado“ oder die „Femina“, hier kam als erstes die Sache mit den Tischtelephonen auf. Es gab unzählige Kabaretts, in den traumvollen Villen am Stadtrand wurden exklusive, geheime Parties mit Nackt-Tänzerinnen und verbotenen Pokerpartien veranstaltet, all das hat mich als „jungen Frosch“ natürlich wahnsinnig beeindruckt.

M. H.: Sie haben Ihre journalistische Laufbahn in Berlin bei der „Nachtausgabe“ begonnen, aber sehr bald auch für seriöse Zeitschriften wie den „Börsenkurier“ und „Tempo“ geschrieben.

B. W.: Ich war damals ganz naiv, eine Jungfrau in diesem Beruf, gerade zwanzig Jahre alt geworden. Meine Manuskripte wurden immer unbarmherzig zusammengeschnitten — von den acht, zehn Seiten, die ich geschrieben hatte, erschien in der Zeitung dann meistens nur ein „Einspalter“. Ich hatte mit meinen Artikeln natürlich auch nicht viel verdient, mußte mir später, in den schlechteren Jahren, auch zeitweise Geld als „Eintänzer“ dazuverdienen...

M. H.: Und Kisch, war er damals schon bekannt und angesehen?

B. W.: Ja, natürlich. Er schrieb damals, Mitte der zwanziger Jahre, schon für mehrere Zeitungen, unternahm von Berlin aus seine großen Reisen. Seine größten Erfolge hatte er schon hinter sich: „Der rasende Reporter“ war schon erschienen, und den Spionagefall um Oberst Redl hatte er aufgedeckt. Egon Erwin Kisch hatte eine ganz neue Art von Journalismus geprägt: Seine Reportagen waren wie ein gutes Film-Drehbuch aufgebaut, waren „klassisch“ in drei Akte gegliedert, dem Leser wurde nie langweilig. Unter den alten Füchsen der Journalistik gab es allerdings damals schon Skeptiker. Man fragte sich, ob all die Geschichten wirklich so glatt gingen, Kisch wirklich so viel Reporterglück hatte. Jetzt, 60 Jahre später, glaube ich, daß Egon die Geschichten immer ein bißchen korrigiert hat, so wie wenn man jemandem Medizin gibt, die mit Schokolade überzogen ist.

Die Menschen lesen halt lieber etwas spannend Geschriebenes, auch wenn nicht alles ganz genau den Tatsachen entspricht, als die langweilige Wahrheit.
Die Italiener haben einen herrlichen Ausspruch, der auf Kisch zutrifft: „Si non é vero, e ben trovato!“

Ich jedenfalls nahm ihm damals alles ab, als knapp Zwanzigjähriger ist man noch gutgläubig. Ich habe seine Reportagen verschlungen, die meisten auswendig gelernt. Für mich war Egon Erwin Kisch der „Thomas Mann der Reportage". So wie ich später für meinen Beruf als Regisseur Ernst Lubitsch als Vorbild hatte, war es Kisch für mich als Journalist.

M. H.: Ist es richtig, daß Sie den „Fall Redl" verfilmen wollten?

B. W.: Ja, das war Ende der vierziger Jahre. Ich erinnere mich an den phantastischen Stoff und wollte Charles Laughton für den Oberst Redl haben. Weil er selbst homosexuell war, lehnte er ab. Den Burschen hätte Horst Buchholz gespielt, doch das Projekt zerschlug sich.

M. H.: Wenn Sie mit Ihrem Freund Kisch nicht gerade in seiner Wohnung Fußball spielten, oder im „Romanischen Café" waren –

B. W.: – da gab es ein herrliches Wiener Restaurant in Berlin, das hat „Mutzbauer" geheißen, dort ging ich sehr oft mit Kisch hin. Das Lokal war bekannt für seine Leberknödelsuppe, es gab Beuschel und herrliche Mehlspeisen. Das liebte Kisch, gutes Essen bedeutete ihm sehr viel. Wenn man weniger Geld hatte, ging man in eine der vielen „Volksküchen" oder in eine Bierstube, wo es diese für Berlin typischen „Buletten" gab.

Immer wenn Kisch ein größeres Honorar bekam, lud er mich in ein erstklassiges Restaurant ein, zu „Horcher" oder ins „Atelier".

M. H.: Wann sind Sie von Berlin nach Paris gegangen?

B. W.: Einen Tag nach dem Reichstagsbrand, im Februar 1933, verließ ich Berlin, emigrierte nach Paris. Hier war ich ungefähr ein Jahr, von Paris fuhr ich nach Amerika – im Jänner vor einem Jahr waren es genau 50 Jahre, seit ich in Hollywood lebe. Seit dem Reichstagsbrand war die Verbindung zu Egon Erwin Kisch unterbrochen, ich habe ihn leider nie wieder gesehen.

M. H.: Herr Wilder, vielen Dank für das Gespräch.

Acht Beiträge über Egon Erwin Kisch

Lehrstücke für jeden Journalisten — Egon Erwin Kisch als Vorbild

GERD BUCERIUS

MACHT IST IN VERRUF GERATEN. SO BESCHWÖREN ALLE, die an der Meinungsbildung beteiligt sind, sie könnten in Wahrheit nichts bewirken. Die am stärksten angegriffenen, die Rundfunkjournalisten, weisen es am energischsten zurück, jemals Wahlen beeinflußt, Minister gestürzt, Koalitionen verändert zu haben.

Ich halte das für Journalisten(selbst)beschimpfung. Kann ein Denkender existieren, ohne — jeder auf seine Weise — seine Umwelt verändern zu wollen? Zum Besseren — so, wie er es sieht? Ja, Ordensbrüder und Schwestern können es; sie, aber nur sie, führen das Leben als Selbst-Heiligung.

Egon Erwin Kisch hat sich nie der entweder resignierenden oder heuchlerischen Meinung hingegeben, er schreibe nur vor sich hin, zu seiner Freude und zum Vergnügen der Leser, die ihm dann seinen Lebensunterhalt garantieren. Kisch war Zeit seines Lebens ein politischer Journalist.

Doch erlag er einem anderen Irrtum. Er war gelangweilt, vielleicht sogar verschreckt durch die Publizistik seiner Zeit. Die großen Journalisten waren sich damals zu gut, einfach Beobachtungen zu registrieren. Der Leitartikel mußte her, um Lesern zu imponieren. Seit Kisch wissen wir: Das Schreiben über etwas ist wichtig. Die Dinge selbst sprechen zu lassen, ist wichtiger, weil es den Leser mehr trifft. Den Hunger so darzustellen, daß der Leser sich vor moralischen Schmerzen krümmt; das wirkt. Die Statistik des Hungers, das sind abstrakte Zahlen; sie interessieren nicht, oder ich vergesse sie über neuen Zahlen.

Freilich: Bevor sich die Journalisten besannen, mußte wohl die Soziologie uns beigebracht haben, daß weniger die Taten und Meinungen der Fürsten, Diktatoren und etwa der Geldleute die Geschichte bestimmen. Sondern das Verhalten der Menschen, deren Reaktion auf das ihnen von den „Mächtigen" bereitete Schicksal. Nicht der Verlauf des Krieges und seine Anlässe, sondern wie die Menschen waren, die nur noch den Krieg als Ausweg aus der Krise sahen, das war es, was seit etwa hundert Jahren die Menschen kennenlernen wollten. Da kam Egon Erwin Kisch gerade im richtigen Augenblick. Mit voller Wucht nutzte er die neue Erkenntnis, setzte sie in gesellschaftliche Wirkung um.

Nun sein Irrtum: Kisch meinte, man brauche nur die Tatsachen so zu schildern, „wie sie sind". Also einfach „mit Worten fotografieren". Lange Zeit hat man die Fotografie ja für eine exakte, objektive Beschreibung gehalten. „Ein Bild sagt mehr als tausend Worte"; den Slogan prägten die Gebrüder Ullstein für die „Berliner Illustrirte". Sicher — aber Bilder können lügen, schrecklich. Und ihre Lügen sind schwerer zu durchschauen als die der Worte.

Und kann ein Mensch „objektiv" sein? Kisch hat als Kommunist angefangen. Das politische Chaos, das um die Jahrhundertwende (Kisch war 15) aufzog, hatte ihn erschrocken. Das Wirtschaftschaos nach dem Ersten Weltkrieg hat ihn geprägt. Ganz Große, wie Arthur Koestler, Julius Hay, Alfred Kantorowicz — überhaupt viele der deutschen Intelligenz —, meinten damals: Nur eine staatlich geordnete Wirtschaft mit ihr entsprechender Politik, nur eine Abschaffung des Eigentums und damit des menschlichen Eigennutzes könne die Welt retten. Und ohne Zweifel hat Kisch die Welt aus dieser Anschauung heraus gesehen. Nicht umsonst hat uns aber Kant belehrt, daß wir selbst so Klares und Bestimmtes wie Raum und Zeit gar nicht selbst erkennen und bestimmen; die Vorstellung davon ist uns vielmehr von Natur mitgegeben. So mußte der Kommunist der frühen Jahre den Nutzen geplanter Wirtschaft „erkennen", die schrecklichen Fehler aber einfach nicht sehen. Den psychologischen Mechanismus, der das bewirkt, hat Koestler oft genug beschrieben.

Aber Kisch hatte die Welt zu leidenschaftlich ergriffen, als daß er nicht doch eines Tages, als der Kommunismus erwachsen war, man ihm also Fehler nicht mehr nachsehen konnte, seine bisherige Weltsicht zum Gegenstand seiner eigenen scharfen Beobachtung gemacht hätte.

Einige (Hay) hatten Stalins Schauprozesse noch als schlimme, aber unvermeidbare Reinigungen gesehen. Kisch hatte schon damals „verwirrte dunkle Klage". Bei Alfred Kantorowicz ist zu lesen, was Kisch im Spanischen Bürgerkrieg lernte: „Weh uns, wenn wir gesiegt haben."

Am Ende war Kisch, war der rasende Reporter, zuerst aufbegehrend, verzweifelt, dann milde, scheu. „Das ist ja gerade das Unglück", antwortete er, als man ihn trösten wollte, es sei doch vieles eingetreten, wofür er gekämpft hätte. — Es lohnt schon, den Weg dieses Mannes nachzuzeichnen. Und er hat Anspruch, daß wir seine journalistischen Methoden anerkennen als das, was sie sind: Lehrstücke für jeden Journalismus einer jeden Zeit.

Die Entdeckung eines Autors

MAX VON DER GRÜN

ORT UND ZEIT SIND MIR NOCH GENAU IN ERINNERUNG: ES war 1945 in einem Kriegsgefangenenlager in Monroe in Louisiana, im Süden der USA, als ich zum ersten Mal ein Buch von Egon Erwin Kisch in die Finger bekam.

Das Buch hieß: „Der rasende Reporter". Es war eine alte deutsche Ausgabe vom Jahre 1925, zerlesen, vergilbt, manche Seiten waren so zerfleddert, daß ich Mühe hatte, den Text zu entziffern.

Ich hatte für mich einen deutschsprachigen Autor entdeckt, der mich bis heute nicht mehr losließ. Sternstunden nennt man das wohl.

Ich habe damals das Buch zweimal hintereinander gelesen, so gepackt war ich von den Reportagen, ich brachte kaum Sinn auf für das, was um mich herum passierte, und immer wieder, wenn ich Mitgefangene auf das Buch und auf den Autor ansprach, stieß ich auf Schulterzucken, Gegenfragen; niemand kannte diesen Kisch; dabei gab es im Camp viele belesene Männer.

Ich hätte mich nicht zu wundern brauchen, warum andere den Namen nicht einmal kannten; später erfuhr ich, daß Kisch zu den verbotenen und verbrannten Dichtern gehörte, von den Nazis gehaßt und verfolgt. Aber das erfuhr ich erst viele Jahre später. Ich habe damals nach weiteren Büchern geforscht, aber Fehlanzeige, in Amerika blieb mir nur das genannte treu.

Der Name ging mir nicht mehr aus dem Gedächtnis, ich verliebte mich fast in den Titel „Der rasende Reporter"; es entstand bei mir die Vorstellung, alle Reporter müßten rasende sein.

Aber damals spürte ich schon, was ich später, als ich den ganzen Kisch gelesen hatte, erkannte: daß die Bezeichnung nicht zutreffen konnte, denn Kisch hat die Reportage zu mehr gemacht als nur Widerspiegelung von Fakten, er war nicht neutral, er hatte zum Geschilderten eine Meinung, er wertete, er nahm Partei, und das auch schon, bevor er Kommunist geworden ist.

Ich habe dieses alte, zerfledderte Buch mit nach Deutschland genommen bei meiner Entlassung, es steht heute noch in dem Regal, in das ich alle jene Bücher gestellt habe, die ich immer wieder in die Hand nehme, um darin zu lesen und die — um dennoch den abgegriffenen Begriff noch einmal in den Mund zu nehmen — Meilensteine meiner späteren Entwicklung wurden.

In das zerstörte Deutschland 1948 zurückgekehrt, machte ich mich auf die Suche nach dem Autor Kisch, nach Kischs Büchern. Fehlanzeige.

Die Nazis hatten gründliche Arbeit geleistet, sie hatten seine Bücher aus den Bibliotheken entfernt, die neuen Demokraten hatten ihn noch nicht wieder eingestellt. Auch wenn sie gewollt hätten: Er wurde ja nicht verlegt in dieser jungen Bundesrepublik Deutschland; und dann: War dieser Mensch nicht Kommunist? Nein, einen Kommunisten darf man nicht so schnell einem breiteren Publikum zugänglich machen. Das hat angehalten bis in die siebziger Jahre, und es ist gewiß kein Ruhmesblatt in der deutschen Verlagslandschaft, daß, bis auf wenige Ausnahmen — Einzelausgaben —, Kisch nicht gedruckt wurde, Kisch bis heute weitgehend unbekannt ist, Studenten im zehnten Semester Germanistik oder Publizistik den Namen Kisch noch nicht gehört haben.

Ich habe mir später den Kisch aus der DDR besorgt, auch antiquarisch einige Ausgaben in der ČSSR.

Ich frage mich heute noch, warum Kisch so total von unseren Verlegern vergessen werden konnte: War es Dummheit, kalter Krieg, Antikommunismus — oder hatte das Dritte Reich durch Herrn Goebbels tatsächlich so gründlich gearbeitet, daß ein bedeutender deutscher Autor vergessen werden konnte. Dann muß ich entgegenhalten, andere verbotene und verbrannte Autoren wurden ja auch wieder gedruckt.

Wer allerdings sprachenkundig war, konnte sich den Kisch in Italien, Frankreich oder Großbritannien besorgen; Kisch gehörte und gehört in diesen Ländern zu den vielgelesenen Autoren Deutschlands. Komisch, nur die Bundesdeutschen kennen ihn nicht.

Kisch ist, wie Zweig, wie Balzac, mir Geschichtslehrer geworden, ich will damit sagen: Kisch hat mir das vermittelt, was man nicht in Geschichtsbüchern liest, was Historiker verschweigen.

Kisch war ein Mann, der sich in der Geschichte und in der Zeitgeschichte auskannte, der, einmal eine Spur gewittert und aufgenommen, sie bis zum Ziel verfolgt hat. Sicherlich, manches liest sich heute wie Konfektion, aber es hat nichts von seiner Spannung und vielleicht auch von seiner Aktualität eingebüßt. Beispiel dafür ist für mich sein Bericht über Karl May. Immerhin gehörte Karl May für mich zu den Abenteuerschriftstellern, denen man einfach nicht aus dem Wege gehen konnte.

Kisch, der Unrastige, Sucher und Kämpfer, schildert mit wenigen Sätzen Ereignisse und Menschen, die im Gedächtnis haften bleiben, und nach der Lektüre habe ich mir immer gesagt: Ich hätte dabei sein mögen. Vor allem auf dem „Weg zu den Antipoden“.

Kisch wurde von den Nazis gehaßt wie kein zweiter, denn Kisch hatte die Politik der Nazis durchschaut. Er war einer der verbittertsten Antifaschisten. Viele Schauplätze, die Kisch beschrieb, habe ich in den zurückliegenden Jahren selbst besucht, wie etwa „Das Fuchsloch des Herrn Balzac“ in Paris und die Festung „Boullion“ in Belgien; ich war stets überrascht, wie und wie intensiv Kisch alte Gemäuer zum Sprechen bringen konne, wie plötzlich ein Haus, eine Festung für mich Bedeutung bekamen; aber das bestätigt eigentlich nur, was ich schon sagte: Kisch schrieb Geschichte, wie sie niemals in Schulen gelehrt wurde und wird. Ich rate heute, wenn sich die Gelegenheit dazu bietet, jungen Menschen, Kisch zu lesen, denn durch ihn würden sie das verlieren, was sie dem schulischen Geschichtsunterricht entgegensetzen: Gleichgültigkeit, Ablehnung. Viele junge Leute haben mir das bestätigt, daß sie durch Kisch überhaupt erst begriffen haben, was Geschichte ist: nichts Abstraktes, sondern etwas Sinnliches. Das mag am Stil dieses großen Reporters liegen, vor allem, weil eine fast kriminalistische Methode Ungeübte zum Weiterlesen zwingt.

Es ist, genaugenommen, seine Sprache, und wie er sich selbst einordnet: Er will Dolmetscher sein. Was sich bei ihm flüssig lesen läßt, dahinter steckt eine enorme Arbeit an der Sprache, mit der Sprache. In Prag habe ich einmal Manuskripte Kischs einsehen dürfen, ich begriff, wie dieser Mann gefeilt hat, kein Satz ist einfach so hingeschrieben, kein Wort aus dem Ärmel geschüttelt, alles hat erst seinen endgültigen und gültigen Platz gefunden nach mühevoller Abwägung der Form. Da war ein Besessener am Werk.

Wenn man das erst einmal begriffen hat, ist man bereit zu glauben, was er über Luthers Brief vom Dolmetschen schrieb: „Dieser Brief ist als Bekenntnis zur Schwierigkeit des schriftstellerischen Schaffens, zur Suche nach dem Ausdruck und zu Helligkeit der Sprachenbehandlung und des Sprachgefühls eines der wichtigsten Dokumente allen Schrifttums."

Welch ein Respekt vor Luther, welch eine Respektlosigkeit vor Goethe.

So wie Goethe sich Gedanken machte über den Krieg bei der Kanonade von Valmy, so machte sich Kisch Gedanken über Goethe, der während der Schlacht von Valmy nur daran interessiert war, woher er guten Wein beziehen könnte, erlesene Liqueure, vom Sterben an der Front nichts sah; aber Kisch sah das Sterben an der Westfront im Ersten Weltkrieg, und er war böse auf den großen Deutschen. Kisch schrieb: „Damals, als jemand äußerte, Goethes geschickte Feder werde das Wesen des Krieges darstellen und aufklären, erwiderte ein alter Soldat: ‚Glaubt es nicht, er ist viel zu klug! Was er schreiben dürfte, mag er nicht schreiben, was er schreiben möchte, wird er nicht schreiben.' Ja, Goethe war so klug, deshalb ist er, der nicht Deutschlands bester Lyriker, der ein geschraubter Prosaschriftsteller, ein oft schwacher Dramatiker, ein mittelmäßiger Gelehrter, ein mustergültiger Untertan, ein kriecherischer Fürstendiener und ein eigensüchtiger, neidischer Mensch war, zum Idol des deutschen Volkes ernannt worden."

Ein härteres Urteil über Goethe habe ich noch nirgendwo gelesen, und als ich es zum erstenmal gelesen habe, blieb mir die Luft weg: Da hat einer ein Nationaldenkmal umgestoßen.

Nicht nur die Nazis haben Kisch gehaßt, auch das gute Bürgertum, die Goethebüsten auf Konsolen stehen und Goethebilder an der Wand hängen haben.

Durch Kisch habe ich gelernt, hinter scheinbar Unbedeutendem Bedeutsames zu entdecken, nichts vom Tisch zu fegen, sondern es zu prüfen: Hinter allem steht ein

Mensch, steht ein Schicksal, nichts ist nebensächlich, man muß sich nur mühen, einen Zugang zu finden.

Wie dieser Mann im Nebensächlichsten, kaum der Erwähnung Werten, plötzlich aufhorcht, die Nase in die Luft hebt und dann beginnt, sich für diese Nebensache zu interessieren, der lese nur seine Darstellung von der größten Spionageaffäre Österreichs vor dem Ersten Weltkrieg: der Fall Redl.

Nur weil der Halblinke (halfleft) nicht zum Fußballspiel erschienen war, hat sich Kisch (verständlich, er spielte ja in dessen Mannschaft) maßlos über den Kerl geärgert, und als sich dann am Montag der Halblinke bei ihm entschuldigen will für sein Fehlen, donnert ihn Kisch zusammen, aber der Mann redet weiter, und plötzlich begreift Kisch, daß da was nicht in Ordnung war, der Mann schuldlos, und er spürt sofort, daß der unzuverlässige Halblinke ihn ungewollt zu einem Abgrund geführt hat, heute könnten wir sagen „ein Abgrund an Landesverrat".

Die k. u. k. Monarchie kracht in ihren Grundfesten, Kisch hat das Krachen hörbar gemacht für jene, die glaubten, die Welt wäre noch in Ordnung.

Als sein Bericht publiziert wurde, erschrak nicht nur Österreich, nein Europa, der Weltkrieg stand vor der Tür.

Mein Gott, wie oft habe ich diese Geschichte gelesen, wie oft werde ich sie noch lesen, wie oft habe ich das „Kriminalistische Reisebuch" gelesen, wie oft werde ich es noch lesen, wie oft habe ich jungen Menschen Kisch empfohlen, wie oft werde ich ihn noch empfehlen. Kisch war einer der ersten, die vor Hitler warnten, der schon 1933 in der Tschechoslowakei berichtete, zu was diese zur Hilfspolizei avancierte SA fähig ist, schließlich war er auch einige Wochen in den Kellern Berlins gefangengehalten worden, und erst die Intervention der tschechischen Regierung brachte seine Freilassung. Das Naziregime konnte es sich damals noch nicht leisten, die Stimmen fremder Regierungen zu ignorieren.

Wenn man seinen Lebensweg verfolgt, so sieht man ihn immer nur reisend, agitierend, argumentierend, er rüttelt Kollegen wach, die vor den Nazis wie gelähmt unfähig geworden waren, auch nur ein Wort zu sagen, zu sprechen; in keiner Stunde seines Lebens wurde er müde, gegen Faschismus, für Humanität zu kämpfen.

Ich habe viel von Kisch gelernt, daß man, wenn man etwas vermitteln will, auch unterhaltsam schreiben müsse, und ich bediene mich immer eines Satzes von ihm, wenn ich auf Fragen von Schülern oder Studenten antworten muß, was Literatur eigentlich ist: „Literatur ist die Vermittlung von Erfahrungen — für andere."

Wenn man älter wird, stellt man sich immer öfter die Frage: Wer hat eigentlich mitgeholfen, so zu werden, wie man heute ist, geworden ist: Da war mein Großvater, meine Mutter, eine einfache Frau, die mir nie das Lesen verbot, nur stets Sorge hatte, Bücher könnten mich „verderben"; und da sind natürlich die Bücher — tausende? —, die man gelesen hat, und aus der Unzahl ragen wenige heraus, die man am liebsten den ganzen Tag mit sich herumtragen möchte, wie etwa Tucholsky — und natürlich Kisch.

Im Nazideutschland ein Verfemter, im demokratischen Deutschland ein Vergessener, Schicksal eines großen Deutschen, für den ich nur hoffen kann, daß ihn eine heranwachsende Generation wiederentdecken wird; ihn nicht zu kennen bedeutet auch einen großen menschlichen Verlust.

Kisch gegen Kisch

HANS KRONBERGER

AM 12. NOVEMBER 1918, DEM TAG DER AUSRUFUNG DER REPUblik Deutsch-Österreich, wurde das Redaktionsgebäude des einzigen Wiener Blattes von Weltformat, der „Neuen Freien Presse", besetzt. Über die (Übel)täter sind sich die ungezählten Geschichts- und Geschichtenschreiber, die den Vorfall chronisiert haben, einig. Egon Erwin Kisch und seine „Rotgardisten" sollen es gewesen sein. Auch Karl Kraus ließ es sich nicht nehmen, seinen „Erzfeind" der Tat zu bezichtigen. Eindeutig auf Kisch gemünzt ist der Satz in der „Fackel" vom 25. Jänner 1919: „Ach, wenn der ‚Neuen Freien Presse' und allem Gelichter unserer Nacht nichts anderes widerfährt, als daß es Opfer des Putsches von Feuilletonisten wird, die selbst diesen Beruf verfehlt haben und auf dem Umweg über die Rote Garde in die Redaktion kommen möchten."

Doch nicht die Tatsache der Besetzung des Großbürgerblattes, sondern ein angebliches familiäres Zusammentreffen im Redaktionsgebäude in der Wiener Fichtegasse Nr. 11 machte den Vorfall überliefernswert. Demnach soll sich an dem besagten 12. November folgendes abgespielt haben: Um sechzehn Uhr vierzig überrannte ein Trupp wild gewordener Soldaten mit aufgepflanzten Bajonetten auf den Gewehren und roten Kokarden auf den Mützen den Torposten des Pressehauses. Allen voran stürmte Egon Erwin Kisch die Treppe zur Chefredaktion hinauf, wo man Moriz Benedikt, den sowohl publizistisch als körperlich gewichtigen Herausgeber des Blattes, vermutete. Doch vor der Tür zum Allerheiligsten stellte sich den Rotgardisten ein Mann entgegen, der deren Anführer verblüffend ähnlich sah. „Egon, was machst du denn da?" fragte Paul Kisch, seit zwei Wochen Wirtschaftsredakteur der ‚Neuen Freien Presse', den jüngeren Bruder. „Im Namen der Revolution, die ‚Neue Freie Presse' ist besetzt, gib den Weg frei", keuchte Egon. „Nur über meine Leiche", konterte Paul trocken. Egon — in Zugzwang geraten — setzte Paul die Pistole an die Brust: „Auch wenn du mein Bruder bist..." „Schon gut", lenkte Paul ein, ich weiche der Gewalt, aber der Mutter zu Hause erzähl' ich's, dann kannst du was erleben." Diese wohl berühmteste Kisch-Anekdote gibt zwar tiefen Einblick in Kischs Familienleben, ihr historischer Wahrheitsgehalt ist allerdings mit viel Vorsicht zu betrachten.

Will man eine verbürgte Begebenheit, so muß man sich an eine andere Anekdote halten, die ebenfalls in den stürmischen Novembertagen des Jahres 1918 spielt. Als die Mutter nur aus Zeitungsmeldungen, die noch dazu das Schlimmste befürchten ließen, Nachrichten über ihren geliebten Egonek erhielt, wandte sie sich in einem besorgten Brief an Paul. Pauls telegrafische Antwort war kurz und klar: „Egonek körperlich gesund!"

Doch zurück zum angeblichen Husarenstück des revolutionären Reporters, der versucht haben soll, seine publizistische Karriere mit der Waffe in der Hand zu forcieren. Die Begebenheit in der „Neuen Freien Presse“ gilt nicht nur in zahlreichen Publikationen als historische Tatsache, sondern auch als Ausgangspunkt für viele Kisch-Interpretationen. Entsprechend ergiebig erscheint auch die Antwort auf die Frage: Was geschah an diesem 12. November 1918 wirklich in Wien?

Bereits am 11. November 1918 waren dem Unterstaatssekretär für Heerwesen, Dr. Julius Deutsch, Gerüchte zu Ohren gekommen, denen zufolge die Kommunistische Partei gemeinsam mit dem Volkswehrbataillon 40, so hieß die Rote Garde offiziell, für den 12. November während der Ausrufung der Republik einen Putsch plane. Deutsch begab sich daraufhin in die Stiftskaserne zu den Rotgardisten, um diesen einen Putsch auszureden. Kisch versicherte Deutsch, daß zwar Mitglieder der Kommunistischen Partei versucht hätten, die Rotgardisten aufzustacheln, diese jedoch einen Putsch entschieden ablehnten. Deutsch vertraute den Worten Kischs nicht so recht und verbot den Rotgardisten kurzerhand den Aufmarsch für den nächsten Tag.

Bei der Roten Garde, die zwar formell der Volkswehr und somit dem Befehl Deutschs unterstand, überwog das Selbstbewußtsein den militärischen Gehorsam. Bei einem so wichtigen Anlaß wie der Ausrufung der Republik würden sie selbstverständlich nicht unter Kasernenarrest bleiben, sondern vor dem Parlament ein Spalier bilden; immerhin hatten auch sie ihren Teil zur Entstehung dieser Republik beigetragen, argumentierten die Rotgardisten. Die realen Kräfteverhältnisse waren nun nicht so — immerhin besaßen die Rotgardisten auch Maschinengewehre —, daß Julius Deutsch seinen Befehl mit Gewalt durchsetzen hätte können. So gab er sich mit Kischs Ehrenwort als Soldat zufrieden, daß die Rotgardisten auf Mitnahme von Munition verzichten würden.

Am nächsten Tag, kurz vor dem Aufmarsch, kontrollierten vor dem Kasernentor Oberleutnant Kisch und Leutnant Waller das Munitionsverbot der ausrückenden Soldaten. Zwei anwesenden Abgeordneten gab Kisch zusätzlich sein Ehrenwort, sich zu keinerlei putschistischen Handlungen hinreißen zu lassen, dann marschierte die Rote Garde zum Parlament. Was dort geschah, überliefert der Polizeibericht: „Ungefähr um zwei Uhr nachmittags kamen die organisierten sozialdemokratischen Arbeiter, die sich von ihren Wohnbezirken bezirksweise zum Schwarzenbergplatz begeben und dort gesammelt hatten, über den Ring zum Parlamente gezogen. Zugleich marschierten von der Stiftskaserne sechs Züge der Roten Garde (Volkswehr) zum Parlamente und nahmen unmittelbar unter der Parlamentsrampe Aufstellung. Um zirka vier Uhr sollte, während einer Ansprache des Präsidenten Dinghofer, über Befehl des Staatsrates vor dem Parlament die rot-weiß-rote Fahne aufgezogen werden. Hierbei wurde jedoch von den roten Garden der weiße Teil des Fahnentuches weggerissen und der übrigbleibende rote Teil der Fahne aufgezogen... Nach einer Ansprache des Präsidenten Seitz nun entwickelte ein Redner der kommunistischen Partei (Karl Steinhardt, H. K.), der den Parlamentsbrunnen bestiegen hatte, sein kommunistisches Programm, worauf ein sozialdemokratischer Gesangsverein ein Lied anstimmte. Ein Teil des Publikums wollte jedoch den kommunistischen Redner weiterhören. Während der Fortsetzung der Rede begann das Abfluten der Menge. Diese war im vollen Gange, als plötzlich auf der Rampe eine Aufregung entstand. Ein Menschenstrom, darunter Rote Gardisten, wollte eindringen, angeblich um eine radikale Resolution dem Staatsrate zur Kenntnis zu bringen... Ein Teil der roten Gardisten nahm Bajonett auf und wollte ins Parlament eindringen und hieben mit dem Gewehrkolben gegen die Tür. Die Parteigenossen Dr. Deutschs wollten das Eindringen der roten Gardisten verhindern und schlossen die Tore. Die Gardisten schlugen nun ein Fenster ein, und ein roter Gardist hob den Kolben gegen den Adjutanten des Dr. Deutsch, doch fing Dr. Deutsch den Hieb mit dem Arm auf. Präsident Seitz suchte die roten Gardisten zurückzudrängen und sprach beschwichtigend auf sie ein. In diesem Moment fiel ein Schuß, und gleich darauf wurden die Rollbalken des Fensters heruntergelassen. Die Rote Garde behauptet nun, daß auf sie vom Parlamente aus geschossen worden sei, und zwar mit einem Maschinengewehr, welche Behauptung aber nicht zutrifft; diese Annahme ist vielmehr auf das Herablassen des Rollbalkens zurückzuführen. Hierauf eröffnete die Rote Garde ein Gewehrfeuer, zum Teile in die Luft, zum Teile gegen das Parlament; infolge der Schießerei entstand eine große Panik."

Über Kischs Rolle bei diesen Tumulten schreibt das Organ der „Föderation Revolutionärer Sozialisten Internationale", „Der Freie Arbeiter", am 16. November 1918: „Als nach den ersten aus dem Parlament abgegebenen Schüssen Tumultszenen begannen, sammelte der Kommandant die Rote Garde, und sie marschierte in geschlossenem Zuge durch die Stadiongasse über die Lastenstraße zur Stiftskaserne, wo sie hinter sich die Tore schloß." Allerdings gibt man zu, es sei „keinesfalls ausgeschlossen, daß sich Soldaten von der Erregung der Massen zu einer selbständigen Handlung oder zum Gebrauch der Feuerwaffe hinreißen ließen. Vor dem Parlament gab es zwei Tote. Ein älterer Mann und ein Kind wurden zu Tode getrampelt".

Eine genaue Zeitangabe der Schüsse befindet sich in den stenografischen Protokollen der dritten Sitzung der provisorischen Nationalversammlung, die gleichzeitig im Parlament tagte. Die Sitzung begann um drei Uhr zehn und wurde um drei Uhr fünfundfünfzig Minuten unterbrochen. Während der darauffolgenden Pause wurden vor dem Parlament die erwähnten Reden gehalten. „Wiederaufnahme der Sitzung um vier Uhr fünfunddreißig Minuten (Rufe: Es wird hereingeschossen! Lebhafte Bewegung). Präsident Dr. Dinghofer: „Ich erkläre die Sitzung für unterbrochen". Der Parlamentsstenograf liefert damit eine minutengenaue Zeitangabe der Schüsse. Die Anwesenheit Kischs zu diesem Zeitpunkt vor dem Parlament wird mehrfach dokumentiert.

Spätestens zum Zeitpunkt der Schüsse war jedoch die „Neue Freie Presse“ bereits besetzt. Kisch war nicht nur nicht der Anführer der Besetzer der „Neuen Freien Presse“, er war nicht einmal Zuseher oder Statist dieser „dummen Operette“, wie Friedrich Adler die Besetzung nannte.

Der Hornist der Roten Garde, Franz Fiala, beschreibt im kommunistischen Organ „Rote Fahne“ die Ereignisse aus seiner Sicht. Er berichtet, wie er sich am Herausschneiden des weißes Fahnenteils beteiligte und sich dann wieder in das Spalier einreihte. „Ich kehrte zu meiner Abteilung zurück und hörte gerade den Befehl ‚Abteilung rechts um, Laufschritt marsch!‘. So ging es bis zur Fichtegasse. Wir bildeten eine Schwarmlinie, und unter dem Kommando ‚Sturm!‘ rückten wir vor, sahen uns einem starken Polizeikordon gegenüber, der uns die Waffen übergab. Einige Polizisten, die flüchten wollten, holten wir zurück und entwaffneten sie. Wir besetzten die ‚Neue Freie Presse‘, verschanzten uns hinter einigen Papierballen. In der Druckerei trafen wir bereits eine Abteilung Deutschmeister unter der Führung des Leutnants Hoffmann, die am Balkon der ‚Neuen Freien Presse‘ bereits Maschinengewehre aufgestellt hatten. In der Setzerei arbeiteten bereits einige Genossen an der Herstellung einer Extraausgabe. Plötzlich hörten wir Schüsse aus der Richtung des Parlaments. Wir glaubten, vor dem Parlament finden Kämpfe statt, der Staatsrat sei verhaftet und geflohen.“ Nach Fialas Bericht war es also nur ein kleiner Teil der Roten Garde, der die „Neue Freie Presse“ erstürmte, und auch sie waren nicht die ersten. Die ersten Besetzer waren Soldaten des Infanterieregiments 4 (die berühmten Hoch- und Deutschmeister) unter der Führung von Lux und Hoffmann, die neben den Rotgardisten Osternig und Koniakowsky für zwei Flugblätter, die in der Druckerei der „Neuen Freien Presse“ hergestellt wurden, verantwortlich zeichneten. Das erste Flugblatt, es wurde von den Revolutionären als Sonderausgabe der „Neuen Freien Presse“ tituliert, klang noch recht optimistisch: „Neue Freie Presse. Sonderausgabe, Nr. 19475. Wien, Dienstag, den 12. November, 6 Uhr nm. 1918. Besetzung des Redaktionsgebäudes der ‚Neuen Freien Presse‘ durch die ‚Rote Garde‘, vor dem Parlamentsgebäude wurde heute nachmittag die soziale Republik ausgerufen. Die rot-weiß-rote Fahne, die vorher vom Staatsrat gehißt worden war, wurde von den Roten Garden mit Zustimmung der Arbeiterschaft heruntergerissen und die rote Fahne aufgezogen. In Ausführung eines Beschlusses der Kommunistischen Partei wurde heute nachmittag das Redaktionsgebäude der ‚Neuen Freien Presse‘ durch Volkswehr und Rote Garden besetzt. Die ‚Neue Freie Presse‘ wird bis auf weiteres unter der Kontrolle kommunistischer Redakteure erscheinen. Für vollkommene Ruhe wird verbürgt. Die Gerüchte, daß die Rote Garde an der Schießerei beim Parlament, welche furchtbare Panik hervorgerufen hat, teilgenommen hätte, sind vollkommen erlogen. Es wurde aus dem Parlament blind geschossen. Osternig, Koniakowsky, Rote Garde; Hoffmann, Lux, Infanterieregiment 2.“

Gegen acht Uhr abends merkten die Besetzer, daß ihr Unternehmen gescheitert war; sie druckten eine zweite Sonderausgabe. Darin behaupteten sie, nur eine Enteignungsdemonstration durchgeführt zu haben, um den Arbeitern und Soldaten Wiens zu zeigen, daß es nur an ihnen läge, die ganze politische und wirtschaftliche Macht sofort in ihre Hände zu nehmen. Damit fiel auch der Vorhang hinter der Operette, und die Besetzer kehrten friedlich nach Hause oder in ihre Kaserne zurück. Aus den Erhebungen des Polizeikommissärs Dr. Heinrich Veigl, einen Tag nach den Unruhen, geht hervor, daß als Zivilpersonen der Kommunistenführer Karl Steinhardt und Elfriede Eisler-Friedländer (eine Schwester des Komponisten Hans Eisler) an der Besetzung teilgenommen hatten. Der Student Erich Osternig, Leutnant der Roten Garde, gab dem Kommissär zu Protokoll, er sei von der Redaktion in die Stiftskaserne gefahren, um dort die Menage für die in der „Neuen Freien Presse“ anwesenden Militärpersonen zu holen, und sei dort auf Kisch gestoßen, der ihn über die Vorfälle vor dem Parlament informierte. Sämtliche Aussagen der übrigen polizeilich Einvernommenen decken sich darin, daß weder Egon Erwin noch Paul Kisch zum Zeitpunkt der Besetzung in der „Neuen Freien Presse“ anwesend waren. Daher war er auch von den Sanktionen nicht betroffen. Gegen Elfriede Eisler-Friedländer und Karl Steinhardt wurde ein Strafverfahren wegen Hausfriedensbruches eingeleitet, das allerdings später eingestellt wurde. Die Leutnants Osternig und Koniakowsky wurden wegen Eigenmächtigkeiten, begangen bei der Besetzung der „Neuen Freien Presse“ aus der Roten Garde ausgeschlossen.

Wenn Kisch noch lebte…

PETER MICHAEL LINGENS

EGON ERWIN KISCH HATTE ES LEICHT. ER LEBTE IN GROSSEN Zeiten. Er besaß eine Ideologie, die ihm ermöglichte, die Welt in Gut und Böse einzuteilen. Er schrieb über Räume, deren Geschichte und Kultur er kannte. Und Mut bestand schon darin, überhaupt zu schreiben.

Heute bedarf es, im Gegensatz zu einer weitverbreiteten Meinung, im Journalismus selten des Mutes. Es sei denn, vielleicht des rein physischen: sich dem Kugelhagel an einer Front auszusetzen. Aber das ist kein größerer Mut als der des Autorennfahrers, der für viel Geld einen Tod riskiert, den er unterbewußt wahrscheinlich herbeisehnt.

Selbst diesen physischen Mut bringen täglich Hunderte von Journalisten auf. Ohne daß er ihre Berichte zu Ereignissen machte. Der Mut, Mißstände aufzuzeigen dagegen, wie er Egon Erwin Kisch auszeichnete, ist keiner mehr: Der Journalist mag mit großer Mühe irgendwo Unterprivilegierte aufspüren, Bergbauern etwa, und mag auf erschütternde Weise ihr Schicksal beschreiben — die Regierung wird eine Enquete zu Bergbauernfragen veranstalten und ihn als Referenten einladen.

Der Kampf mit der in den Augen Kischs so übermächtigen Industrie wird in neun von zehn Fällen von den Medien für sich entschieden: Wenn Österreichs größte Tageszeitung einen bestimmten Kraftwerksbau nicht will, kommt er zu Fall.

Aber auch einzelne Journalisten, Außenseiter im Kampf mit einer ganzen Branche, setzen sich durch: Meine Kollegen Langbein, Martin und Weiss begannen ihre berühmt gewordenen Recherchen gegen die Pharmaindustrie im Rahmen des staatlichen österreichischen Rundfunks.

Natürlich gab es nach der Sendung Probleme. Natürlich drohte die Pharmaindustrie mit Millionenklagen. Natürlich versuchte die verängstigte Rundfunkführung, Druck auf die Journalisten auszuüben.

Aber sämtliche Zeitungen des Landes berichten über diesen Druck und erzeugen damit ausreichenden Gegendruck. Und als Langbein und Co. ihre nächsten Recherchen präsentierten, rissen sich die sogenannten bürgerlichen Zeitungen darum, Erstabdrucke zu erhalten. In der Bundesrepublik der „Spiegel“, der „Stern“, die „Bunte“. In Österreich die „Kronen Zeitung“, der „Kurier“ oder „profil“.

„Bittere Pillen“ wird im Renommierverlag Kiepenheuer und Witsch verlegt. So wie die „Unbequemen Reportagen“ Günter Wallraffs. Beides sind Bestseller.

In Österreich etwa hat die Zeitschrift „profil“ den sogenannten AKH-Skandal aufgedeckt: Umfangreiche Manipulationen beim Bau des größten österreichischen Krankenhauses.

Der ehemalige Generaldirektor von ITT Österreich wurde vor Gericht gestellt.

Er war zugleich Präsident der Industriellenvereinigung. Die Industriellenvereinigung ist — letztlich — der Mehrheitseigentümer des „profil".

Der Mann, der den Skandal aufdeckte, wurde Gemeinderat der ÖVP. Natürlich hatte er ein paar harte Tage durchzustehen. Natürlich hatte ich, als Herausgeber, ein paar harte Tage durchzustehen. Aber selbst, wenn es uns nicht gelungen wäre, den gerichtlichen Nachweis dessen zu führen, was wir behauptet hatten, hätte man uns wahrscheinlich nicht einmal zum Rücktritt gezwungen. Ich hätte diesen Rücktritt aus persönlichem Ehrgefühl heraus, dennoch vornehmen können. Mit dem Risiko, hochbezahlter Kolumnist in meiner früheren oder einer anderen Zeitschrift zu werden.

Nicht einmal ein Herausgeber, der gefälschte Hitler-Tagebücher ins Blatt rückt, verliert den Kopf.

Journalisten, die behaupten, es bedürfte in diesen Tagen des Mutes, Mißstände aufzuzeigen, Berichte gegen den Druck des Establishments zum Abdruck zu bringen, lügen. Die Stellung des Mißstände aufzeigenden Außenseiters ist eine der komfortabelsten, die unsere Gesellschaft bereithält.

Das Problem ist eher ein umgekehrtes. Bei Zusatzrecherchen, die unsere Zeitschrift zu jenem Pharma-Report gepflogen hat, hat sich gezeigt, daß manche Fragen zumindest um einiges komplexer waren, als sie dargestellt wurden. Im wesentlichen ging es darum, daß die Pharmaindustrie direkte Zuwendungen an Ärzte und Krankenstationen macht. Ziemlich viele Ärzte stecken diese Gelder tatsächlich in die eigene Tasche. Aber andere verwenden sie auf Heller und Pfennig für die Kranken. Ich habe einen der so Angegriffenen kennengelernt, und er führte mich durch den Turnsaal, den er auf diese Weise für seine rheumatischen Patienten finanzieren konnte. Für jeden Schilling, den er erhalten hatte, wies er eine Rechnung vor.

Trotzdem stand dieser Arzt in einer Reihe mit anderen, die mit demselben Geld an die Riviera gefahren waren. Als ich ihn fragte, warum er sich nicht wehre, meinte er, er sei doch letztlich chancenlos. Die reine Tatsachenfeststellung, daß er das Geld erhalten hätte, sei richtig, der Haut-Gout nur zwischen den Zeilen aufzufinden. Und selbst wenn das Gericht ihm nach monatelangen Verhandlungen recht gäbe, ginge die Rechnung zu seinen Ungunsten aus: Die Zeitungen hätten anläßlich des Prozesses breit über die gegen ihn erhobenen Vorwürfe berichtet — und dann winzig über den Prozeßausgang zu seinen Gunsten. Die Autoren hätten eine Strafe von vielleicht 30.000 Schilling riskiert, die vom „profil", in dem der Artikel erschien, bezahlt worden wäre. Steuerabzugsfähig.

Ich habe diesen Arzt damals trotzdem für ungeschickt, vielleicht sogar für feige gehalten. Aber als ich kürzlich in eine ähnliche Situation geriet, habe ich ganz genau so reagiert: Ein ehemaliger Kollege hatte in einem Text behauptet, ich behindere die kritische Berichterstattung über einen bekannten Wiener Architekten, weil er mir mein Haus umgebaut hätte.

Kein Wort daran war wahr. Der Gegenbeweis war aus den Bauunterlagen problemlos zu führen. Und die Berichterstattung des „profil" über diesen Architekten war so „kritisch" gewesen, daß gegen ihn ein standesrechtliches Verfahren eröffnet wurde, das ihn nur deshalb nicht seine Berufsbefugnis kostete, weil er recht und „profil" unrecht hatte.

Trotzdem habe ich nicht einmal geklagt, als eine alternative Zeitschrift den Vorwurf der Käuflichkeit übernahm. Denn ein halbes Jahr lang hätte es geheißen, daß der mächtige Herausgeber des „profil" die „medienkritische" Veröffentlichung einer kleinen alternativen Zeitschrift zu unterdrücken suche. Die Strafe gegen die Zeitschrift wäre lächerlich gewesen, weil sie ja nur fremde Vorwürfe übernommen hatte. Und die Strafe gegen den ursprünglichen Autor hätte überhaupt keinen Sinn gehabt: Er war bereits gepfändet.

Das Problem ist längst nicht mehr: Wie stellt die Gesellschaft sicher, daß kritische Nachrichten auch an die Öffentlichkeit gelangen? Sondern, wie stellt sie sicher, daß die Bürger nicht täglich Opfer eines Journalismus werden, der unter dem Deckmantel der Kritik manipuliert?

Wie sehr sich die Machtverhältnisse umgekehrt haben, mag ein Beispiel aus der jüngsten österreichischen Vergangenheit illustrieren: die sogenannte Privilegienabbau-Debatte. Es ging um den unerfreulichen Umstand, daß Österreichs Politiker für große Teile ihrer Bezüge keine Steuer bezahlen und daß dieses Privileg aus demokratischen Überlegungen abzuschaffen sei. Soweit geschah die zugehörige Pressekampagne zu Recht. Aber sie schuf ein Klima, in dem es für die Politiker unmöglich wurde, ihre nunmehr voll zu versteuernden Bezüge so zu erhöhen, daß der an sie auszuzahlende Nettobetrag wieder eine einigermaßen vernünftige Höhe hatte: Österreichs Minister erhielten von einem Tag auf den anderen rund 20.000 — 30.000 Schilling netto weniger als bisher. Sie verdienen damit in ihrer Mehrheit weniger als jene Chefredakteure, die den „Privilegienabbau" durchgesetzt hatten.

Wo immer es zu ähnlichen Zweikämpfen kommt, bleiben die Medien siegreich: In den USA, wo Richard Nixon der „Washington Post" weichen mußte. In der Bundesrepublik, wo die Regierung ihren Beschluß, die Flick-Strafverfahren niederzuschlagen, revidieren mußte.

Beides sind Beispiele für die Notwendigkeit einer starken kritischen Presse. Aber es gibt die umgekehrten Beispiele genauso: In Österreich erlitt eine der sachlich erfolgreichsten Regierungen, die Alleinregierung Klaus, eine Erdrutschniederlage, weil es ihr nicht gelang, die Antipathie der Presse zu überwinden. Jimmy Carter war in weiten Bereichen ein Presseopfer. Und derzeit wird in Österreich einer der intelligentesten und fähigsten Minister, Alfred Dallinger, zum Wahnsinnigen gestempelt, ohne die geringste Chance zur Gegenwehr zu haben.

Medien, so sollte man mit aller Klarheit sagen, sind Macht. Gewaltige Macht: wie Waffen, Kapital oder die Verfügungsgewalt über Menschen.

Information läßt sich direkt in militärische Macht übersetzen: Die Berichterstattung der „New York Times" zum Vietnamkrieg reduzierte (gleich ob man das nun für richtig oder falsch hält) die Militärmacht der USA so stark, daß ihre Niederlage unausweichlich wurde. Ebenso direkt läßt sich Information in Geld transformieren: Die seinerzeitige Fehlmeldung der DPA, daß Chruschtschow gestorben sei, ließ die Aktienkurse der ganzen Welt für einen Tag in den Keller sinken. Ähnlich der jüngsten Fehlmeldung über ein Attentat auf Reagan, das die Goldpreise einen Nachmittag lang in den Himmel steigen ließ.

Ein Journalist, der beide Fehlmeldungen bewußt lancierte (wozu er nicht einmal in führender Funktion eines Mediums tätig sein müßte), könnte zum reichsten Mann der Welt werden.

Zumindest was den Goldpreis betrifft, haben einige Spekulanten dieses Phänomen auch klar erfaßt: Sie sind von Brookern zu Buchautoren und Journalisten geworden und verbreitern sich in regelmäßigen Abständen über die zu erwartende Hausse bei Edelmetallen — die dann schwerlich ausbleibt.

Solange nicht Krieg geführt wird, so würde ich behaupten, ist die Verfügungsgewalt über Information die wichtigste Form der Machtausübung. Sie überragt in ihrer Bedeutung die Verfügungsgewalt über Kapital.

Egon Erwin Kisch, lebte er heute, wäre kein Journalist. Er gründete einen Verein zur Vereitelung von Übergriffen der Journalisten gegenüber der Bevölkerung. Er gründete die Anti-Zeitung: Recherchierte, wie unglaublich falsch drei Viertel der Berichte sind, die täglich in der Zeitung stehen. Nehme sich der Tausenden von Medienopfern an. Der Kleinen, die man in Balkenlettern als „Diebe", „Wüstlinge", „Rowdies", „Mörder" angeprangert, um sie in Fußnoten zu rehabilitieren. (Es gab diesbezüglich eine hervorragende ORF-Sendung des schon zitierten Teams um Langbein). Aber eben auch der großen, angeblich privilegierten: Mutig wäre eine Reportage über jene Ärzte, die der schon zitierte Langbein-Pharma-Bericht zu Unrecht in ein schiefes Licht gebracht hat. Mutig wäre die Darstellung der durch die Berichterstattung verursachten unerträglichen finanziellen Verhältnisse des österreichischen Bundeskanzlers. Wäre ein Bericht über positive Erfolge amerikanischer Menschenrechtsbemühungen in El Salvador. Mutig in dem Sinne, daß der Journalist, der solche Berichte schriebe, wahrscheinlich akzeptieren müßte, völlig isoliert zu sein. Viel isolierter wahrscheinlich als Langbein oder Wallraff. Ehe auch daraus, aus den Anti-Berichten zu den Anti-Berichten, eine Mode würde. Eine, die sich so gut wie die „Bitteren Pillen" oder die „Unbequemen Reportagen" verkaufen ließe — nur eben mit der umgekehrten Emotion.

Kisch, selbst wenn er die Berichterstattung über die Macht der Berichterstattung zu seiner Aufgabe machte, würde unweigerlich reich: Weil jede Information, auch die Information über das Zustandekommen von Information, Macht darstellt (die sich in Geld umsetzen läßt). Es ließe sich beispielsweise von einem neuen rasenden

Reporter ein Bestseller über die Dürftigkeit und Problematik außenpolitischer Berichterstattung schreiben. Beginnend damit, daß das Gros aller Zeitungen (insbesondere in Österreich) die wichtigsten Ereignisse der Welt im Grunde nur aus der Sicht der jeweils von ihr abonnierten Nachrichtenagentur kennt.

Kein Mensch weiß, ob der Berichterstatter von AP in Beirut eigentlich qualifiziert oder ein höchst mäßiger Journalist ist. Welcher Weltanschauung er anhängt. Nach welchen Kriterien er Nachrichten auswählt. Ob er wenigstens die Landessprache kann. Wenn er ausgewechselt oder nach Paris versetzt würde, merkte man das in den Zeitungsredaktionen gar nicht. Und doch ist sein Bild von den Kämpfen in Beirut entscheidend für das Bild, das die Welt sich davon macht.

Es ist kein Zufall, wenn sich dann gelegentlich mehr Menschen auf der Flucht vor den Israelis befinden, als im ganzen betroffenen Landstrich wohnen.

Die großen und guten Zeitungen haben wenigstens ihre eigenen Korrespondenten. Da mag der Chefredakteur immerhin einigermaßen einschätzen können, wen er da losgeschickt und wie er dessen Recherchen einzuordnen hat. Und doch: Das Bild, etwa des Lesers der „Zürcher Zeitung", von Mexiko hängt an einem einzigen Mann, der relativ kurz in dieser Weltgegend lebt. Im konkreten Fall sagte das Schweizer Weltblatt lange vor allen anderen die mexikanische Finanzkrise voraus. Aber dieselbe Zeitung feierte auch Tito als den neuen Führer der kommunistischen Welt, bloß weil ihr jugoslawischer Korrespondent einer entsprechenden Theorie anhing. Und beide Male kann an solchen Berichten das Schicksal eines Landes hängen: Hätte Mexiko sich nicht tatsächlich in einer Finanzkrise befunden (hätte also der betreffende Redakteur falsche Berichte geliefert), es wäre dennoch unzweifelhaft in eine solche geraten: Denn alle Investoren oder Kreditgeber, die die „Zürcher Zeitung" lesen, hätten mit entsprechenden Restriktionen reagiert.

Das heißt: Der Journalist, der über Probleme dieser Dimension berichtet, lädt ein Maß an Verantwortung auf sich, dem er selbst beim besten Willen kaum gewachsen sein kann.

Am allerwenigsten der rasende Reporter: Es gibt kein wichtiges Problem der Gegenwart, das man im Rasen bescheiben kann — von den Ursachen der Arbeitslosigkeit in England über die Berechtigung neuer Donaukraftwerke bis zur politischen Situation in Nicaragua oder El Salvador.

Ich behaupte: Sich als Österreicher auch nur in Österreich politisch auszukennen, ist schon schwer. Über Deutschland zu schreiben, mag man hin und wieder wagen, weil man zumindest dieselbe Sprache spricht. Aber schon wenn Starreporter des „Stern" für eine Woche nach Polen rasen, um das Kriegsrecht zu beschreiben, muten sie sich mehr zu, als sie beim besten Willen halten können. Es beginnt damit, daß man im allgemeinen die Landessprache nicht spricht. Und es endet damit, daß die Bewohner von Diktaturen es erlernt haben, auf die glaubhafteste nur erdenkliche Weise zu lügen.

Ich werde nie vergessen, wie ich vor etwa 15 Jahren anläßlich eines längeren Polen-Aufenthaltes in einer Gruppe von polnischen Intellektuellen die Frage diskutierte, wie viele Stimmen das Regime bei freien Wahlen erhielte. „Wir glauben doch, daß es die Mehrheit wäre", meinten die Teilnehmer: Es hätte sich, trotz vieler Unannehmlichkeiten, trotz der unerträglichen Bürokratie, der Fehlplanung, gewisser Einschränkungen der Freiheit doch letztlich eine Wende zum Besseren ergeben: Polen sei aus einem der rückständigsten Agrarstaaten Europas zu einem Industriestaat geworden. Niemand hungere, die Schulen, die medizinische Versorgung funktionierten zumindest besser als früher. Und was immer man gegen die Russen sagen möchte — es gebe da eine ganze Menge —, sie wären eben doch ein Schutz gegen die Deutschen.

So etwa argumentierten — zu jener Zeit, da es in Polen wirtschaftlich noch ganz brauchbar zuging — die Teilnehmer jener Runde, und ich wäre mit dem Gefühl nach Wien zurückgekommen: Man darf dem Kommunismus in Polen zumindest nicht jede politische Berechtigung absprechen. Die Leute haben an diesem System zwar sehr viel auszusetzen — aber letztlich akzeptierten sie es.

Das hätte ich auch geschrieben. Hätte sich nicht zufällig im weiteren Gespräch ergeben, daß meine Mutter drei Jahre lang in Auschwitz inhaftiert war, daß einer der Gesprächsteilnehmer sich ihrer erinnerte, daß ich plötzlich nicht mehr irgendein Journalist, sondern der Sohn einer Auschwitz-Kameradin war.

Worauf derselbe Kreis, der mir vorher glaubwürdig eine Mehrheit der Kommunisten bei freien Wahlen suggeriert hatte, seine ehrliche Prognose abgab: Sechs Prozent bekämen sie vielleicht. Ich habe mich an diesen Zwischenfall erinnert, als ich ein Jahrzehnt später die DDR-Reiseberichte der von mir ansonsten ungemein verehrten Marion Gräfin Dönhoff in der „Zeit" gelesen habe: Ich zweifle selbst an der von ihr vermuteten Zustimmung zum Gesundheitssystem.

Für mich selbst habe ich ziemlich rigorose Konsequenzen gezogen: Ich berichte grundsätzlich nicht über ein Land, in dem ich nicht mindestens ein Jahr gelebt habe. Und halte es derzeit für eine der wichtigsten Aufgaben des Journalismus, die Konsumenten über die Fragwürdigkeit jedweder Berichterstattung zu informieren. An einem für mich typischen Beispiel: Wie in allen Redaktionen tobte und tobt auch in der meinen die Auseinandersetzung um die amerikanische Politik gegenüber El Salvador und Nicaragua. Bestritten wird sie auf der Basis einer Berichterstattung von Kollegen, die sich im allgemeinen 14 Tage in diesen Ländern aufhalten. Es zeigt sich, daß das Resultat solcher Recherchen denn auch in erster Linie davon abhängt, mit welcher Meinung der Betreffende angereist ist: Ein von mir sehr geschätzter Kollege der eher konservativen „Presse" entdeckte in Nicaragua ernsthafte Ansätze zu einer künftigen Dikatatur und in El Salvador ebenso ernsthafte Ansätze zu einer künftigen Demokratie. Eine von mir ebenso geschätzte linkskatholische Kollegin sah es genau umgekehrt.

Bei dem Versuch, mir ein eigenes Bild zu machen, stieß ich auf den Leiter der österreichischen Caritas, Prälat Leopold Ungar, einen hochanständigen, hochintelligenten Mann, der mir, von einer El Salvador-Reise zurückkehrend, fast wörtlich bestätigte, was die katholische Kollegin geschrieben hatte. Ich war tief beeindruckt — bis ich herausfand, daß beider Informant ein und derselbe katholische Pater war, der ihnen sein El Salvador-Bild vermittelt hatte. Immerhin ein Pater, der seit mehreren Jahren in diesem Raume lebt, der sich also einigermaßen gut auskennen könnte. Nur daß ich den Leiter einer anderen katholischen Organisation kennengelernt habe, der ebenfalls seit Jahren in diesem Raum lebt und ein doch wesentlich anderes Bild entwirft.

Nicht, daß die Bilder völlig divergieren. Die Grundprobleme sehen beide gleich. Aber in der entscheidenden Frage — ist es moralisch zulässig, daß die Amerikaner in El Salvador nach wie vor auf eine langsame positive Entwicklung des gegenwärtigen Regimes setzen, während sie die Sandinisten bekämpfen — ist doch kein Einvernehmen zu erzielen. Der eine sagt ja, der andere sagt nein. Welche Meinung der Journalist vertritt — der die Meinung der Welt zu diesem Thema formt —, hängt in erster Linie davon ab, auf welchen der beiden Informanten er gestoßen ist. Denn die Vorstellung, der rasende Reporter könnte sich in vierzehn Tagen sein eigenes Bild machen, ist purer Unfug.

Er könnte sich nicht einmal eine so relativ begrenzte Frage beantworten, wie die nach dem Ausmaß und der Berechtigung der von links beziehungsweise von rechts geübten Gewalt.

Man hat, um ein Beispiel anzuführen, in El Salvador riesige Leichenhalden gefunden, die vermutlich zu Recht den Regierungstruppen zugeschrieben werden.

Es gibt keine vergleichbaren Leichenhalden der Guerilleros. Aber könnte das nicht bloß daran liegen, daß die Kampfweise regulärer Truppen es mit sich bringt, daß relativ viele Tote auf einmal und an einem Ort anfallen? (Um einen grauenvollen Vorgang mit einem unpassenden Zeitwort zu versehen.) Daß die Truppen ein großes Interesse haben, diese Toten zu verheimlichen? Und daß sie die Transportkapazitäten zur Verfügung haben, die Leichen alle in irgendein unwegsames Stück Felswüste zu transportieren, wo sie dann um so dramatischer entdeckt und gefilmt werden können.

Während demgegenüber die Kampfweise von Guerilleros zwangsläufig nach sich ziehen könnte, daß an einem bestimmten Ort nur relativ wenige Tote anfallen, die denn auch nach Abzug der Guerilla von den Angehörigen relativ rasch bestattet werden.

Ob das, über das Land verteilt, weniger Tote sind, als die, die der Regierung beziehungsweise diversen Todesschwadronen zugeordnet werden, weiß kein Mensch.

Und selbst, wenn man es wüßte, ließe sich daraus kein sinnvoller Schluß hinsichtlich der Qualität des bestehenden Regimes in Relation zu einem alternativen Regime der Guerilleros ziehen. Die Guerilla-Kampfweise zwingt automatisch zu einer relativ größeren Rücksicht auf die Zivilbevölkerung, die dennoch in dem Augenblick zu Ende sein kann, in dem der Sieg errungen wurde.

Die Vorgänge in Vietnam sind dafür ein ideales Beispiel.

Auch für die häufige Einseitigkeit jener Berichterstattung, die sich darauf spezialisiert hat, Mißstände aufzuzeigen: Ein Jahrzehnt lang war die südvietnamesische Diktatur den Lesern der großen westlichen Zeitungen ein Ausbund an Laster und Brutalität, gegen die Ho Tschi Minh zu Recht die Massen mobilisierte. Bestenfalls einen Monat dauerte die Berichterstattung über die grauenhafte gegenwärtige Lage des vietnamesischen Volkes.

Der rasende Reporter vom Typ des Egon Erwin Kisch ist prädestiniert für diese Art von Fehl-Berichterstattung: Da es unmöglich ist, sich in relativ kurzer Zeit ein vernünftiges Bild zu machen, kann er gar nicht anders, als auf seine vorgefaßte Meinung zu vertrauen und sie durch selektive Wahrnehmungen bestätigt zu finden. Denn — und auch das ist eine der großen Gefahren des modernen Journalismus — wenn er zurückkommt, muß er eine Meinung von sich geben. Jeder Journalist muß ununterbrochen meinen. Mehr noch: Er muß ein Urteil abgeben, das seine angeblich objektiven Beobachtungen moralisch einordnet.

Die in den meisten Fällen einzig redliche Aussage bestünde in der Feststellung: „Ich kenne mich nicht aus."

Ich habe diese Feststellung kaum je in einer Zeitung gelesen. Nicht einmal in Zusammenhang mit Dritte-Welt-Problemen; der Energiepolitik; oder auch bloß der Zinsen-Entwicklung.

Allenthalben rasende Reporter, die es, nach vierzehn Tagen, ganz genau wissen.

Ich glaube, Kisch, wenn er noch lebte (und wenn er tatsächlich der große Journalist war, für den er gehalten wird), schriebe sein Buch über den rasenden Reporter neu: Er ist Teil jener politischen Gefahr, vor der er uns angeblich in Schutz nimmt.

Er war ein Rasender. Nicht nur als Reporter.

LADISLAV MŇAČKO

SEINE UNERSÄTTLICHE NEUGIERDE GRENZTE FAST AN LASTER. Sie war seine größte Leidenschaft. Ja Besessenheit. Er wollte es sehen und hören und betasten. Seine Heimat war dieser Planet. Er versuchte, alle seine Winkel, besonders die dunklen, durchzustöbern. Es ist ihm gelungen.

Er wollte es wissen. Hinter der ihm zugeschriebenen „leichten Feder" steckte eine ungeheure Menge von Kenntnissen, Erfahrungen, Betrachtungen und Streitigkeiten. So ausgerüstet, durch Begabung, Geisteswitz, stilistische Brillanz und thematische Brisanz kadenziert, mit humorvollem Abstand agierend, legte er in seinen Büchern eins der erschütterndsten und authentischsten Zeugnisse der Zeit, in der er lebte.

Es war eine turbulente Zeit, und er wurde zu ihrem Chronisten. Zu einem, der die Zeit- und Weltgeschichte von unten sah und kommentierte. Aus der Sicht der Schwachen, Namenlosen, Getretenen, Verfolgten, für die er seine unermüdliche Feder ständig in hastiger Bewegung „tintete".

Er besaß die einmalige Gabe, hinter dem Gewöhnlichen, kaum Beachteten, das einmalig Exklusive, äußerst Spannende und Beachtenswerte aufzuspüren. Er sah überall das, was wir achtlos und gedankenlos meiden.

Er haßte Krieg, Gewalt, Unterdrückung und Unfreiheit. Im Kampf gegen dieses Übel hat er eine Dokumentation hinterlassen, die kaum übertroffen wurde und werden dürfte. Sein „Schreib es auf" ist *das* Antikriegsbuch schlechthin. Sein Buch über China gleicht einer Offenbarung.

Jedes seiner Bücher, ja jede seiner nur für den Alltag bestimmten Reportagen ist eine Entdeckung, ein Tiefgang, den man anderswo schwerlich finden würde. Er philosophierte nicht; aber in der Art, wie er an Themen heranging, in der Wahl der literarischen Mittel, mit der er das Thema „dieser Planet" behandelte, in der inneren Einstellung zu den Ereignissen und Beobachtungen, die er als erwägenswert betrachtete, steckte eine tiefe, humanistische, optimistisch gefärbte Philosophie. Er ging einem konkreten, praktischen Humanismus nach. Zeitbedingt dem linken. Was für eine Alternative hätte er auch wählen können, zur Zeit des bereits geahnten Aufstiegs Hitlers?

Er war ein Prager. Einer von der seltenen Spezies, die nur in dieser Stadt Heimatrecht gefunden haben konnten. Ein wenig Jude. Ein deutschschreibender Literat, der kein Deutscher war. Ein trotz dem tschechischen Milieu, das ihn voll akzeptierte, Deutschsprachiger. Ein Kosmopolit, hoch erhaben über die nationalistischen

Streitigkeiten seiner Zeit. Es gab mehrere, aber nicht zu viele von dieser Art. Er gehört zu den Auserwählten unter ihnen.

Er war gegen Privilegien, Ehrungen, Außerordentlichkeiten, in seinem Wirken und auch in seinem Privatleben. Geschmeichelt fühlte er sich vielleicht nur einmal in seinem Leben, als er erfuhr, daß seine Bücher auf den Scheiterhaufen der von Nazis organisierten Bücherpogrome öffentlich verbrannt wurden. Das freute ihn doch, in solcher, bester Gesellschaft präsent zu sein.

Niemandem zu seinen Lebzeiten wäre es in den Sinn gekommen, ihn für den Nobelpreis zu nominieren. Er hätte sich dadurch vielleicht sogar gekränkt gefühlt. Aber er wurde gelesen, ist gelesen; die Zeit, der strengste Richter, hat ihn bestätigt, die Jahrzehnte haben an der Frische und Modernität seines Stils, an der Aktualität seiner Themen und an dem humanitären Tiefgang seiner Denkweise nichts verwelken lassen. Greift man nach einem seiner Bücher, brennt das Licht im Schlafzimmer lange in die Nacht. Bis zur letzten Seite. Die Prager, sonderbarerweise auch die Deutsch-Prager, nannten ihn mit dem Kosenamen Egonek. Übersetzt ins Gefühlsmäßige sollte es nicht etwa heißen — er ist wie einer von uns, es hieße, er ist wir. Er war wir und er ist immer noch wir.

Es bleibt, noch zwei von den ihm gewidmeten Denkmälern zu erwähnen.

„Es brodet, es werfelt, es kafkat, es kischt..."

Er hörte es mit Freude.

Aber vielleicht würde ihm noch mehr Freude bringen ein Nachruf, mit dem eine ausgediente alte Hure in einer Prager verkommenen Kneipe sein Ableben bedauert hatte?

„Egonek? Der ist mir bis heute die fünfzig Kronen, die ich ihm geborgt hatte, schuldig geblieben..."

Das hört sich fast an wie eine Episode aus dem Prager „Pitaval".

Egon Erwin Kisch, oder: Warum es die Reporter so schwer haben

HENRI NANNEN

IM ERSTEN SATZ SEI ES GESAGT, DAMIT KEINER AUF DEN GEDANken kommt, wir wollten es schamhaft verschweigen: Egon Erwin Kisch war Kommunist. Aber wäre zur Schamhaftigkeit denn Anlaß? Wir könnten uns doch darauf hinausreden, daß die Jury* ihren Reportagepreis nach dem Reporter Kisch benannt hat und nicht nach dem Kommunisten. Kisch selbst gäbe uns eine Legitimation, so zu argumentieren:

Im Vorwort zu seinem 1925 erschienen Buch „Der rasende Reporter" mokiert er sich deutlich über die Autoren, die in allem, was sie schreiben, ein politisches oder sonstwie motiviertes Anliegen vertreten: „Ihre Memoiren sind Rechtfertigung, ihre Artikel Tendenz, ihre Bücher sind von ihrem Standpunkt geschrieben, also von einem Standpunkt. Der Reporter hat keine Tendenz, hat nichts zu rechtfertigen und hat keinen Standpunkt. Er hat unbefangener Zeuge zu sein und unbefangen Zeugenschaft zu liefern, so verläßlich, wie sich eine Aussage geben läßt."

Heißt das, dieser Reporter Kisch sei nur eine Präzisionskamera gewesen, mit einer lichtempfindlichen Platte darin, auf der sich Wirklichkeit fotografisch getreu abzeichnet — ein fader Realist also?

Kisch scheint im gleichen Vorwort darauf zu bestehen: Der Reporter ist kein Künstler, er ist kein Politiker, er ist kein Gelehrter, er ist vielleicht jener „platte Mensch" Schopenhauers, und doch ist sein Werk „vermöge des Stoffes sehr wichtig". Der Stoff für den Reporter Kisch aber ist immer die Wirklichkeit, und nirgends erscheint ihm Realität fade. „Nichts ist verblüffender als die einfache Wahrheit, nichts ist exotischer als unsere Umwelt, nichts ist phantasievoller als die Sachlichkeit. Und nichts Sensationelleres gibt es in der Welt, als die Zeit, in der man lebt."

Waren Kischs Reportagen also nicht mehr als Momentaufnahmen der Zeit, in der er lebte, jener bewegten zwanziger Jahre, die man „roaring twenties" nannte? Sind seine Bücher nichts als ein inzwischen vergilbtes Abbild der Welt zwischen den Kriegen mit ihren politischen Revolutionen, ihren Entdeckungen und Enttäuschungen? Mir scheint, hier irrt Kisch über Kisch.

Hätte das törichte Wort aus den „Parerga und Paralipomena" des großen Philosophen Schopenhauer Geltung, daß „ganz gewöhnliche und platte Menschen vermöge des Stoffes sehr wichtige Bücher liefern (können), indem derselbe (außergewöhnliche) Stoff gerade nur ihnen zugänglich war, zum Beispiel Beschreibung ferner Län-

*) Henri Nannen schrieb den hier wiedergegebenen Artikel anläßlich der ersten Verleihung des Egon-Erwin-Kisch-Preises für die beste deutsche Reportage, 1977

der, seltener Naturerscheinungen, angestellte Versuche, Geschichte, deren Zeugen sie gewesen, oder deren Quellen aufzusuchen oder speziell zu studieren sie sich Mühe und Zeit genommen haben" — hätte dieses Wort Geltung, dann frage ich mich, warum es damals nur einen einzigen Egon Erwin Kisch gegeben hat, und weshalb die Reportage in unserer eigenen doch wahrhaftig nicht langweiligen Zeit nicht den Stellenwert hat, der ihr zukommt.

Kisch, um gelegentliche Widersprüche bei der Selbstdefinition nie verlegen, gibt denn auch die Antwort: „Ein *ganz* gewöhnlicher oder *ganz* platter Mensch wird niemals ein wichtiges Buch schreiben können, und wenn er selbst Augenzeuge der Sintflut, Kammerdiener der Semiramis oder Reisebegleiter des Pizarro gewesen wäre", und — so könnten wir Heutigen hinzufügen — hätte er mit Gagarin die Erde umrundet oder mit Neil Armstrong als erster Mensch den Mond betreten. Am Fernseher haben wir das alles mit heißen Ohren angesehen, Phantasie war nicht mehr vonnöten. Aber wo blieb das aufregende Leseerlebnis? Hat der unmittelbare Schein des Bildschirms dem schreibenden Reporter das Handwerk gelegt?

Der Stoff allein ist es gewiß nicht, der Bücher macht. Ein Nachtasyl in London, eine Bahnfahrt von Petersburg nach Moskau, ein Haus für gefallene Mädchen in Prag, der Flohmarkt in Clignancourt — was wäre das schon Aufregendes ohne die Beobachtungsgabe und Sensibilität des Reporters, der zum Beispiel erkennt, „daß in jedem Quadratzentimeter Materie in Berlin die ganze Welt enthalten ist." (Leonhard Frank).

War es also nicht der platte „Fotorealismus", der die faszinierende Wirkung des Reporters Kisch ausmachte, so könnte es am Ende eine frühe Form des heute im Osten verordneten „Sozialistischen Realismus" gewesen sein. Oder genügte Emile Zolas Formel „Kunst ist ein Stück Wahrheit, gesehen durch ein Temperament"? Nein, sagt Kisch in seinem Vorwort zu John Reeds „Zehn Tage, die die Welt erschütterten", der großartigen, wenngleich parteiergreifenden Reportage über die Oktoberrevolution: „Uns Zeitgenossen des Weltkrieges, der geglückten und mißglückten Revolution, uns genügt diese Definition nicht mehr: uns ist die Kunst ein Stück Wahrheit, gesehen durch ein *revolutionäres* Temperament".

Womit wir wieder beim Kommunisten Kisch wären und bei der Schamhaftigkeit, dies möglichst zu verschweigen, wenn ein liberales Magazin wie der STERN im Zeitalter des Radikalenerlasses einen Egon-Erwin-Kisch-Preis für die beste deutsche Reportage des Jahres ausschreibt. „Revolutionäres Temperament", heißt das bei Kisch, Parteilichkeit im Sinne Moskaus? Nun, wir werden sehen.

Egon Erwin Kisch stammte aus Prag. Dort, in einem Kaufmannshaus in der Ledergasse, wurde er am 29. April 1885 als Sohn eines wohlhabenden deutsch-jüdischen Tuchhändlers geboren. Prag hat er Zeit seines unruhigen Lebens geliebt, die Stadt des geheimnisvollen Golem, das „goldene Prag" mit seinen dunklen Altstadtgassen, in denen der junge Kisch noch den Bänkelliedern des blinden Scherenschleifers Methodius gelauscht hatte. In den Kaffeehäusern der Moldaustadt, in denen Bohéme und kulturbeflissenes Bürgertum vor 1914 eine literarisch fruchtbare Atmosphäre bildeten, diskutierte er mit Franz Werfel und Rainer Maria Rilke, Franz Kafka, Max Brod und Gustav Meyrink. Aber der Mystizismus Prags prägte ihn nicht, er ging 1921 nach Berlin.

Das war noch die Zeit des ausgehenden Expressionismus, des künstlerisch wiedergewonnenen Urschreis. Kisch aber wurde zum Vorkämpfer der „Neuen Sachlichkeit", er wollte sich mit der objektiven und nachprüfbaren Wirklichkeit auseinandersetzen. Den Roman lehnte er ab, ihn trieb die „Neugier Dantes", den der Schauder der Hölle nicht hindert zu fragen: „Meister, sehr wäre ich begierig, zu sehn, wie man ihn taucht in diese Brühe."

„Wie andere Menschen bei etwas Bedrohlichem aus dem Traum erwachen", schreibt Kisch, „so erwache ich, weil ich nicht weiß, wer jene Person im Hintergrund des Traumes ist. Ich kann in keiner Straßenbahn fahren, ohne herauskriegen zu wollen, welches Buch der Herr in der entgegengesetzten Ecke liest. Ich verfolge ein Paar durch mehrere Straßen, um zu erfahren, welche Sprache sie sprechen. Ich gaffe in fremde Fenster, ich lese alle Wohnungsschilder in dem Haus, in dem ich zu Besuch bin, ich durchforsche Friedhöfe nach vertrauten Namen. Gleichgültige Menschen frage ich über ihr Leben aus. Ungewöhnliche Straßenbezeichnungen zwingen mich, zu ergründen, warum sie so lauten. Jede Rumpelkammer und jeden Stoß alter Papiere möchte ich durchsuchen, jedes ‚Eintritt Verboten!' lockt mich zum Eintritt, jede Geheimhaltung zu Nachforschung."

Wer auf diese Weise nach der Wahrheit sucht, die in der Wirklichkeit steckt, der mußte, wenn er ein von Humanität bestimmter Charakter wie Kisch war, bald Anstoß nehmen an dieser Wirklichkeit. Überall stieß der Reporter Kisch auf die Unterprivilegierten einer Gesellschaft, die nach seiner Überzeugung 1918 „um die Revolution betrogen" worden war. Da gab es nach wie vor die Reichen, die im Luxus lebten, und die Armen, die auf Suppenküchen und Bettelgroschen angewiesen waren. Da gab es gegen Anfang der dreißiger Jahre fast sechs Millionen Arbeitslose in Deutschland, und das Stempelgeld von damals bewahrte einen kaum vorm Verhungern.

Und anderswo? Als Kisch von seiner Reise nach Australien zurückkehrte und in Ceylon Station machte — natürlich hat er alle erreichbaren Veröffentlichungen über Ceylon vorher studiert —, da packte ihn „bei der Konfrontation dieser Literatur mit der Wirklichkeit helles Entsetzen". In den Reisebüchern brandete das Meer gegen helle Strände, blühten auf der Insel Oleander und Hibiskus, und die „Eingeborenen (waren) freundlich und liebenswert". Was Kisch erlebte, sah anders aus: In einem halben Jahr starben 30.000 Kinder an Malaria und Unterernährung; die britischen Kolonialbeamten ließen ihre Arbeiter bei der geringsten Unbotmäßigkeit prügeln; um gewerkschaftliche Zusammenschlüsse zu verhindern, holten sie indische Kulis ins Land; die Ärmsten der Armen ernährten sich von Gras. Der Reporter Kisch war zum Ankläger geworden, der Fanatiker des Tatsächlichen hatte sein „revolutionäres Temperament" entdeckt. Kischs Waffe aber blieb die Wahrheit. In der gebrochenen und unvollkommenen Struktur der Gesellschaft und zumal angesichts der Klassenjustiz der Weimarer Republik, lag für ihn „in der Aufdeckung der Wahrheit allein ein Stück Auflehnung und Rebellion". Ist es ein Wunder, daß ihm wie vielen anderen Intellektuellen die russische Oktoberrevolution als ein großes Versprechen erschien? Im neuen Sowjetstaat fand er, worauf er schon immer fixiert war: die menschheitsbeglückende Zukunftsversion und den *underdog* zugleich. In seinem Band „Zaren, Popen, Bolschewiken" entdeckte er den Aufbruch einer bisher unterdrückten und nur ihrer selbst bewußt gewordenen Klasse. Und da die gesamte westliche Welt sich gegen das Sowjetsystem stellte, wurde Kisch zu seinem Verteidiger.

Wer Geschichte in ihren Motivationen zu begreifen versucht, wird die sowjetische Revolution weder als einen Unfall der Historie noch als den Anfang einer Kette politischer Verbrechen abtun können. Das Volumen an Idealismus, das diese Revolution bewirkte und das von ihr freigesetzt wurde, läßt sich nicht vom Standpunkt des Heute beurteilen, da auch diese Revolution längst zur Machtbehauptung entartet ist und ihre Kinder verraten hat. Kisch hat mit seiner liebenswerten Humanität zu diesen Kindern gehört; die Vorstellung, daß er heute für die „Prawda" oder für das „Neue Deutschland" schreiben könnte, wäre mehr als absurd. Parteilichkeit war für den im Grunde politisch naiven Kisch keine Einbahnstraße zur Erfüllung des Dogmas, sondern zur Richtung eines menschlichen Sozialismus.

Aber gerade, weil er naiv und spontan war, fehlten ihm auch die Scheuklappen. Seine unbornierte Erlebnisfähigkeit und sein fesselndes, oft amüsantes Erzählertalent gingen auch schon damals den humorlosen Ideologen auf die Nerven. In der „Linkskurve", der Monatsschrift des Bundes Proletarisch-Revolutionärer Schriftsteller, wurde ihm die „Conferenciermanier" vorgeworfen, mit der man weder den „neuen Menschen" begreifen noch die „revolutionären Kräfte" würdigen könne.

Sprache ist eben an sich schon ein Stück Gesinnung. Pragerisch versponnen, berlinerisch gewitzt, unsentimental, aber herzlich, voller Anekdoten, aber nie verquatscht, begabt mit der Fähigkeit, den Typus aus der Vielfalt herauszukristallisieren und, wie Alfred Döblin sagte, „mit dem Öl des wirklichen Erzählers gesalbt" — das war Egon Erwin Kisch. Generationen von Journalisten könnte er noch als Lehrmeister dienen. Wenn es das Vorurteil gegen den Kommunisten Kisch ist, das — bis auf ein paar Taschenbändchen — eine Neuauflage seiner Bücher in der Bundesrepublik verhindert hat, so wäre das ein Kläglichkeitsbeweis besonderer Art.

Fast überflüssig, darauf hinzuweisen, daß Egon Erwin Kisch die Enttäuschung seiner politischen Hoffnungen noch erlebt hat. Hermann Kesten berichtet über Kisch, „verwirrte dunkle Klage", als 1935 die ersten Nachrichten über Stalins Schauprozesse kamen. Alfred Kantorowicz, der Kisch 1937 im Spanischen Bürgerkrieg traf, notiert seinen skeptischen Satz: „Weh uns, wenn wir gesiegt haben!“ Arthur Koestler nennt ihn einen „müden desillusionierten Mann, der keine Illusionen über die Partei“ mehr hat, und der Filmregisseur Géza von Cziffra, der Kisch 1947 nach seiner Rückkehr aus dem mexikanischen Exil besuchte, schreibt in seinen Erinnerungen, er habe den „rasenden Reporter“ als einen resignierten, scheu gewordenen Mann wiedergefunden, der auf die Frage, ob sich nun nicht vieles von seinen politischen Träumen erfüllt habe, die melancholische Antwort gab: „Das ist ja gerade das Unglück.“

Egon Erwin Kisch starb am 31. März 1948, im selben Monat, in dem Jan Masaryk aus dem Fenster stürzte.

Der „rasende Reporter“ — dieser Titel seines erfolgreichsten Reportagebuches haftete ihm zeitlebens an — war übrigens eher ein langsamer, sorgfältiger Schreiber. Er beobachtete genau und gelassen, recherchierte oft wochenlang, stöberte längst verschwunden geglaubte Dokumente auf, verglich sie, las sich durch Akten und Bücher durch, ehe er sich hinsetzte und in seiner durch bedächtige Schnörkel eher verzögernden Schrift zu schreiben begann und das Geschriebene immer wieder veränderte und neu formulierte. Er gehörte zu denen, die es sich schwer machen, damit es der Leser um so leichter hat.

Noch immer ist die Reportage bei uns ein schweres Geschäft. Nicht weil der Reporter — anders als der Leitartikler am Schreibtisch — vor Ort gehen muß, weil er Kriege und andere Gefahren nicht fürchten und die mühsame, von Karl Kraus geringgeschätzte Arbeit eines „Kehrrichtsammlers der Tatsachenwelt“ nicht scheuen darf. Sondern weil wir in einem Lande leben, in dem Langeweile und Seriösität nahezu als Synonyme gelten.

Noch immer ist der erhobene Zeigefinger des Lehrmeisters der Nation mehr angesehen als die nur scheinbar leichte Feder des Reporters. Das ist nicht zuletzt die Schuld jener zahlreichen Schnellschreiber, von denen Siegfried Kracauer, der Berliner Korrespondent der „Frankfurter Zeitung“, mit Recht sagte, daß sie „der Lust des Reporters frönen, der gemeinhin mit durchlöchertem Eimer aus dem Leben schöpft“.

Immer bleibt die Reportage subjektiv in der Auswahl und in der Darstellung ihres Gegenstandes. Aber wo fände der Leser das schon, ein vollständiges und objektives Bild unserer Welt? Nachrichtenblätter selektieren auch, und was dem einen aus dem durchlöcherten Eimer rinnt, ist dem anderen einen Aufmacher wert. Kommentatoren sind meist schon mit der Tendenzbrille geboren und lassen sich durch Tatsachen nur ungern verwirren. Der Reporter, wenn er sich bemüht, mit der unbelichteten Selenplatte aufzunehmen, was er sieht und erlebt, gibt dem Leser wenigstens das Gefühl eigenen Miterlebens.

Alles Schreiben ist auf Mitteilung gerichtet, die Tätigkeit des Journalismus vornehmlich auf die Mitteilung von Tatsachen. Was anders als geistige Arroganz spräche dagegen, daß er dies auf eine unterhaltsame, packende Art besorgt.

Vorausgesetzt, er versteht sein Handwerk als Aufklärung und hält sich an das, was Egon Erwin Kisch in seiner Sammlung „Klassischer Journalismus" über Voltaire schrieb. Voltaire, meint Kisch, „wollte nicht viel, wie er selbst sagte, er wollte nur die Menschen ein wenig weniger dumm, ein wenig weniger grausam und ein wenig weniger gemein machen."

Von Kisch lernen

HUGO PORTISCH

ICH HATTE MEINEN EGON ERWIN KISCH GELESEN. IN WIEN, noch dazu im Wien der Aufbruchsjahre nach 1945, war Kisch Pflichtlektüre für jeden angehenden Journalisten. Jene, die für unsere Ausbildung verantwortlich waren, lasen uns absatzweise vor, wie der Egon Erwin die eine und die andere und eigentlich alle nur denkbaren journalistischen Aufgaben gelöst hatte: Wie genau er beobachtete, mit welcher Akribie er recherchierte, mit welcher Meisterschaft er die Worte wählte, wie mitreißend die Aussage war, zu der sich die unendlich vielen von ihm entdeckten, beobachteten, beschriebenen Details schließlich verdichteten.

Bei Egon Erwin Kisch war Journalismus zu lernen. Die große Kunst der Reportage. Die Erkenntnis, nichts sei selbstverständlich, gerade über das Selbstverständliche gelte es, sich zu wundern, und dieses Wundern war in Fragen umzusetzen, nur, um sich über die Antworten erneut zu wundern, und dieses Wundern wieder zur Frage werden zu lassen. Schließlich das Erfahrene wiederzugeben, mit Worten, von denen jedes einzelne so saß, wie zu Kischs Zeiten ein Anzug vom besten Schneider in Prag.

Wie angehende Maler in den Kunstakademien angehalten werden, die alten Meister zu kopieren, um etwas von deren Kunst in die eigenen Fähigkeiten einfließen zu lassen, so studierten wir damals Egon Erwin Kisch. Versuchten, uns seine Art des Beobachtens eigen zu machen, und imitierten wohl auch seine Art der Wiedergabe, machten Anleihen in seinem schier unerschöpflichen Wortschatz. Aus uns jungen Journalisten von damals ist schließlich das geworden, was in uns drinnen war, fast nur wir selbst und nur wenig Egon Erwin Kisch.

Das war vor nun schon fast vierzig Jahren. Kisch hatte seither für uns einen festen Stellenwert. Wir gehörten schon zu jener Nachkriegsgeneration, für die das alte Österreich-Ungarn fast kein Völkerkerker mehr war und die Erste Republik Österreich nicht nur der traurige Rest des großen Imperiums. Vielleicht ein bißchen zu selbstbewußt waren wir der Überzeugung, daß das große und das kleine Österreich schlichtweg jener Teil Europas war, in dem das 20. Jahrhundert erfunden worden ist: Das Weltbild dieses Jahrhunderts von Wittgenstein und Popper, von Schlick und Carnap bis Otto Neurath; das Wissen um die moderne Wirtschaft einem Schumpeter, Mises und Hayek zu danken war; die Psychologie ohne Alfred Adler, Sigmund Freud und Wilhelm Reich nicht mehr denkbar, ebensowenig wie die Medizin ohne Wagner-Jauregg, Langsteiner, Pirquet, Eiselsberg und Lorenz oder die Mathematik ohne Hans Hahn, Gödel und Menger, die Musik ohne Schönberg, Berg, Mahler, Webern; die neue Architektur lebte von Otto Wagner, Adolf Loos, Josef Hoffmann, die Malerei von Klimt, Schiele, Kokoschka, Kubin; Neurath, Lazarsfeld,

Glöckel und Tandler hatten eine Revolution in den Sozialwissenschaften herbeigeführt.

Es gab noch viele mehr von diesem Kaliber. Und sie alle kamen aus diesem Raum. Nicht nur die Guten, auch die Bösen. Stalin und Hitler, Mussolini und Tito, aber auch Masaryk und de Gasperi übten sich in ihren Anfängen, und das noch dazu fast zur gleichen Zeit in Wien.

In diesem, in Österreich erfundenen 20. Jahrhundert war Egon Erwin Kisch für die Erfindung der Journalistik dieses Jahrhunderts verantwortlich. Er kam aus einer ganz bestimmten Schule, aus der auch Kafka, Werfel, Brod, Urzidil, Kubin, Kuh, Torberg und Wechsberg kamen. Prager waren sie allesamt. Und Prager zu sein war zu ihrer Zeit etwas anderes als Deutscher oder Tscheche oder Jude zu sein. All das war man zwar in Prag, und war es eben doch auch wieder nicht. Man war ein bißchen mehr. Ein bißchen mehr als nur Deutscher, nur Tscheche, nur Jude. Natürlich gab es das Prag des Nationalitätenkampfes. Und auch in Prag gab es Antisemitismus. Ebenso wie den Haß gegen das Haus Österreich, gegen die Habsburger, die sich der Doppelmonarchie verschrieben hatten, anstatt einer Triplemonarchie, die Österreich eigentlich hätte sein müssen — als Österreich-Ungarn-Böhmen, mit den drei Hauptstädten Wien, Budapest und Prag. Die Brods, die Werfels, die Kafkas und eben auch der Egon Erwin Kisch waren uns sozusagen posthume Beweise dafür, warum Österreich, in dem das 20. Jahrhundert erfunden worden ist, in und an diesem Jahrhundert selbst zugrundegehen mußte.

Kisch war für uns also auch ein Lehrmeister in Geschichte. Aber doch ein vergangenheitsbezogener. Was von Egon Erwin Kisch zu lernen war, so meinte ich, hätten wir gelernt. Wer seinen Kisch schon kannte, konnte wohl seine Meinung über ihn schreiben, aber Neues von ihm kaum erfahren. Doch ich hätte von Kisch nichts gelernt gehabt, hätte ich über ihn geschrieben, ohne ihn nicht noch einmal zur Hand zu nehmen; ohne nicht nochmals alles zu lesen, was er geschrieben hat. Das von ihm Erlernte trat in seine Rechte: Ich las, ich begann mich zu wundern, und das Wundern in Fragen umzusetzen, schließlich die Antworten auf diese Fragen bei Kisch zu suchen.

Es ist ein neuer Egon Erwin Kisch, der mir da entgegentritt. Genauer: Ich entdecke neue Dimensionen im bisher vermeintlich gut gekannten Egon Erwin Kisch. Ein Egon Erwin Kisch in seiner Bedeutung für das Heute. Und diese Bedeutung ist eine andere, als sie für uns Egon Erwin Kisch hatte in seiner Beziehung zu den ersten Nachkriegsjahren.

Egon Erwin Kisch schreibt, was er gesehen, erlebt, erfühlt hat. Er schreibt es erst, nachdem er auch gelernt hat. Er lernt über das, worüber er zu schreiben hat, bevor er es sieht, erlebt und fühlt. Denn das Erlernte erst erlaubt es ihm, mehr zu sehen, mehr zu erleben und mehr zu fühlen. Er lernt auf jeden Fall intensiv und gründlich nachdem er gesehen, erlebt und gefühlt hat. Im Lernen fragt er unablässig. Die Fragen gelten der Suche nach der Wahrheit, der Überprüfung. Kisch tut, was unabdingbare Voraussetzung für jede Recherche zu sein hat: Check, re-check, double-check. Aber Kisch prüft, überprüft und prüft noch einmal nicht nur, was er sieht, hört und fühlt, er prüft, überprüft und prüft noch einmal sich selbst. Er sieht sich als einen fehlbaren Berichterstatter, und er vermittelt sich selbst dem Leser als denjenigen, der hier sieht, hört und fühlt. Noch deutlicher bringt er ihm zur Kenntnis, daß dies zwar sein Sehen, sein Hören, sein Fühlen ist, aber dies nicht unbedingt das sein muß, was andere in Anbetracht der gleichen Geschehnisse sehen, hören und fühlen. Er als Berichterstatter ist als möglicherweise fehlbarer Mensch Teil der Geschichte.

Kisch nähert sich seinem Objekt frei von Arroganz, frei von Dünkel, immer in Demut, immer bescheiden, immer wissend um die Komplexität der Dinge, um ihre Vielseitigkeit, um ihre Relativität, und damit aber oft auch um ihre Lächerlichkeit. Stets ist ein Schuß Selbstkritik und Selbstironie mit im Spiel. Gerade das macht Egon Erwin Kisch so überzeugend. Egon Erwin Kisch gibt wieder, was er als Wahrheit erkennt, er muß nicht entlarven. Was er schreibt, findet größte Beachtung, aber er produziert keine Skandale. Er legt das, was er als Wahrheit erkennt, dem Leser vor und lädt ihn ein, sich selbst ein Urteil zu bilden, Egon Erwin Kisch urteilt nicht. Er gibt dem Leser meist auch die volle Argumentation der Gegenseite mit an die Hand. In beabsichtigter Naivität und mit akribischer Objektivität. Egon Erwin Kisch kennt ein großes Geheimnis: Die Wahrheit wirkt um so mehr, reißt um so mehr mit, ist um so niederschmetternder, je mehr man sich um sie bemüht. Kaum einer der in diesem Beruf geschrieben hat und über einen solchen Wortschatz und eine derartige Wortwahl verfügte, wie Egon Erwin Kisch — und doch wird man bei ihm keine herabsetzenden Adjektiva, nur selten wertende Beiwörter finden, die dem Leser anzeigen, in welcher Richtung er die Wahrheit zu suchen hätte.

Kisch beachtet die beiden selbstverständlichen Grundsätze des römischen Rechtes: audiatur et altera pars und in dubio pro reo, stets auch die andere Seite zu hören und im Zweifelsfall für den Angeklagten zu entscheiden, nicht zu urteilen, schon gar nicht zu verurteilen, ehe Schuld nicht bewiesen ist. Kisch vertritt das genaue Gegenteil von Medienjustiz.

Kisch spricht seinen Gegnern auch nie deren Qualitäten ab. Nie verletzt er ihre Würde, die Würde des Menschen ist Kisch heilig. Auch der Verwerflichste darf in seiner Würde nicht getroffen werden. Wohl aber steht es dem Reporter an — und folglich Kisch —, alles zu schildern, was dem Leser ersichtlich macht, daß die beschriebene Person Taten setzt, die die Würde anderer Menschen verletzt. Das Urteil bleibt beim Leser, nicht beim Reporter.

Kisch hat keine Angst, daß ihm eine Story durch die volle Wahrheit ruiniert oder sein Anliegen durch Kenntnis der vollen Wahrheit vom Leser nicht verstanden werden könnte.

Er hat es uns selbst gesagt: „Nichts ist erregender als die Wahrheit“. Was er uns nicht dazu gesagt hat, und was wir erst aus seinen Schriften erkennen, ist, daß er sich sehr bewußt war, wie schwer es ist, Wahrheit als solche zu erkennen, und fast ebenso schwer, sie als solche dem Leser weiterzugeben. Der Reporter hat dabei Verantwortung zu tragen, so wie ein Arzt. Mehr als ein Arzt, denn dieser behandelt jeweils nur einen Patienten, der Journalist macht Eingriffe bei vielen. So finde ich bei Egon Erwin Kisch selbst dort, wo er leidenschaftlich ist (und das ist er meistens), und dort, wo er sich mit starkem Engagement für ein Anliegen einsetzt (und er hat stets eines), immer noch einen Vorbehalt eingebaut, der dem Leser die Chance gibt, sich gegen Kisch zu entscheiden. Wahrscheinlich wissend, daß dieser Leser gerade deshalb, weil ihm Kisch diese Freiheit läßt, sich längst schon für Kisch entschieden hat.

In seinem Leser setzt Kisch einen starken und guten Charakter voraus, wohl kaum, weil er davon überzeugt war, daß seine Leser durchwegs einen starken und guten Charakter hätten, wohl aber, weil er weiß, daß allein schon diese Anforderung aus dem Leser einen besseren, der Wahrheit aufgeschlosseneren und daher auch lernfähigeren Menschen macht. Nie appelliert Kisch an Neidgefühle, nie schmeichelt er der Eitelkeit des Lesers, kalkuliert dessen Minderwertigkeitskomplexe. Nie bestätigt er Vorurteile, um Zustimmung zu erheischen.

Das ist beste Prager Schule. In dieser Stadt, in der es zu Kischs Zeiten so leicht war, Haß zu entfachen, Nationalität gegen Nationalität zu hetzen, wo gegensätzliche politische Überzeugungen gleichbedeutend waren mit der Abschaffung des Staates und dessen Ersetzung durch einen anderen, wo alles, was politisch und gesellschaftlich gedacht und getan wurde, von unmittelbarer Existenzbedrohung sein konnte, in dieser Stadt wurde von allen jenen, die sich für Prag und seine Menschen verantwortlich fühlten, Toleranz und Achtung vor dem Nächsten als erstes und oberstes Gebot empfunden. Das war ein Sicherheitsnetz, das erst von Hitler und Heydrich zerrissen werden konnte. Daher erscheint es mir so wichtig, in Egon Erwin Kisch den Prager zu sehen, und nicht nur den Deutschen oder den Böhmen oder den Juden, oder — als Staatsbürger — den Österreicher oder den Tschechoslowaken.

Kisch identifiziert das Böse fast nie mit einer Person. Was geradezu das Credo des heutigen Journalismus ist, nämlich jede Art von Story „zu personifizieren", sie „an der Person aufzuhängen" — Kisch kommt ganz und gar ohne dieses Credo aus. Er beschreibt Menschen, schreibt von Menschen, von Kohlenschippern, Hopfenpflückern, Lumpensammlern, Stahlkochern. Aber nie beherrscht ein Mensch seine Story. Kisch geht es immer um die Sache und immer um die Idee. Die Sache weiß er meisterhaft zu beschreiben, ohne sie einer Person anhängen zu müssen. Die Idee formuliert er fast nie, denn die Idee liegt schon in der Auswahl des Sagens, in der Beschreibung. Kisch weiß, und als Prager weiß er es eben besser als viele andere, wie sehr ein Verdacht oder gar die Identifizierung von Verwerflichem und Bösem mit einer Person zu Haß und Unversöhnlichkeit führen kann. Für Kisch sind Haß und

Unversöhnlichkeit auch keine akzeptablen Instrumente zur Systemveränderung — obwohl er Kommunist ist und Kommunisten oft den taktischen Grundsatz vertreten, daß der Zweck die Anwendung fast aller Mittel rechtfertigt. Dem Prager Kommunisten Egon Erwin Kisch bleiben Humanismus und Toleranz die höheren, die unantastbaren Güter.

Auch mit dem Kommunismus des Egon Erwin Kisch haben wir uns als junge Journalisten auseinandergesetzt. Wir hatten, so jung wir auch waren, die Härte, die Brutalität, die Beschränktheit der nationalsozialistischen Diktatur erfahren. Nun wurden wir bei Kriegsende in Wien mit einem Kommunismus konfrontiert, dessen Brutalität und Beschränktheit der soeben überwundenen Diktatur kaum nachstand. Das war die von uns erlebte Praxis. Daß die beiden Ideologien aus diametral entgegengesetzten Wurzeln kamen, wußten wir. Wir konnten daher verstehen, sogar sehr gut verstehen, daß man Kommunist geworden sein konnte. Aber wir konnten nicht verstehen, daß man ein Verfechter des Kommunismus in Anbetracht dessen, was daraus gemacht worden ist, bleiben konnte. Damals sagten wir uns, daß Kisch wohl auch kein Kommunist geblieben wäre, hätte er länger gelebt. Das mag nun stimmen oder nicht. Nur eines wäre Egon Erwin Kisch heute ganz gewiß nicht — Journalist in Prag.

Kisch war ein Gegner Habsburgs, ein Gegner des alten Österreich-Ungarn, der Doppelmonarchie und ihrer gesellschaftlichen und politischen Strukturen. So hätte ihn eigentlich der neue tschechoslowakische Staat begeistern müssen. Ein bißchen davon spürt man in seiner Reportage „Die Weltumseglung des A. Lanna 6“, einen gewissen Stolz auf die neue Fahne, auf das Weiß-Blau-Rot der Tschechoslowakei. Doch dieser Stolz zuckt nur ganz kurz auf und ist auch schon vorüber. Der neue tschechoslowakische Staat ist Kisch trotz der unter der Präsidentschaft des früheren österreichischen Reichsratsabgeordneten T. G. Masaryk praktizierten Toleranz diesem Egon Erwin Kisch auch schon wieder zu eng. Europa, die Welt wird das Feld seiner Berichterstattung. Die Wahrheit bleibt seine Verpflichtung, ein waches Gewissen sein Wertmaß.

Als wir von Kisch lernten, ging es uns um das Erfassen seiner Methode. Wir bewunderten seinen Stil, seine überragende Kunst, mit dem Wort umzugehen. Da ich ihn nun wieder lese, erkenne ich den Maßstab, den er sich gesetzt hat, und damit die Begrenzung, die er seinem eigenen Urteil auferlegte. Wir hatten viel von Kisch gelernt. Wir können noch viel von Kisch lernen.

Kisch und ich heute
Über die logische Phantasie

GÜNTER WALLRAFF

1. ICH FING AN, MICH MIT EGON ERWIN KISCH AUSEINANDERzusetzen als Literaturwissenschaftler und Kritiker anfingen, meine Arbeiten mit dem mir bis dahin unbekannten „Vorbild“ Egon Erwin Kisch zu vergleichen. Das war 1966, als mein erstes Buch, die „Industrie-Reportage“, erschien. Man analysierte meine Reportage, ordnete sie ein und fand sie passend für die Schublade, in die auch schon der „Rasende Reporter“ der zwanziger und dreißiger Jahre gesteckt worden war. Um rauszukriegen, ob der Schuh saß, den man mir da verpaßte, suchte ich Kischs Werke in Bibliotheken und Antiquariaten, denn außer einem kleinen Sammelband bei rororo war er damals bei uns verschollen, verdrängt, vergessen. Ich verglich, machte mir zu eigen, was mit paßte, lernte von ihm, erkannte, was er mir voraus hat, und suchte eigene neue Wege zur Erkenntnis, Wirklichkeitsforschung, Vermittlung und Wirkung zu entwickeln, die mir in unserer Gesellschaft angebracht schienen.

2. Worin unterscheidet sich Kisch von den herkömmlichen Reportern, die diese Literaturform so ausgeleiert und prostituiert haben? Er ist parteilich, er hält sich nie „neutralobjektiv“ heraus, sondern er mischt sich ein.

Wenn er auf Reisen geht, erlebt er die Welt nicht mit Konsumentenaugen als durchreisender Tourist oder Reiseschriftsteller, sondern als tiefbetroffener Mitleidender und Mitkämpfender.

Er scheut die Berührung mit dem „Schmutz der Epoche“ nicht, sondern er sucht sie ständig in Asylen, Gefängnissen, Fabriken, Vorstädten, Börsensälen. Und wenn er sich mit Repräsentanten der Oberschicht einläßt, dann nie wie herkömmliche Reporter, ihnen nach dem Munde redend, sondern um sie in ihrer Funktion zu entlarven. Er paßt sich nie den gestanzten Formen und Interessen der ihn veröffentlichenden Zeitungen und Zeitschriften an, sondern er sprengt diesen vorgegebenen Rahmen.

Er folgt der Erkenntnis, daß man täuschen muß, um nicht getäuscht zu werden, Regeln verletzen muß, um die geheimen Herrschaftsregeln und Amtsmißbräuche aufzudecken.

Da, wo andere nicht ausbrechen können, bricht er ein. So begeht er zum Beispiel „Hausfriedensbruch“, um den „Unfrieden“ eines Prager Zuchthauses „auszuspionieren“, nachdem ihm ein offizieller Besuchsantrag vom Justizministerium abgelehnt wird unter dem Vorwand des „ungestörten Dienstganges und zur Wahrung des Ernstes der Strafe“.

Er kommt selbst „unter Vorwänden“, um Geheimbereiche und weiße Flecken der Gesellschaft „auszukundschaften“, liefert „Reiseberichte“ von einer „unterschlagenen Wirklichkeit“.

Wenn er nicht vor- und eingelassen wird, verschafft er sich mit List Zugang, notfalls unter Umgehung formaler Legalität. So reist er unter falschem Namen durchs „Paradies Amerika“ oder durch die „englische Kolonie China“. Er arbeitet nach dem Grundsatz: Wer sich nicht in Gefahr begibt, kommt darin um.

In Deutschland, wo er für die Freilassung der politischen Gefangenen kämpft, wird er, im Augenblick, da Hitler zur Macht kommt, selbst gefangengesetzt.

3. Literatur zeichnet sich nach gängigem Vorurteil insbesondere aus durch das subjektive Moment der Gestaltung von Wirklichkeits- und Sprachelementen. Die Reportage dagegen scheint bloß „objektive“ photographisch-plane Wiedergabe von Vorhandenem zu sein, nichts Schöpferisches also. Georg Lukács hat seine Kritik an der Reportage damit begründet, daß diese nur Oberflächenwirklichkeit abbilde, das Wesen und die Struktur dieser Wirklichkeit aber nicht aufdecken könne. Dem liegt ein Mißverständnis zugrunde, das Mißverständnis, von dem auch die Photographie betroffen ist. So wenig wie diese nämlich „objektiv“ ist, weil sie Perspektive, Belichtung und Kontrast bewußt einsetzen kann, so wenig ist auch die Reportage Faktenhuberei.

Und dennoch: „Nichts ist verblüffender als die einfache Wahrheit, nichts ist exotischer als unsere Umwelt, nichts ist phanatsievoller als die Sachlichkeit. Und nichts Sensationelleres gibt es in der Welt als die Zeit, in der man lebt.“ Als Kisch 1924 diese Zeilen schrieb, war er noch der Auffassung, „der Reporter habe unbefangener Zeuge“ zu sein; der hat „keine Tendenz, hat nichts zu rechtfertigen und hat keinen Standpunkt“. Völlig zu Recht wandte Kurt Tucholsky dagegen ein: „Das gibt es nicht. Es gibt keinen Menschen, der nicht einen Standpunkt hätte, auch Kisch hat einen.“

4. Auch mir ist bisweilen vorgeworfen worden, ich ginge nur selten über die reine Beschreibung der Tatsachen hinaus und beschränke mich dann oft auf eine kurze, unzureichende Kommentierung, ohne die Zustände in ihren ursächlichen Bedingungen aufzuzeigen. Aber ich meine, daß erst einmal das Selbstverständliche als Ungeheuerliches, die Normalität als Unzumutbarkeit und die winzigen Katastrophen des Alltags ins Bewußtsein kommen müssen, damit ein Impuls zur Veränderung freigesetzt werden kann. Und dieser Impuls muß sich aus den täglichen Erfahrungen ergeben. „Das Verbrechen hat Namen, Anschriften und Gestalt“, konstatiert Brecht. Insofern kann man erkennen, wofür und wogegen man kämpft. Er hat sich einmal mißtrauisch gegenüber denen geäußert, die die „Revolution nur machen wollen, um den dialektischen Materialismus durchzusetzen“. Damit hatte er recht: Man kann nich abstrakt für den Sozialismus und gegen den Kapitalismus sein; es sind immer bestimmte Zustände, die man erhalten oder verändern will.

5. Welche Wirklichkeitsausschnitte man auswählt, welche Situationen man provoziert und beschreibt, darin liegt die schöpferische Entscheidung des Reporters, das, was Kisch seine „logische Phantasie", die auch eine politische ist, genannt hat. Die frühen Reportagen von Kisch waren noch Journalismus im üblichen Sinne: Sensationsberichte, Berichte über Außergewöhnliches, das sich in Prag abspielte. Nach diesem Prinzip funktioniert ja bis heute unser Nachrichtenwesen, am pervertiertesten bei der Bild-Zeitung, wo die sensationelle „Geschichte" geradezu darauf angelegt ist, die „Katastrophen des Alltags" zu verdecken. Kisch hat einen enormen Spürsinn für die Sprengkraft dessen entwickelt, was scheinbar banal und uninteressant ist.

6. Immer mehr bewegt sich Kisch in seinen Reportagen auf das Ideal dessen zu, was Walter Benjamin als Typus des „operierenden Schriftstellers" beschrieben hat: „Seine Mission ist nicht, zu berichten, sondern zu kämpfen; nicht den Zuschauer zu spielen, sondern aktiv einzugreifen." Bei aller Sympathie Kischs für die Sowjetunion lassen seine Reiseberichte vor 1925 nicht die distanziert freundliche Haltung des Zeitungsschreibers erkennen. Dagegen zehn Jahre später: in „Landung in Australien" setzt er sich selbst in Szene, er mischt sich ein, sein persönliches Erleben wird Gegenstand des Berichts.

7. Gerade die „Landung in Australien" ist aber auch ein Beispiel für den Unterschied zwischen Kischs Reportagen und meinen. Kisch tritt, wie er es selbst nennt, als literarischer „Held" seines Buches auf, dessen Erlebnisse dann — nein, nicht geschildert: erzählt werden. Durchgehend bleibt der Reporter dieser „Held", nämlich Agierender, auch wenn seiner Arbeit auch alle nur möglichen Steine in den Weg gelegt werden. Bei mit ist das anders. Ich beginne eine Aktion, um später darüber zu schreiben. In den meisten Fällen, jedenfalls in sehr vielen, tritt ein Moment ein, wo mehr mit mir geschieht, als daß ich etwas geschehen lasse. Erst später, beim Schreiben, verwandle ich mich zurück in die Rolle des Berichterstatters und Anklägers. Das war so am „Band", das war so als „Alkoholiker" in der psychiatrischen Klinik, das war im faschistischen Griechenland so und auch im Untergrund bei „Bild".

8. Ich muß selbst zum Betroffenen, notfalls zum Opfer werden, um über die Situation der Opfer dieser Gesellschaft schreiben zu können. Wenn ich mich zum Sprachrohr der Sprachlosen machen will, die wenig zu sagen haben, obwohl sie viel zu sagen hätten, so bedeutet das für mich, daß ich wenigstens zeitweilig einer von ihnen werden muß. Kisch stützt sich für seine Reportagen auf Befragungen. Wenn er über Ford in Detroit schreibt, so muß er nicht dort arbeiten, um den Standpunkt der Arbeiter einnehmen zu können. Er kommt als aufmerksamer Beobachter, bleibt Außenstehender, aber er schreibt eine durchkomponierte, in sich geschlossene Reportage, die die Diskrepanz zwischen werkseigener Propaganda und Betriebsrealität plastisch vor Augen führt. Ich kann eine Reportage über das Unleben in einem Obdachlosenasyl nur schreiben, wenn ich mehrere Wochen dort gelebt habe und nicht

nur zufällige Beobachtungen gemacht habe. Kisch benötigt für die Recherchen vielleicht ein paar Stunden. Dafür aber, als blendender Stilist, für die Schreibarbeit einige Wochen.

9. Man weiß, daß Kisch oft tagelang an einem Text feilte, nach einem bestimmten Wort suchte, bis er endlich mit seiner Arbeit zufrieden war. Aber nicht nur stilistisch unterscheiden sich seine Reportagen von den üblichen Korrespondentenberichten seiner Zeit. Was mir wichtig erscheint, ist, daß er die Zeitung als das typische Medium bürgerlicher Öffentlichkeit umfunktionierte, um einer proletarischen Öffentlichkeit zum Durchbruch zu verhelfen. Er nutzte die Spielräume, die ihm geboten wurden, immer nach Möglichkeiten suchend, die vorgegebenen Grenzen zu überschreiten. Denn die herrschende Rechtssprechung setzt nur allzu oft die Schranken dort, wo eine Veränderung des Status quo verhindert werden soll. Nur als diese Schranken niederreißende kann die Reportage die, wie Kisch es wollte, „literarische Nahrung der Zukunft“ sein.

10. Selbst für offenen Zynismus war sich Kisch nicht zu schade, wenn es darum ging, die Interessen der Unterdrückten zu vertreten. Das beweist eine Anekdote aus dem Spanischen Bürgerkrieg, die Willi Bredel erzählt hat. Im Sommer 1937 war Kisch von einer amerikanischen Zeitung aufgefordert worden, etwas über das eingeschlossene Madrid zu schreiben, „was die amerikanischen Zeitungsleser rühren sollte“. Kisch überlegte daraufhin, ob er nicht über die Tiere im Zoo von Madrid berichten sollte, die „beim Aufheulen herankommender Granaten wie Kinder wimmernd in die äußersten Ecken ihrer Käfige krochen“. Er ging davon aus, daß „keinen Amerikaner die Todesqual der Bevölkerung von Madrid“ betroffen machen würde, getötete Tiere aber würden zumindest die Tierschutzvereine mobilisieren, und vielleicht „falle auch für die Madrider Bevölkerung etwas ab“.

11. Für die bürgerliche Öffentlichkeit galt die Reportage lange Zeit als nicht-literarische Form. Den Vorteil einer solchen Einschätzung hatte Kisch erkannt und für seine Intentionen zu nutzen gewußt. Als literarische Kleinform wendet sich die Reportage nicht unbedingt an den geschulten Leser, vielmehr kann man eine Reportage auch zwischendurch, in der Mittagspause oder in der Straßenbahn auf dem Weg zur Arbeit lesen. Auf diese Weise erreicht die Reportage auch die, die sonst kein Buch zur Hand nehmen. Wenn diese sich in dem Text wiederfinden können, wenn sie sagen: das sind meine Erfahrungen, die hier beschrieben sind, dann hat der Reporter sein Ziel erreicht.

Kisch in Beispielen

Dogma von der Unfehlbarkeit der Presse

DEN ZEITUNGSREDAKTEUR KENNZEICHNET ÜBERKOMPENsation eines Minderwertigkeitskomplexes. Schon sein Eintritt in die Journalistik hat sein Kleinheitsgefühl bewiesen. Im allgemeinen ist er ja der Bürger, der den bürgerlichen Beruf verfehlt hat, ist er ja der Künstler, der doch nicht so viel Künstler ist, um es zu wagen, der Unbill des Verstoßenseins, des Nichtgesichertseins und des persönlichen Mißerfolges zu trotzen. Man kann ihn den „Nichtkünstler aus Skepsis“ nennen, oder den „Nichtbürger aus Anmaßung“.

Charakteristisch für die Geringschätzung seiner selbst ist die Ausrede der Aktualität. Obwohl dem Publikum die Aktualität absolut unwichtig ist (siehe Sympathie für Briefkasten, Handschriftendeutung, Feuilleton, kleine Chronik, also zumeist vollständig unaktuelle Rubriken), redet er sich und dem Leser ein, daß dieser in der Zeitung nur das „Neue“ suche.

Sich: um die Verwegenheit, daß er etwas schreibe (auf Unkosten des Bücherlesens gehende) Vorliebe für die Zeitung schmeichlerisch mit dem Aktualitätsbedürfnis zu begründen, und ihn um Verzeihung zu bitten, daß er, der arme Journalist, das Wort zu ergreifen wage: „Ich bitte, ich spreche nur, weil ich zufällig der Erste war, der's erfuhr.“

Der Journalist leidet an dem Zwiespalt zwischen der subjektiven Überzeugung von seiner Unersetzbarkeit und der Erfahrungstatsache, daß im allgemeinen jeder jederzeit ersetzt werden kann, ohne daß der Leser etwas merkt. Er leidet an der Tatsache, daß es ein Zufall war, der ihn gerade einer minder geachteten, zu individueller Betätigung schwerer geeigneten Rubrik zuteilte, der ihn gerade bei einer Vorstadt- oder Provinzzeitung Stellung finden ließ. Von seinem ersten Schritt aus der Bürgerlichkeit hängt seine Wertung für die Zukunft ab. Von einem Zufall! Hätte er seine erste Schrift an einen Bücherverlag oder an eine vornehme Zeitschrift gesendet und Erfolg gehabt, wäre er ein Dichter, ein Schriftsteller geworden. Aber er hat dies eben aus Skepsis nicht getan, ist Journalist geworden, hat an eine Tageszeitung eingeschickt oder sich um eine Anstellung bei einer solchen beworben. Welche hat er gewählt? Die, die ihm am nächsten lag, die, zu der er eine äußere Beziehung hatte, die, bei der er einen Redakteur kannte, oder die, von der er wußte, daß sie eben eines Mitarbeiters bedurfte. Und in welche Rubrik war er eingeteilt worden? Ja, hätte er wählen können — es gibt keinen Adepten, der nicht für Feuilleton und Theater tätig sein möchte. Auch Politik, Volkswirtschaft wären, wie er später einsieht, sehr schön gewesen. Aber es war nur ein Stenographenposten frei, eine Adlatusstelle beim Lokalreporter oder die Vereinsnachrichten. Aber der Konkurrenzkampf, die Publizität und Hast und Wirkung seiner Arbeit, das Besserwissen und Frühererfahren reizen ihn und reißen ihn mit, er gibt sein Ich aus oder einen Teil seines Ich.

Er leidet auch an dem Gedanken an das Alter. Er weiß, daß der dümmste Kadettenschüler, wenn er's unpensioniert erlebt, einmal General werden muß, und daß der bornierte Ministerialkonzipist schon sehr borniert geblieben sein muß, wenn er im Alter von sechzig Jahren nicht mehr als Hofrat ist. Es gibt keine 60jährigen Fähnriche und keine 60jährigen Konzipisten. Vor Generalen und Hofräten reißen die Niederen die Türe auf, salutieren, kriechen... Der Journalist ist mit zwanzig Jahren ein „kommandierender General", apperzeptionsfähig, begeistert, talentiert, verwendbar. Mancher Jüngere aber, der nach ihm eintritt, wird kein Vorgesetzter, jedes Morgenblatt und jedes Abendblatt nützt den Menschen ab, und wenn man sechzig Jahre ist, ist man Feldwebel — bestenfalls.

Vom Tage seines Eintritts in die Zeitungsredaktion an, ist man schon ein Opfer seines Berufes. Die Notwendigkeit, immer schußbereit an der Schießscharte der Zeit zu stehen, bewirkt naturgemäß eine völlige Nichtachtung der Umwelt und eine Vereinseitigung des Bewußtseins, wodurch der Redakteur freudlos wird und freudloser als der andere Mensch, der die Muße hat, sich am Bestehenden und vermittels des Bestehenden zu ergötzen. Er ist motorisch, während die Leser sensorisch sind. Der Redakteur hat seinen elegischen Zynismus gegenüber der Kunst, besonders gegen Lyrik, Symphonie, Malerei und Landschaft, ist für die ruhigen, sich ewig gleichbleibenden Erscheinungen des Daseins nicht bloß stumpf, sondern sogar — harrt er doch an der Schießscharte nur des Neuen, nur der Bewegung, nur des Ereignisses! — geradezu blind. Er hat es verlernt, die Dinge in ihrer objektiven Ruhe zu sehen. Er provoziert sie immer und immer auf die Zeitung, er setzt im Geiste Titel und Untertitel, Spatien und Durchschüsse in sie, teilt sie den Rubriken seines Blattes zu, mißt ihre Wirkung auf die Abonnenten (er denkt nie an sich selbst) heraus, sondern immer ihres eigentlichen Inhalts. Er verhält sich zum Leser, wie der Bauer zum Sommerfrischler, der Sennwirt zum Touristen. So kann es kommen, daß der gewiegteste Journalist vor dem kleinen Menschen, der das Blatt eines Baumes beschreibt, wie vor einem Wunder steht. Das ist ein Blatt, in dem er nie gelesen, und für dessen Herstellung er sich nie interessiert hat. Aber er beginnt zu ahnen, daß er — weil er immer am Laufenden ist — an allen Wahrheiten vorbeiläuft, die von Ewigkeit zu Ewigkeit aktuell sind, und für ihn ewig im Übersatz bleiben müssen.

Wie hilft er sich? Indem er den Touristen, der der veralteten Tracht einer Bäuerin verzückt nachschaut, als Trottel bezeichnet. Aber nur vor sich: Touristen bringen Geld ins Land, man will sie, also muß man ihren Wünschen auch Rechnung tragen und behält die Trachten bei. So wird man ihr Diener, und zähneknirschend beugt man sich unter das Joch...

Er ist unglücklich. Stundenlang kann er in der Redaktion müßig herumstehen, aber macht er einen Sonntagsausflug, so stirbt Bismarck, und sein Nebenbuhler arrangiert die Extraausgabe und schreibt den Leitartikel; ist er mit der Geliebten in der verborgensten Gelegenheit zum Glücklichsein, so stört ihn der Gedanke, daß eben der Stephansturm einstürzen kann, und geht er um seines kranken Kindes willen ins Spital, so kann ein Telegramm die Ermordung des Herzogs melden, und sein Fehlen ist ein Grund zum Vorwurf, zur Androhung der Entlassung.

Auch scheint ihm vor der Größe der Ereignisse, die er zu behandeln hat, sein eigenes Leben und das seiner Familie nicht wichtig. Soll er das „Koblenzer Tagblatt" wegen des rückständigen Telegrammhonorars von 20 Kronen einklagen, wenn er eben einen fulminanten Artikel über die Erhöhung irgendeines Aktienkapitals um 10,000.000 Kronen geschrieben hat? Soll er, der jetzt — nicht ohne eigene Anteilnahme geht das? — eine erschütternde Einleitung über die Dampferkatastrophe und ihre dreitausend Toten geschrieben, zu Hause seinem Söhnchen eine lange, wütende Philippika halten, weil der ein Nichtgenügend auf die mathematische Schularbeit bekommen hat? Soll er, nachdem er ein sechs Halbspalten langes Feuilleton über eine Aufführung geschrieben und gefeilt hat, sich hinsetzen, um seiner Frau auf dem Lande einen genauen Bericht über die Ordnung im Haushalt und die Ausgaben der Köchin zu erstatten?

Außerhalb des Bureaus will er nur Ruhe, Schlaf oder Betäubung, für private Reformen hat er keine Zeit, und das Porträt des Journalisten ist: Daniel Spitzer, monatelang auf den verpackten, transportbereiten Möbeln seiner gekündigten Wohnung sitzend und doch in die neue, längst bezahlte, nicht einziehend. Dabei kann man bei aller hier wirklich „restlosen" Hingabe an Ereignis, Beruf, Blatt, Rubrik doch an der Tücke des Alltags nicht eingehen. Auch den Tobsüchtigen schmerzen Wanzenstiche.

Und das Publikum wird einen Journalisten nie mit Konrad Bolz oder einem anderen der braven Freytag'schen Journalisten vergleichen, sondern gerade nur der arme, arme Schmock ist populär und als typisch aufgefaßt worden, Bismarck hat seinen journalistischen Helfer Oppert-Blowitz verleugnet, seine eigene Mitarbeit an den „Hamburger Nachrichten" geheimgehalten und das Wort von den Leuten verfehlten Berufes geprägt: Schnitzler dramatisiert das Doppelspiel eines Gesinnungslumpen aus der Zeitungsbranche... und...

Um das Unglück vollzumachen, weiß der Journalist das alles. Er versucht sich zu retten. Er überkompensiert seinen Kleinheitskomplex gewaltig, oft bis zum Dünkel und Größenwahn, und rächt sich an der Mißachtung durch Rache. Selbst J. J. David, der bei aller Bitterkeit gegen die Zeitung doch immer geneigt ist, dem Journalisten die geringste Schuld beizumessen, muß vor der Gesellschaft die belastende Zeugenaussage machen: „Es entwickelt sich eine ganz merkwürdige Art von Selbstbewußtsein und Eitelkeit, die kein anderer Stand so kennt, ein völliges Durchdrungensein davon, man sei an der Stelle durchaus unentbehrlich, da man steht... kein

Statist, kein Penny-a-liner, der nicht schwört, er, just er dürfte nicht fehlen, ohne daß sich eine sehr schmerzliche Lücke auftue."

Solcher Glaube, das stolze Schlagwort von der siebenten Großmacht, das scheinbare Vertrauen, dessen der Staatsmann den Journalisten würdigt, und die Macht der Zeitung sind das Narkotikum für den Journalisten. Und erst wenn er stellungslos wird, bricht jäh sein (ihm ja nicht von der Natur gegebenes) Selbstgefühl zusammen, er wird verbittert, trotzt mit dem Schicksal, verkommt. Sehr schnell wenden sich die Kollegen von ihm ab. Er ist weltkluger als Borkmann, und weiß, daß man ihn nicht holen wird. So hat er nicht einmal die Hoffnung. Es gibt keinen Stand, dessen stellungslose Mitglieder ein so grausames Bild in der Verwahrlosung und Verbitterung bieten, als die Journalisten und Schauspieler.

Diese Empfindlichkeit des Journalisten äußert sich nun in der Zeitung vor allem dort, wo er seine Findigkeit ins rechte Licht setzen will. Nehmen wir an, daß er erfährt, der Landesausschuß habe von neuem die Möglichkeit einer Steuer auf Hufeisen in Erwägung gezogen. Käme die Nachricht vom Korrenspodentenbureau, so würde er sie entweder auf zwei Zeilen zusammenstreichen und mit kleinstem Druck ins Blatt geben oder sie ganz wegschmeißen, weil die Angelegenheit schon wiederholt da war, von der Regierung noch nicht genehmigt, nicht wichtig ist. Aber der Journalist hat eben von dem Beschluß durch einen besonderen Vertrauensmann erfahren, den die Konkurrenz nicht hat. Er weiß also genau, daß die Konkurrenz auch die Nachricht nicht hat (das weiß man fast immer voraus), und nun legt er, von dem „Blattgefühl" des Chefredakteurs und der Kollegen unterstützt, los! Ein Leitartikel: Der Landesausschuß mache sich die Sache leicht, er wolle die Wirkungen der Obstruktion im Landtage, statt ihre Gründe legal zu beseitigen, einfach dadurch wettmachen, daß er von der Regierung die Bewilligung zur Einführung von Umlagen erstrebt. Hufbeschlag besteuert, Landwirtschaft geknebelt, Pferdezucht bedroht. Aber vor allem: das Prinzip. Appell an den Budgetausschuß, Hetze gegen den Oberstlandmarschall, Drohung an den Landesausschuß, Erwartung vom Landeskulturrat, von den Landesabgeordneten, Bezirksausschüssen. Und schon Stimmen von diesen: „Nie und nimmer..." Dann der genaue Bericht über die denkwürdige „Landesausschußsitzung", sensationell aufgemacht. Am nächsten Tage treten die Ausschüsse, die Stammtische zusammen, besprechen den Fall und protestieren, und beschämt gesteht der Leser der Konkurrenz sich ein, daß er von all dem nichts wisse. Das Lustigste aber ist, daß selbst der Journalist in einer anderen Zeitung nicht erkennt, was Mache und Spekulation oder Sensation aus wirklicher Wichtigkeit ist. Der Kollege von der Konkurrenz, der selbst die Nachricht seelenruhig in den Papierkorb befördert hatte, sagt sich, wenn er sie so aufgemacht im anderen Blatte liest: „Da sind wir tüchtig aufgesessen!" Die Zeitung und der Journalist sind viel unbestechlicher als die Öffentlichkeit meint, sie sind zumeist gegen Geld überhaupt unbestechlich. Aber für eine Nachricht ist man immer dankbar, eine Quelle darf man nie versiegen lassen, und für eine gute Information gibt die Zeitung die Gesinnung her. Das Regime Sieghart in Österreich ist von dieser Seite zu fassen, und was in der Politik auf Kosten von Blattgefühl, Konkurrenzneid der Blätter und auf Verschaffung von Solonachrichten zu setzen ist, würde Bücher füllen.

Es ist Unkenntnis, wenn man die Zeitung als Spiegel (Konvexlinse) der Zeit auffaßt. Sie ist nur ein Spiegel der Neigungen ihrer Redakteure. Diese sind freilich hie und da — persönliche Bekanntschaft und Zuschriften — von ihren Lesern beeinflußt, aber sehr gering, da gerade der alle Welt protegieren könnende Journalist genau weiß, daß diejenigen am meisten von ihm wollen, die der verlangten Dienste am unwürdigsten sind, und daher gegen jede Art von Beeinflussung mißtrauisch sind.

Er verläßt sich daher auf seine eigenen Neigungen. Und diese sind vor allem von der Eitelkeit diktiert. Gerade der Journalist, der von jedem Spießbürger Ratou machen, jeden zufällig obenauf befindlichen Dummkopf interviewen muß, weil es Tradition oder Chef verlangen, über den 60. Geburtstag einer wohltätigen Gans oder über das Begräbnis des Vereinsobmannes der Schuhoberteilerzeuger zu berichten und sich hinter die Sache zu stellen verpflichtet ist, muß durch all das in seiner Eitelkeit bestärkt werden. Weil er genau und mit allem Rechte weiß, daß er klüger ist als die meisten, die er zu Beiträgen auffordert und an seiner statt sprechen läßt, weil er manchen Sommerredner die Rede und manchen Abgeordneten die Interpellation verfaßt und den lauten Erfolg seines Golems und die Unbekanntheit seiner Mitwirkung sieht, so glaubt er, daß er nicht nur gescheiter ist, als eben diese Dümmeren, sondern als alle. Das Recht der Kritik, das ihm die Zeitung gibt, trägt er innerlich mit sich.

Und er veräußert es nur für einen Tribut an sein Selbstgefühl. Mit Nachrichten kann er sich brüsten — ob er der steinreiche Herausgeber oder der zerschlissene Melder ist. Mit geschickter Nachrichtenschenkung an Journalisten kann der schlechteste Staatsmann sich und die schlechteste Politik über dem Wasser der öffentlichen Meinung halten. Der Künstler aber hat keine Nachrichten zu vergeben. Gegen den Künstler kann sich der Journalist ausleben wenn er will. Und er will oft genug. Gerade weil er sich selbst entäußert hat, rächt er sich an dem, der es nicht getan hat. Der Redakteur wettert gegen die Zensur! Dabei vergißt er, daß er selbst immer Zensur übt. Schopenhauer kann Bibliotheken schreiben, Kunsteinrichtungen können gegeneinander toben, Zeitschriften können gegründet werden, eine neue Oper im Ausland Triumphe feiern — es ist dem Journalisten leicht, all das unter den Tisch fallen zu lassen, was er mag. Speidel verriß Hebbel, Hanslick verriß Wagner, Nordau verriß Wilde, Golfmann verriß Hauptmann — so geht's. Nur wenige Künstler sind bei uns von der Presse durchgesetzt worden, nur wenn sich einer durchgesetzt hatte, dann kam sie und bat ihn um Beiträge für die Weihnachtsbeilage.

Bei uns? Gilt denn das nur bei uns? Ja, nirgends in dem Maße wie in Zentraleuropa (Ungarn ausgenommen). In Österreich erachtet der Kaiser einmal den Herausgeber einer Zeitung für so recht geeignet, Mitglied des Herrenhauses zu werden; aber die Herren einer Partei, die von der Gunst des Kaisers und jenes Blattes leben, lehnen ihn ab. So geschieht es täglich, wenn auch nicht im Herrenhaus. In Deutschland kommt es nicht einmal zu einer Herrenhausberufung. Die kapitalistischen Zeitungsunternehmungen sind vor allem ängstlich darauf aus, journalistischen Handlungsgehilfen (man stelle sich vor, daß zum Beispiel Clemenceau, Jaurés, Rochefort dem Handlungsgehilfengesetz unterstünden, wie die österreichischen Redakteure!) zur Anonymität zu verhalten, um zu vermeiden, daß sie die Beliebtheit des Publikums und die Aufmerksamkeit der Konkurrenzunternehmung auf sich lenken. Von außen Feindschaft, von innen Feindschaft. So kommt es, daß sich der Redakteur in seine Ressentiments einspinnt. Aber, beginnt er zu glauben, das Zeitungsgeschäft verstehe doch nur ich! Ein Leser schickt etwas ein! Papierkorb! (Wenn es nicht gerade eine Zugsverpätung, eine Beschwerde wegen Straßenbeleuchtung, ein verspätet eingelangter Brief oder sonst eine Harmlosigkeit ist). Ein Leser will eine politische Meinung haben? Papierkorb! Ein Leser will auf die Haltung des Blattes einwirken? Papierkorb! Eine Berichtigung? Die muß man bringen, aber wir wollen zeigen, daß wir nicht müßten und daß sie ein Fremdkörper in unserem Blatte ist. Dabei zeigt man doch nur, daß man sich ärgert, wenn man ewig die Floskel hinsetzt: „Mit Berufung auf § 19 (11), was natürlich vollkommen überflüssig war, sendet" ... Oder: Herr X sendet uns eine Berichtigung, die zwar den Anforderungen des Pressegesetzes nicht entspricht, die wir aber trotzdem im Auszuge u." Dem Leser fiele natürlich in der Regel gar nicht ein, in einer Berichtigung etwas für die Zeitung Entwürdigendes zu sehen. In den „Letters to the Editor" arbeitet die ganze Leserschaft unentgeltlich mit, es ist dies die wichtigste Rubrik der englischen Blätter, man trägt dort die größten politischen Kämpfe aus (die Trennung Norwegens von Schweden wurde dort diplomatisch verhandelt) und beschimpft seelenruhig und, im Meritorischen unzensuriert, den Editor und die Zeitung. Bei uns ist so etwas ausgeschlossen, die Zeitung wahrt ängstlich den Schein der Unfehlbarkeit, und die Wirkung ist, daß diejenigen als die Übergescheiten gelten, die in Revuen einfach das Gegenteil von dem sagen, was die Zeitungen über eine Angelegenheit urteilen, und daß sich das Publikum bärisch darüber freut, wenn in irgendeiner Zeitschrift die Druckfehler, Stilblüten oder Mystifikationen der Tagesblätter in gehässiger, schadenfroher Weise breitgetreten sind. Das verärgert dann die Presse erst recht, und sie wird noch unnahbarer, sie schließt sich hermetisch ab, und so kommt es auch, daß kein Schriftsteller in einer Zeitung außerhalb des Feuilletons zu Worte kommt, und daß unsere besten Journalisten nicht Redakteure sind.

Die Gegner des gegenwärtigen Pressezustandes wenden sich immer bloß gegen die Zeitung als ein Werkzeug der Kapitalsvermehrung. Das ist sie, und da die heutige Gesellschaftsform eine amorphe Waffe aus Utilitarismus, Sensationslüsternheit, Interessiertheit, Kulissenriecherei ist, so können der Journalist und seine Zeitung keine erfreulichere Erscheinung sein, als es sonst jemand in der Gesellschaft ist. Aber sie sind Symptome, und Organismen werden nicht gerettet, indem man Symptome beseitigt. Mit der Kapitalisierung der Zeit abgefunden hat. Aber auch im Rahmen des Kapitalismus ist die Reform der Presse möglich: Wenn man sich ihrer Entwicklung bewußt ist, ihrem Entstehen aus der Mitteilung von Tatsächlichem oder der Meinung einer Persönlichkeit. Heute werden Begabungen unter der selbstverständlichen Bedingung gekauft, daß sie jene Meinungen zu vertreten haben, auf welche sich der Herausgeber der Zeitung, ihre einseitigen und gegewärtigen Redakteure in allen Fragen festgelegt haben. Aus diesem Schienenstrang kann niemand heraus. Also ist schon dieser Menschenkauf unsittlich, die Welt aber verurteilt ihn als solchen erst dann, wenn er zu einer Zeitung anderer Richtung geht. Das erste Engagement des Journalisten ist für ihn in der Geltung nach außen ehrenvoll. Auch wenn seine Anschauung der des Blattes polar entgegengesetzt ist. Das nächste Engagement an ein anderes eingestelltes Blatt oder sein Verbleiben bei einer die Richtung wechselnden Zeitung gilt als charakterlos, wenn auch die neue Richtung endlich seiner Überzeugung entspräche.

So läßt ihn das „Blattgefühl" auch dann nicht frei, wenn er es von sich werfen will. Das „Blattgefühl", das er sich selbst der Unfehlbarkeit seiner Zeitung, das er selbst verkündet hat, erdrosselt ihn materiell und gesellschaftlich. Und wenn er es nicht verlernt hat, psychologisch zu denken, so erkennt er die tragische Schuld: Die Unduldsamkeit seiner Zeitung und seine eigene.

Elliptische Tretmühle

Zum zehnten Male, Jubiläum also, wütet im Sportpalast in der Potsdamer Straße das Sechstagerennen. Dreizehn Radrennfahrer, jeder zu einem Paar gehörend, begannen am Freitag um neun Uhr abends die Pedale zu treten, siebentausend Menschen nahmen ihre teuer bezahlten Plätze ein, und seither tobt Tag und Nacht, Nacht und Tag das wahnwitzige Karussell. An siebenhundert Kilometer legen die Fahrer binnen vierundzwanzig Stunden zurück, man hofft, sie werden den Weltrekord drücken, jenen historischen Weltrekord, als in sechs nächtelosen Tagen von 1914 zu Berlin die Kleinigkeit von 4260,960 Kilometern zurückgelegt wurde, worauf der Weltkrieg ausbrach.

Sechs Tage und sechs Nächte lang schauen die dreizehn Fahrer nicht nach rechts und nach links, sondern nur nach vorn, sie streben vorwärts, aber sie sind immer auf dem gleichen Fleck, immer in dem Oval der Rennbahn, auf den Längsseiten oder auf den fast senkrecht aufsteigenden Kurven, unheimlich übereinander, manchmal an der Spitze des Schwarmes, manchmal an der Quere und manchmal — und dann brüllt das Publikum: „Hipp, hipp!" — um einige Meter weiter; wenn aber einer eine Runde oder zwei voraus hat, ist er wieder dort, wo er war, er klebt wieder in dem Schwarm der Dreizehn. So bleiben alle auf demselben Platz, während sie vorwärts hasten, während sie in rasanter Geschwindigkeit Strecken zurücklegen, die ebensolang sind wie die Diagonalen Europas, wie von Konstantinopel nach London und von Madrid nach Moskau. Aber sie kriegen keinen Bosporus zu sehen und keinen Lloyd George, keinen Escorial und keinen Lenin, nichts von einem Harem und nichts von einer Lady, die auf der Rotten Row im Hyde Park reitet, und keine Carmen, die einen Don José verführt, und keine Sozialistin mit kurzem, schwarzen Haar und Marxens „Lehre vom Mehrwert" im Paletot. Sie bleiben auf derselben Stelle, im selben Rund, bei denselben Menschen — ein todernstes, mörderisches Ringelspiel. Und wenn es zu Ende, die hundertvierundvierzigste Runde abgeläutet ist, dann hat der Erste, der dem Delirium tremens nahe, lallend vom Rade sinkt, den Sieg erfochten, ein Beispiel der Ertüchtigung.

Sechs Tage und sechs Nächte drücken dreizehn Paar Beine auf die Pedale, das rechte Bein auf das rechte Pedal, das linke Bein auf das linke Pedal, sind dreizehn Rücken abwärts gebogen, während der Kopf ununterbrochen nickt, einmal nach rechts, einmal nach links, je nachdem welcher Fuß gerade tritt, und dreizehn Paar Hände tun nichts, als die Lenkstange halten; manchmal holt ein Fahrer unter dem Sitz eine Flasche Limonade hervor und führt sie an den Mund, ohne mit dem Treten aufzuhören, rechts, links, rechts, links. Ihre dreizehn Partner liegen inzwischen erschöpft in unterirdischen Boxen und werden massiert. Sechs Tage und sechs Nächte. Draußen schleppen Austrägerinnen die Morgenblätter aus der Expedition, fahren die ersten Waggons der Straßenbahnen aus der Remise, Arbeiter gehen in die Fabriken, ein Ehemann gibt der jungen Frau den Morgenkuß, ein Polizist löst den anderen an der Straßenecke ab, ins Café kommen Gäste, jemand überlegt, ob er heute die grauschwarz gestreifte Krawatte umbinden soll oder die braungestrickte, der Dollar steigt, ein Verbrecher entschließt sich endlich zum Geständnis, eine Mutter prügelt ihren Knaben, Schreibmaschinen klappern, Fabriksirenen tuten die Mittagspause, im Deutschen Theater wird ein Stück von Georg Kaiser gegeben, das beim Sechstagerennen spielt, der Kellner bringt das Beefsteak nicht, ein Chef entläßt einen Angestellten, der vier Kinder hat, vor der Kinokasse drängen sich hundert Menschen, ein Lebegreis verführt ein Mädchen, eine Dame läßt sich das Haar färben, ein Schuljunge macht seine Rechenaufgaben, im Reichstag gibt es Sturmszenen, in den Sälen der Philharmonie ein indisches Fest, in den Häusern sitzen Leute auf dem Klosett und lesen die Zeitung, jemand träumt, bloß mit Hemd und Unterhose bekleidet, in einen Ballsaal geraten zu sein, ein Gymnasiast kann nicht schlafen, denn er wird morgen den Pythagoräischen Lehrsatz nicht beweisen können, ein Arzt amputiert ein Bein, Menschen werden geboren und Menschen sterben, eine Knospe erblüht und eine Blüte verwelkt, ein Stern fällt, und ein Fassadenkletterer steigt eine Häuserwand hinauf, die Sonne leuchtet, und Rekruten lernen schießen, es donnert, und Bankdirektoren amtieren, im Zoologischen Garten werden Raubtiere gefüttert, und eine Hochzeit findet statt, Mond strahlt, und die Botschafterkonferenz faßt Beschlüsse, ein Mühlenrad klappert, und Unschuldige sitzen im Kerker, der Mensch ist gut, und der Mensch ist schlecht — während die Dreizehn, ihren Hintern auf ein sphärisches Dreieck aus Leder gepreßt, unausgesetzt rundherum fahren, unaufhörlich rundherum, immerfort mit kahlgeschorenem Kopf und behaarten Beinen nicken, rechts, links, rechts, links.

Gleichmäßig dreht sich die Erde, um von der Sonne Licht zu empfangen, gleichmäßig dreht sich der Mond, um der Erde Nachtlicht zu sein, gleichmäßig drehen sich die Räder, um Werte zu schaffen — nur der Mensch dreht sich sinnlos und unregelmäßig beschleunigt in seiner willkürlichen, vollkommen willkürlichen Ekliptik, um nichts, sechs Tage und sechs Nächte lang. Der Autor von Sonne, Erde, Mond und Mensch schaut aus seinem himmlischen Atelier herab auf das Glanzstück seines Œuvres, auf sein beabsichtigtes Selbstportät, und stellt fest, daß der Mensch — so lange wie die Herstellung des Weltalls dauerte — einhertritt auf der eig'nen Spur, rechts, links, rechts, links — Gott denkt, aber der Mensch lenkt, lenkt unaufhörlich im gleichen Rund, wurmwärts geneigt das Rückgrat und den Kopf, um so wütender angestrengt, je schwächer seine Kräfte werden und am wütendsten am Geburtstage, dem sechsten der Schöpfung, da des Amokfahrers Organismus zu Ende ist, und hipp, hipp, der Endspurt beginnt. Das hat Poe nicht auszudenken vermocht: daß am Rand seines fürchterlichen Mahlstroms eine angenehm erregte Zuschauermenge steht, die die vernichtende Rotation mit Rufen anfeuert, mit Hipp-Hipp! Hier geschieht es, und hier erzeugen sich zweimal dreizehn Opfer den Mahlstrom selbst, auf dem sie in den Orkus fahren.

Ein Inquisitor, der solche Tortur, etwa „elliptische Tretmühle“ benamst, ausgeheckt hätte, wäre im finstersten Mittelalter selbst aufs Rad geflochten worden — ach, auf welch ein altfränkisches, idyllisches Einrad! Aber im zwanzigsten Jahrhundert muß es Sechstage-Rennen geben. Muß! Denn das Volk verlangt es. Die Rennbahn mit den dreizehn strampelnden Trikots ist Manometerskala einer Menschheit, die mit Wünschen nach äußerlichen Sensationen geheizt ist, mit dem ekstatischen Willen zum Protest gegen Zweckhaftigkeit und Mechanisierung. Und dieser Protest erhebt sich mit der gleichen fanatischen Sinnlosigkeit, wie der Erwerbsbetrieb, gegen den er gerichtet ist. Preise werden gestiftet, zum Beispiel zehn Dollars für die Ersten in den nächsten zehn Runden. Ein heiserer Mann mit dem Megaphon ruft es aus, sich mit unfreiwillig komischen, steifen Bewegungen nach allen Seiten drehend, und nennt den Namen des Mäzens, der fast immer ein Operettenkomponist, ein Likörstubenbesitzer oder ein Filmfabrikant ist oder jemand, auf dessen Ergreifung eine Prämie ausgesetzt werden sollte. Ein Pistolenschuß knallt, es beginnt der Kampf im Kampf, hipp, hipp, die dreizehn sichtbar pochenden Herzen pochen noch sichtbarer, Beine treten noch schneller, rechts, links, rechts, links, Gebrüll des Publikums wird hypertrophisch, hipp, hipp, man glaubt in einem Pavillon für Tobsüchtige zu sein, ja beinahe in einem Parlament, der geschlossene Schwarm der Fahrer zerreißt. Ist es ein Unfall, wenn der Holländer Vermeer in der zweiten Nacht in steiler Parabel vom Rad saust, mitten ins Publikum? Nein: Out. Ändert es etwas, daß Tietz liegenblieb? Nein, es ändert nichts, wenn die Roulettekugel aus dem Spiel schnellt. Man nimmt eine andere. Wenn einer den Rekord bricht, so wirst du Beifall brüllen, wenn einer den Hals bricht, — was geht’s dich an? Hm, ein Zwischenfall. Oskar Tietz war Outsider vom Start an. Das Rennen dauert fort. Die lebenden Roulettbälle rollen. „Hipp, Huschke! Los Adolf!“ — „Gib ihm Saures!“ — „Schiebung!!“

Von morgens bis mitternachts ist das Haus voll, und von mitternachts bis morgens ist der Betrieb noch toller. Eine Brücke überwölbt hoch die Rennbahn und führt in den Innenraum; die Brückenmaut beträgt zweihundert Mark pro Person. Im Innenraum sind zwei Bars mit Jazzbands, ein Glas Champagner kostet dreitausend Papiermark, eine Flasche zwanzigtausend Papiermark. Nackte Damen in Abendtoilette sitzen da, Verbrecher im Berufsanzug (Frack und Ballschuhe), Chauffeure, Neger, Ausländer, Offiziere und Juden. Man stiftet Preise. Wenn der Spurt vorbei ist, verwendet man die Aufmerksamkeit nicht mehr auf die Kurve, sondern auf die Nachbarin, die auch eine bildet. Sie lehnt sich in schöner Pose an die Barriere, die Kavaliere schauen ins Dekolleté, rechts, links, rechts, links. Das Sechstagerennen des Nachtlebens ist es. Im Parkett und auf den Tribünen drängt sich das werktätige Volk von Berlin, Deutschvölkische, Sozialdemokraten, rechts, links, rechts, links, alle Plätze des Sportpalastes sind seit vierzehn Tagen ausverkauft, Logen und

Galerien lückenlos besetzt, rechts, links, rechts, links, Bezirke im Norden und Süden müssen entvölkert sein, Häuser leerstehen, oben und unten, rechts und links.

Und mehr als die Hälfte der Plätze sind von Besessenen besessen, die — die Statistik stellt es triumphierend fest — vom Start bis zum Finish der Fahrer in der hundertvierundvierzigsten Stunde ausharren. In Berliner Sportkreisen ist es bekannt, daß sogar die unglücklichen Ehen durch die Institution der Six Days gemildert sind. Der Pantoffelheld kann sechs Tage und sechs Nächte von daheim fortbleiben, unkontrolliert und ohne eine Gardinenpredigt fürchten zu müssen. Selbst der eifersüchtigste Gatte läßt seine Frau ein halbes Dutzend Tage und Nächte unbeargwöhnt und unbewacht; sie kann gehen wohin sie will, rechts, links, rechts, links, ruhig bei ihrem Freunde essen, trinken und schlafen, denn der Gatte ist mit Leib und Seele beim Sechstagerennen. Von dort rühren sich die Zuschauer nicht weg, ob sie nun Urlaub vom Chef erhalten oder sich im Geschäft krankgemeldet, ob sie ihren Laden zugesperrt oder die Abwicklung der Geschäfte den Angestellten überlassen haben, ob sie es versäumen, die Kunden zu besuchen, ob sie streiken oder ohnedies arbeitslos sind. Es gehört zur Ausnahme, daß ihr Vergnügen vorzeitig unterbrochen wird, wie zum Beispiel das des sportfreudigen Herrn Wilhelm Hahnke, aus dem Hause Nr. 139 der Schönhauser Straße. Am dritten Renntage verkündetet nämlich der Sprecher durch das Megaphon rechts, links, rechts, links den siebentausend Zuschauern: „Herr Wilhelm Hahnke, Schönhauser Straße 139, soll nach Hause kommen, seine Frau ist gestorben!“

Eines Scharfrichters Lebenslauf

„FRÜHER HAB' ICH EIN KAFFEEHAUS GEHABT IN DER SIMmeringer Hauptstraße. Mein Milchlieferant war Herr Karl Seelinger, damals Scharfrichter von Wien und Milchhändler. Am 13. April 1894 kommt er zu mir herein und fragt mich, ob ich mitfahren will nach Galizien zu einer Hinrichtung, ich bin ein starker Kerl, ich könnt' ihm helfen. Da bin ich mitgefahren. Gezahlt hab' ich nichts genommen, nur die Reise und das Essen. Die Sache hat mich halt interessiert. Am nächsten Tage haben wir dann in Neu Sandec einen Fleischhacker gehängt, Fargacz hat er geheißen, ein Riesenkerl war's, Lustmörder und Notzüchter. Ob ich mich gegraust hab'? Warum denn? Gar keine Spur! Der Seelinger hat mir auf die Schulter geklopft: ‚I hab' schon vül G'hilfen g'habt, aber so an' no net wie di, Pepi!' Na, und da bin ich mit ihm in Österreich herumgefahren, zu allen Hinrichtungen, nach Brünn, nach Cilli, nach Graz. Dabei bin ich immer Kaffeesieder geblieben und habe vom Seelinger keinen Lohn genommen. Nur so aus Sport, wissen S' ...im neunundneunz'ger Jahr, im September, ist er gestorben, der Seelinger. Mir ist gar nicht einmal im Traum eingefallen, mich um die Stelle zu bewerben. Da schreibt mir eines schönen Tages der Polizeirat Rattay — der ist auch manchmal zu mir ins Café gekommen—, ich möcht' ihn im Kommissariat besuchen. Der fragt mich so aus, ob es wahr ist, daß ich dem seligen Seelinger geholfen hab' bei Justifikationen, wann und wo, und ich hab' ihm alles erzählt. Wie ich fertig bin, sagt er zu mir: ‚Warum reichen Sie nicht ein Offert um die Scharfrichterstelle ein, Herr Lang? Das Kaffeehaus ist nichts für Sie.' Da hat er ja recht gehabt. Jede Nacht sind Pülcher hineingekommen, um drei Uhr früh hat es immer Ohrfeigen gegeben, ich hab' mich zwar nicht gefürchtet, aber diese Aufregungen, die man als Kaffeesieder hat, sind nichts für mich, ich bin ein friedlicher Mensch, streit' micht net gern herum, und ich hab' mir immer ein ruhiges Leben gewünscht. ‚Ja, Herr Polizeirat', hab' ich ihm gesagt, ‚ich tät' ganz gern Scharfrichter werden, aber ich bin schon zu alt, mit fünfundvierzig Jahren stellt mich das Landesgericht nicht mehr an.' Ich soll ihm nur meine Dokumente schicken, sagt er, er wird's schon machen. Im Februar 1900 bin ich angestellt und vereidigt gewesen als ‚Scharfrichter des k. k. Landesgerichtes Wien', trotzdem eine Menge Offerten eingelaufen waren für die Stelle. Aber es hat sich keiner ausweisen können, daß er es auch wirklich leisten kann!

Hundertvierzig Kronen monatlich war das Gehalt und fünfzig Kronen für jede Hinrichtung — es war ja nicht viel, aber besser als in die Hosen geschissen. Sehr viel hab' ich gleich zu tun gekriegt, weil man seit dem Tod vom Seelinger alle Hinrichtungen aufgeschoben hat. Nur wie man die Julianne Hummel, die Kindesmörderin, aufgehängt hat, im Jänner 1900, hat man dazu den Wohlschläger kommen lassen, den Prager Scharfrichter. Die Hummel ist auf ihn geflogen, noch unter dem Galgen hat sie zu ihm gesagt: ‚Sie haben so ein liebes G'schau, Herr von Wohlschläger', aber er hat dann so lang an ihr herumgewurschtelt, daß sie noch fünf Minuten gelebt hat, so ein Patzer war der Wohlschläger — no ja, für die Provinz war er gut genug, aber nach Wien konnte man ihn nicht berufen, nach so einem öffentlichen Skandal. Deshalb hat man mich ja aufgefordert, weil ich mich schon auskennt hab'.

Meine erste selbständige Hinrichtung — das war interessant, nämlich der letzte Delinquent, den ich als Gehilfe gehabt hab' war auch mein erster Delinquent, wie ich Meister war. Das war so: im April 1899 bin ich mit dem Seelinger nach Rudolfswerth in Krain gefahren, um einen Zigeuner aufzuhängen. Simon Held hat er geheißen und hat sechs Raubmorde verübt, alle an alten Frauen, Ausgedingerinnen. In der Nacht vor der Hinrichtung hat er den Untersuchungsrichter rufen lassen: Er will seine Komplizen nennen. Er hat auch ein paar Namen angegeben. Aber man hat ihm's nicht geglaubt und hat die Hinrichtung nicht aufgeschoben. Zur Sicherheit hat man nach Wien telegraphiert, und es ist die Antwort gekommen, man soll ihn nur henken. Eine Stunde später hat die Justifikation stattfinden sollen, ich hab' ihm gerade die Schlinge um den Hals gelegt — da kommt ein Beamter gerannt mit dem Telegramm, daß er begnadigt ist. Na, da sind wir halt wieder nach Hause gefahren. Der Zigeuner hat sich ein paar Wochen später von seinen Freunderln eine Geige in die Zelle kommen lassen und darin war eine Schnur, mit der hat er sich auf dem Fenster heruntergelassen, der Posten hat auf ihn geschossen, hat ihn aber nicht erwischt. Erst ein paar Monaten darauf, wie er einen neuen Raubmord begangen hat, ist er wieder eingenäht worden und wieder zum Tod durch den Strang verurteilt. So ist der erste Delinquent meiner Scharfrichterzeit einer gewesen, dem ich schon Maß genommen hatte. Ich hab' ihn auch tadellos gehenkt, in 45 Sekunden war er tot. Das war am 3. März 1900 — warten Sie einen Augenblick ich muß zur Sicherheit noch im Buch nachschauen."

Ich bleibe allein in der Wachstube der Freiwilligen Turner-Feuerwehr von Simmering, in der das Gespräch stattfindet. Hinter einer Umfriedung der Geiselbergstraße steht das Spritzenhaus und das Wachzimmergebäude, an das sich das Bretterhäuschen mit der Wohnung des Scharfrichters schließt. Trotzdem er nur ein hölzernes Häusl bewohnt, ist er einer der geachtetsten Bürger von Simmering und Hauptmann des Feuerwehrsvereins — na, was denn, wir sind in Wien, und die Hauptsache ist doch, daß einer einen ‚interessanten" Beruf hat, daß man einer ist, mit dessen Bekanntschaft man protzen kann. „Waaßt, Alte, mit wem i heut' beisamm' war? Mit dem Henker von Wien!'

Der k. k. Henker ist Besitzer des Ehrenzeichens vom Roten Kreuze — Patriae ac humanitate! — schön eingerahmt hängt sein Bild an der Wand der Wachstube, neben den Porträts vom Kaiser Franz Jospeh, Georg Schönerer und Oskar von Höffl. Ein besonderer Uniformständer ist für Helm, Degen und Bluse des Hauptmannes reserviert.

Herr Lang schleppt einen Folianten herein und ein Fotografiealbum, in dem seine Familienmitglieder, seine Gehilfen, die meisten in Athletendreß, und wichtige Hinrichtungen verewigt sind. In dem großen Buche sind alle Strangulierungen handschriftlich verzeichnet, die die Herren Willenbacher, Seelinger und Lang von Amts wegen vollzogen haben. Die Eintragungen beginnen mit Enrico Francesconi, dem Geldbriefträgermörder vom Trattnerhof, der am 16. Dezember 1876 aufgeknüpft wurde, der nächste ist Ferdinand Hackler, Raubmörder, gehängt am 16. Mai 1877 im Gebäude der Kaserne in der Alserstraße, dann kommen die Dienstbotenmörder Hugo Schenk und Karl Schlossarek am 22. April 1884, und ihnen mußten am 8. August 1884 die Anarchisten Hermann Stellmacher und Kammerer folgen.

Die Wiener Lokaltätigkeit Langs hat am 21. Mai 1901 mit Stefan Waniek eingesetzt, der — bei einem Einbruch in Favoriten überrascht — auf seine Verfolger geschossen und eine Frau Hoffmann getötet hat; am 11. August 1902 zieht Lang den Johann Woboril, Mörder am Trödler Keßler, ins bessere Jenseits, am 25. April des nächsten Jahres henkt Herr Lang den Mörder der Trafikantin Marie Jülich von Jülichenthal, den Messerschmied Anton Senekel, der zwei Tage nach seiner Tat auf dem „Selbstmörderbankel" im Prater gesessen und das geraubte Geld gezählt hatte, was zu seiner Verhaftung führte; Senekels letzte Worte waren an Herrn Lang gerichtet: „Leckmimoasch" lauteten sie, und Herr Lang nimmt ihm das sehr übel. Wenn irgendwo in Österreich eine Volksforderung auf der Straße erhoben wurde, so schickte Wien sofort das Standrecht und den Herrn Lang hin; mit seiner Handtasche erschien er als ultima ratio. In Ungarn hat er den Oberleutnant Bela von Pap hingerichtet, der im Jahre 1900 durch einen Bauern seinen Bruder erschießen ließ, um in den Besitz des Majorats zu gelangen.

Die Hinrichtung Battistis ist sein „berühmtester" Fall. Herr Lang sucht aus seinem Album die Bilder heraus, die den Tridentiner Landtags- und Reichsratsabgeordneten Caesare Battisti zeigen, wie er in Hauptmannsuniform an seinem Todestage, am 12. Juli 1916, seine Zelle im Kastell von Trient verläßt, um in das Gerichtsgebäude überführt zur werden. Hier erhielt er schäbige Zivilkleider, und auf anderen Fotografien sieht man bereits den Richtpflock mit der Leiche und eine Reihe von gefühllos umherstehenden und siegesbewußt lächelnden Feldwebeln — Bilder, die als gutes Propagandamittel gegen die Monarchie von der Entente in Hunderttausenden von Exemplaren vervielfältigt und verbreitet wurden. Herr Lang rühmt die gute Haltung Battistis; ohne mit der Wimper zu zucken, ließ sich der Delinquent die Schlinge um den Hals legen, und bevor sie zugezogen werden konnte, rief er: „Evviva l'Italia!" — Am gleichen Tag wurde auch ein anderer Irredentist, der italienische Oberleutnant Dr. Finzi aus Rovereto, hingerichtet. Im Frieden war Dr. Finzi k. k. Gerichtsbeamter gewesen und hatte als solcher bei einer Justifikation, die Lang an einem jungen, des Raubmordes schuldig befundenen Mühlenbesitzer namens Nathan in Rovereto vornahm, interveniert. Nachher hatte er sich viel von Meister

Lang aus dessen Praxis erzählen lassen. Daß er selbst einst unter die Hände Langs kommen werde, hatte er sich wohl nicht gedacht. Aber erkannt hat ihn Dr. Finzi sofort. Als Lang zwei Tage vor der Doppelhinrichtung nach Trient gekommen war, trafen sich Battisti und Finzi, jeder aus seiner Zelle unter starker Eskorte zu den letzten Verhören geführt. „Scharfrichter Lang aus Wien ist schon da",rief Battisti seinem Freund zu. — „Ich habe ihn schon gesehen. Ein alter Bekannter von mir!" — Das war das letzte Gespräch, das die beiden Märtyrer miteinander geführt haben ... Herr Lang berichtet das mit Stolz, zeigt mir die Marschroute des Kriegsministeriums, die Spesenrechnung, die Belege. Insgesamt hat er für die Hinrichtung Battistis fünfhundertsechzig Kronen berechnet.

‚Stücke vom Strick Battistis waren dann im Trentino sehr gesuchte Artikel — aber es war alles Schwindel. Ich darf das Seil nicht verkaufen, ich bin ja beeidigter Staatsbediensteter. Na ja, meine Gehilfen, die machen Geschäfte mit allen möglichen Stricken — nur mit dem richtigen nicht. Vom Strick Battistis dürften sie mindestens zwanzig Meter verkauft haben. Aber den echten können Sie bei mir sehen, ich habe ihn drüben in meiner Wohnung.'

Herr Lang bringt eine schwarze Reisetasche. In Zeitungsblättern, die er darin aufbewahrt hat, sind die Todesurteile zu lesen, zu deren Vollstreckung sich Meister Lang ausersehen glaubte und in denen er zu gegebener Zeit nachlesen wollte, was sich sein Opfer hatte zuschulden kommen lassen. Ein Blatt trägt die Überschrift: ‚Dr. Kramar und Dr. Rasin zum Tode durch den Strang verurteilt...' ein anderes: „Verurteilung Friedrich Adlers zum Tode!" Der Scharfrichter hat inzwischen die schwarzen Zwirnhandschuhe aus der Handtasche genommen, die er zugleich mit seinem schwarzen Anzug bei jeder Hinrichtung anlegt, die Riemen, die man dem Malefikanten um die Achsel schlingt, wenn man ihn zur Richtstätte führt, und die schwarze Seidenschnur, mit der man ihm die Hände bindet. Er zeigt mir auch, wie man den Strick einseift, preßt eine Stahlklammer, den „Kloben', zwischen zwei Schränke, zieht die Doppelschlinge durch — den wirklichen Strick Battistis — und will sie mir um den Kopf legen. Ich empfehle mich!

Bei Ford in Detroit

Beim ersten Besuch der Fordwerke fällt zuerst auf, daß fast alle Arbeiter geschwollene Wangen haben. Man fragt, woher das kommt. Erhält zur Antwort: „Ja, Mister Ford ist Nichtraucher.“ Das heißt, er duldet keine Raucher. Oh, nicht etwa bloß weil bei der Arbeit — der am Fließband Beschäftigte hat keine Zeit, einen Zug aus der Zigarette zu tun. Aber auch vor und nach Arbeitsantritt ist das Rauchen verboten; in den Werkstätten, die keinen feuergefährlichen Bestandteil enthalten und ohnehin voll von Staub oder Ofenglut sind, außerhalb der Hallen, in den Straßen, auf den Plätzen und an den Sümpfen zwischen den Fabriksgebäuden, an denen rauchende Eisenbahnwagen entlangfahren, im Autobus, der die Fremden durch die besichtigungsreifen Teile der Betriebe führt, in der Cafeteria, wo Ingenieure und Beamte zu Mittag essen, darf nicht geraucht werden.

Um nun über das Fehlen der Zigarette hinwegzukommen, kaut die Belegschaft tagsüber Tabak, so daß man glaubt, alle hätten geschwollene Wangen. Von Zeit zu Zeit spucken sie den Priem aus, gleichgültig, wohin. In der Eisengießerei zielen sie in das sodahaltige Wasser, das über glühendes Eisen läuft und den Kameraden ins Gesicht spritzt...

Denn Mister Ford ist Nichtraucher.

Karren mit Nahrungsmitteln sind in den Werkstättenhallen aufgefahren. Fünfzehn Cent kostet ein Päckchen mit drei belegten Broten (zwei mit Fleisch, eins mit Marmelade). Aus dem Suppenkessel daneben wird für fünf Cent ein Papierbecher gefüllt. Für eine Flasche warmen Kaffees sind zehn Cent zu erlegen, doch erhält man fünf für die leere Flasche zurück. Vor den Karren und vor dem Suppenkessel stehen die Arbeiter in langer Reihe an.

Etwa acht Minuten dauert es, ehe man drankommt. Die Mittagspause in den Betrieben mit drei Schichten ist fünfzehn Minuten, in den anderen zwanzig Minuten. Demnach müssen die heiße Suppe im Papierbecher, die Brötchen, der Kaffee (der wird aus der Flasche getrunken) und allenfalls ein Apfel binnen sieben Minuten verzehrt werden. Stehend oder auf der Erde kauernd. Bänke oder Stühle gibt's nicht. Die Kantinen sind an drei Gesellschaften verpachtet, die ihre Rayons abgegrenzt, keine Konkurrenz zu fürchten haben und sich um die Bequemlichkeit ihrer Gäste nicht kümmern.

Denn Mister Ford ist nicht nur Nichtraucher, sondern er ist auch Nichtstammgast der Nahrungsmittelkarren.

In der Mitte jeder Halle ist eine Estrade, auf der die Arbeiter ihre Straßenkleider auf einen Bügel hängen können, wenn sie einen Kittel anziehen. Das tun nur die wenigsten. Sie gehen lieber im verschwitzten Hemd und im verschwitzten Anzug nach Hause, ohne Mantel, auch im Winter, weil bessere Kleidungsstücke gestohlen werden, falls man sie unversperrt aufbewahrt. Bei Ford vollzieht sich der dreimalige Schichtwechsel nicht so, daß Trupps einander ablösen, jeder Mann hat zu einer andern Stunde und Minute an seinem Platz zu sein. Wer also die Werkstatt verläßt, wo einige tausend Menschen fieberhaft mit ihren Griffen beschäftigt sind, kann unbeobachtet etwas mitgehen lassen.

Es gibt wenig Aborte, und man muß Schlange stehen.

Denn Mister Ford ist nicht nur Nichtraucher und Nichtstammgast der Karren, sondern auch Nichtkleiderableger und Nichtbenutzer der Aborte in seinen Werkstätten.

Die neue Anlage Rouge Plant, Rote Fabrik, heißt so, weil sie am River Rouge liegt, aber Mr. Henry will für den ganzen Bezirk den Namen „City of Fordson" einführen, wogegen die Vorstadtgemeinde Dearborn protestiert, deren Gebiet das ist.

Die ursprüngliche Fabrik, Highland Park, wird eben aufgelöst, das Gelände einer anderen Industrieunternehmung überlassen.

Tausende von Angestellten und Arbeitern hatten sich in der Nachbarschaft der Fabrik angesiedelt — nun erwachen sie eines Morgens zehn Meilen weit von ihr entfernt.

Zehntausende können die Wohnungsmiete in Detroit nicht erschwingen und fahren mehr als zwei Stunden nach Rouge Plant, meist stehend, da Autobusse, Straßenbahnen und Fähren überfüllt sind. Die außerhalb des Verkehrsnetzes wohnenden Arbeiter pflegen sich ein altes Kleinauto zu kaufen und holen täglich Kollegen gegen eine monatliche Vergütung ab — das sind die Arbeiterautos, die man vor den amerikanischen Fabriken in Massen parken sieht und als Beweis für den Wohlstand anführen hört.

Henry Ford aber, Nichtraucher, wohnt in Dearborn.

Durch Gespräche mit Arbeitern das zu ergänzen, was einem gezeigt wird, gelingt innerhalb der Ford-Werke nicht; erstens hat keiner Zeit, zweitens hat keiner Lust, sich den Mund zu verbrennen. Unmöglich ist es aber, irgendwo in oder um Detroit jemanden kennenzulernen, ohne daß die Rede auf Ford kommt. Jedermann hat dort begonnen oder arbeitet dort, aller Herren Länder sind in des einen Herrn Land vertreten — eine Fremdenlegion der Industrie. Die Leute sprechen wenig von Politik und wissen auch nicht, welcher Art der Landsmann ist, der sich für ihre Erzählungen vom Betrieb so sehr interessiert. Dennoch äußern sie nichts als Klagen.

Das schlimme sei das lay off.

Und es ist das Schlimmste.

Für einen Fehler bei der Arbeit, für ein geringfügiges Vergehen (wäre es nicht geringfügig, so würde ja der Arbeiter ohne weiteres entlassen) wird man „abgelegt“. Auf einen Tag oder länger, bis zu vierzehn Tagen. Über diese strafweise Einzelaussperrung findet man keine Wort in den Büchern, die Ford betreffen.

Auch in strafrechtlichen Werken steht nichts davon. In strafrechtlichen Werken steht, niemand dürfe seinem Richter entzogen werden, der nach den Paragraphen entscheiden soll und nach Anhörung von Zeugen und Sachverständigen und Plädoyers. Strafrecht, Strafgesetz und Strafvollzug sind bei Ford Motor Company einfacher geregelt. Wer in einen Streit gerät, während der Arbeitszeit einen Schluck Milch trinkt oder sonstwie dem General-Foreman, dem Werkmeister, Anlaß gibt, wird laid off. Bekäme — beispielsweise gesprochen — John D. Rockefeller wegen eines Fehlers an der Werkbank die gleiche Strafe, das heißt in der Höhe seines halben Monatseinkommens, so wäre das keineswegs die gleiche Geldstrafe, denn John D. Rockefeller könnte die eine Million Dollar von Ersparnissen bezahlen, der Fordarbeiter die sechzig Dollar nicht. Für diesen bedeuten vierzehn Tage lay off: Hunger samt Frau und Kind, Vorwürfe, unfreiwilliges Herumlungern daheim.

Zwar könnte er anderswo Arbeit suchen, es gibt in Detroit Automobilfabriken genug, Chrysler-Dodge, General Motors, Packard, Studebaker, aber bevor er eine neue Stellung findet, läuft die Karenz ab, und er kann zurückkehren zu Ford.

Bei der Wiedereinstellung wird sein Wochenlohn auf fünfunzwanzig Dollar gekürzt, wodurch der Strafende Nutzen hat. Oft, wie zum Beispiel im Frühjahr 1927, werden Zehntausende „aus betriebstechnischen Gründen“ abgelegt, alsbald jedoch wieder aufgenommen, allerdings nicht zu dem längst erworbenen Lohn, sondern für fünf Dollar pro Tag. (Die Fordwoche hat nur fünf Arbeitstage).

Zuzugeben ist, daß Mr. Henry Ford infolge der Konkurrenz, insbesondere jener der General Motors, das Geld nicht mehr so scheffeln kann. Seine Hartnäckigkeit ist schuld. Wie viele Unternehmer, die an die Verwertung einer neuen Erfindung gerieten und durch deren Konjunktur hochgekommen sind, betrachtet er sich als unfehlbar. In einem Prozeß, den Henry Ford gegen die „Chicago Tribune“ anstrengte, weil sie ihm Unintelligenz vorgeworfen, bestand er die einfachste Bildungsprobe nicht, und die verklagte Zeitung veranstaltete nachher ein Preisausschreiben: achtjährige Schulkinder sollten die von Ford nicht gelösten Fragen beantworten. „Seine Bücher“ hat er nicht geschrieben und später zum Teil desavouiert.

Eigensinnig hielt er an dem Automodell T fest, als es längst überholt und sogar lächerlich geworden war. Statt mit seinem titanischen Apparat die gesamte Erzeugung von Kleinautos in die Hand zu bekommen, blamierte er sich mit der Propagierung der Kleinflugzeuge (Fliver-Planes), die in Massen abstürzten, und mit anderen Projekten, bevor er sich zum A-Modell und zum achtzylindrigen Lincoln-Wagen entschloß. Inzwischen hat die Konkurrenz ihn vielfach überflügelt.

Nun spart er an Löhnen.

Wird ein Arbeiter verletzt, erhält er ärztliche Hilfe und — muß an seinen Arbeitsplatz zurückkehren. Hat er den rechten Arm gebrochen, so wird ihm eine Tätigkeit zugewiesen, zu der er nur den linken Arm braucht; er ist einer der vielen Substandardmen geworden. 3595 Arten von Verrichtungen (insgesamt gibt es 7882 in den Fordwerken) können durch Erwerbsbeschränkte ausgeführt werden, davon 670 durch Beinlose, 2637 durch Einbeinige, 2 durch Armlose, 715 durch Einarmige und 10 durch Blinde. Sogar im Hospital sind Metallarbeiter tätig: Ein schwarzes Wachstuch, über das Krankenbett gespannt, ist ihre Werkbank, auf der die Patienten Schrauben an Bolzen befestigen. Das klingt so unwahrscheinlich, daß man zitieren muß, was in dem Buch „Mein Leben und Werk" von Henry Ford über die Einführung der Krankenarbeit gesagt ist: „Die Insassen des Krankenhauses waren dazu genausogut imstande wie die Leute in der Fabrik und verdienen auf diese Weise ihren regelmäßigen Lohn. Ja, ihre Produktion war zwanzig Prozent höher, als die gewöhnliche Fabrikproduktion. Keiner wurde natürlich zu der Arbeit gezwungen, aber alle waren arbeitswillig. Die Arbeit half ihnen, die Zeit zu vertreiben, Schlaf und Appetit waren besser als zuvor, und die Erholung machte raschere Fortschritte."

Wer nicht imstande ist, weiterzuarbeiten, bekommt keinen Lohn und auch keine Krankenunterstützung. Nur im Falle einer dauernden, im Betrieb erworbenen Invalidität wird man nach der Compensation Bill entschädigt.

Im ersten Stockwerk des B-Building zahlt man die Löhne aus. Es dauert durchschnittlich ein halbe Stunde, bevor der einzelne seine Tüte erhält. Addiert das zu der mehrstündigen Fahrt von und zum Betrieb und zu der achtstündigen, fast pausenlosen Arbeitszeit!

Die Maschinenanlagen, an denen Besucher vorbeigeführt werden, strotzen vor Reinheit. Es gibt wohl nirgends in der Welt eine blitzblankere Metallwarenfabrik. Daß Fords Kraftwerk, die Glasöfen, die Papiermühlen und die Lederfabrik so kristallklar sind, erscheint weniger verwunderlich, denn die Zahl der dort beschäftigten Menschen ist relativ gering. Aber auch die gefegten oder makadamisierten Straßen und die Plätze zwischen den achtschlotigen Werkstätten bilden einen angenehmen Kontrast zum übrigen Detroit, selbst die Sümpfe innerhalb des Werkbezirks haben gepflegte Ufer, und die Lokomotiven der Fordschen Eisenbahn Detroit-Toledo-Ironton sind spiegelglattes Nickel.

Unter den Drehbänken der Motorenwerkstätten liegt kaum ein Häufchen Eisenfeile, und das laufende Band funkelt wie ein Alpenbach.

Hart an hart stehen die Arbeiter, so daß sie unter dem Arm des Nachbars nach dem heranrollenden Bestandteil greifen, knapp vor dem Gesicht des linken Nachbars die Behandlung des Stückes in Angriff nehmen, unmittelbar vor dem Gesicht des rechten Nachbars vollenden müssen.

Buchstäblich haarscharf über den Köpfen, denn ihr Haar wird gestreift, rollt Conveyor, an dem auf glitzernden Ketten verschiedene Dinge hängen, wie auf einem Christbaum die Gaben.

Jeder hat nach der für ihn bestimmten Gabe zu haschen, sonst fährt sie unweigerlich von dannen, und das gäbe eine schöne Bescherung.

Warum aber ist kein Platz? Sahen wir nicht ungeheure Flächen innerhalb der Anlage, sind die Hallen nicht hoch genug, um das Gleitband mit seinem stählernen Behang in weniger gefährlicher Kopfnähe laufen zu lassen?

Oh! Entfernung ist Zeitverlust.

Und Zeit ist Arbeitslohn. Dies ist der Grund für das Gedränge, der Grund dafür, daß keine Bänke oder Tische fürs Mittagessen da sind, keine Kammern, wo man Kleider wechseln könnte, wenig Aborte und Waschräume, der Grund fürs Rauchverbot.

Nicht eine Sekunde vom Arbeitslohn geht verloren, Tag und Nacht rollt das Band, an das Menschen geflochten sind.

Ein Griff nach der Kette, Auflegen der Schraubenmutter, ein Griff nach der Kette, Einstecken der Schraube, ein Griff nach der Kette, zwei Hammerschläge, ein Griff nach der Kette, Ansetzen des autogenen Bohrers, Funken stieben, ein Griff nach der Kette, Befestigung der Bleilamelle, Paraffinpappe, eine Hülse, ein Bündel Kerzen, eine Kurbelwelle, und immer dazwischen ein Griff nach der Kette, ein Griff nach der Kette, Handbewegung und Ergebnis, Körperhaltung und Einsatz, Mensch und Maschine, immerfort gleich. Die Motoren, fertig, rattern an Probeständen.

„Final Assembly Line", das letzte der laufenden Bänder, ist kein Bach mehr, sondern ein Strom, 268 Meter lang, mit vielen Nebenflüssen. Aus dem Bottich mit Emaillack taucht die Hinterachse empor und rollt heran, die Räder, schon bereift, münden, Kotflügel schwingen sich über sie, das Chassis kommt, dem Rahmen aufmontiert wird der Motor, Kühler spannen sich vor, die Lackierer spritzen Farbe auf, die Karosserie mit Ledersitzen und Fensterscheiben und Laternen stülpt sich als Ganzes übers Ganze, nur festzuschrauben ist sie noch.

Jetzt zeigt sich, daß das Fließband das Tempo der Arbeit bestimmt, nicht aber die Arbeit das Tempo des Bandes. Nur wenige Arbeiter bleiben an seinem Ufer stehen, viele fahren mit dem Stück weiter, sitzend auf Wägelchen von kaum dreißig Zentimeter Höhe, wie fußlose Bettler sie verwenden; hier auf dem Boden schleifen die Beine des Arbeiters, der seinem Stück nachjagen muß, um es abzudichten und es abzufeilen, es fahrend behandeln.

Mehr und mehr nähert sich die Summe der Bestandteile dem Begriff Automobil. Und plötzlich schwingt sich ein Mann auf den Chauffeursitz, drückt auf die Hupe, Schrei eines Neugeborenen, und auf dem stark geneigten Band, das läuft, läuft schneller ein lebendes Wesen, reißt sich los von der rollenden Nabenschnur, läuft in eine Halle, die A-A heißt.

Acht Inspektoren befühlen und begucken das Auto. Türklinken werden geprüft, Fensterscheiben, Kühler, Räderwerk. 550 Autos kommen hier täglich zur Welt. Händler und ihre Angestellten, die Autonummern in der Hand, warten, lassen Benzin einpumpen und fahren auf neugeborenen Wagen heimwärts.

In Dearborn, dort, wo es auch Ford „Dearborn“ nennen muß, ist ein Flugfeld und seine Flugzeugfabrik. Ein Hangar und zwei andere, die aber Werkstätten sind. Nichts von Conveyor, nichts von Taylorismus, nichts von Fordismus ist hier zu beobachten, der metallene Ford-Tri-Motor, Stout Type, Fassungsraum für vierzehn Passagiere, Preis 65.000 Dollar, wird nach den Methoden jeder Flugzeugfabrik erzeugt.

Trotzdem dient das als Ziel einer Sightseeing, und so sind auch einige Museumsobjekte da, der Aeroplan „Pride of Detroit“, der in 193 Stunden um die Welt flog, der Aeroplan der arktischen Expedition von Captain Byrd, eine Kopie des Doppeldeckers, mit dem Blériot 1909 den Ärmelkanal überquerte...

Weshalb aber Sigthseeing? Die Besucher werden von den Führern eindringlich bewogen, einen Aufstieg über Detroit zu unternehmen, Preis acht Dollar.

Rechts und links vom Eingang zum Fordschen Riesenkomplex ist je eine eiserne Hügelwelle aufgeschichtet, Reste von vierhundert Kriegsschiffen, „Eagle Boats“, vom USA Shipping Board dem Mr. Ford zur Abwrackung übergeben; ein Teil wird zur Erzeugung von Vanadiumstahl für Autos verwendet, der Rest als Autotransportschiffe auf dem River Rouge und dem Detroit River.

Hat man diesen rostroten Damm passiert, ist Fords engerer Hoheitsbezirk zu Ende. Man darf sich im Auto, oder während man auf die Straßenbahn wartet, eine Zigarette anzünden und nach Hause fahren durch den Osten Detroits, der Stadt, die mehr Verbrechen aufweist als Chicago, mehr Morde, Totschläge und Raubüberfälle aufweist als irgendeine andere Stadt des Erdballs. Mister Ford aber ist Nichtraucher.

Wie der Einbrecher Breitwieser erschossen wurde

Die Verfolger haben Angst vor dem Verfolgten. Dabei kann es sein, daß die fünfeinhalb Leute, die mit der Bahn zur Jagd hinausfahren, zu spät kommen, erst zum Halali. Denn eine Partie der Jäger und Treiber ist mit dem Auto voraus ins Revier.

Die Fünfeinhalb sind der Sukkurs und sollen ganz unauffällig folgen. Vor der Halle des Franz-Josephs-Bahnhofes stehen sie auf den Stufen und warten, bis sich die linke der drei Türen öffnen wird. Sie haben nichts zu tun als so, als ob sie einander nicht kennen würden.

Solcher Müßiggang fällt ihnen sicherlich schwer: in Reichweite sind Burschen, die sich — unbefugterweise — zum Koffertragen anbieten und auf ihre Militärkappen ein Flügelrad angeheftet haben, damit sie den Reisenden Vertrauen einflößen. Die könnt' man so schön schnappen, in flagranti, „Beilegung falschen Amtscharakters".

Wär eh g'scheiter, als da rausfahren, Jagd machen auf Aan, was ka Faxen macht...

Friedliche Passagiere mit Rucksäcken lassen in ihren Gesprächen Namen von Dörfern und Adressen von Bauern fallen, bei denen man gegen Wäsche oder Schmucksachen oder gar bloß Geld Butter eintauschen kann und Kartoffeln und Eier. Sonst würden solche Angaben auch die Fünfeinhalb interessieren, denn auch Detektive der Polizeidirektion Wien haben eine Frau, die es ihnen unter die Nase reibt, wenn der Nachbar Lebensmittel nach Hause bringt...

Wär eh g'scheiter, als da rausfahren...

Sie lassen es sich nicht anmerken, daß sie Jagdfieber haben, Angst vor dem Wild. Aber man erkennt ihre Angst daran, daß sie sich nichts anmerken lassen wollen. Die Virginia in ihrem Munde verlöscht nicht...

Endlich öffnet sich die Tür — „aber net drängeln, meine Hörrschaften, wer wird denn a soo drängeln". — „Oha, Sö Pimpf, Sö!" — und man ist vor dem Kassenschalter: „Fahrkartenausgabe zu Lokalzügen bis Tulln". Auf einem Zettel stehen die Abfahrtszeiten und gegenüber der Herr Göd des Bahnhofs, der selige Franz Joseph im Krönungsmantel, und hält eine halb eingerollte Staatsbeamtenlegitimation in der Hand, bei deren Vorweisung er nur den halben Fahrpreis bezahlen muß. Zu seinem Glück ist er aus Gips und wird nicht nervös von der öden Drängerei und Warterei, auf die alle schimpfen — bis auf die Fünfeinhalb, die einander noch immer nicht kennen und riesig phlegmatisch sind. „I? Gor ka Spur!"

Gerät man zu guter Letzt doch in den Waggon, so ist er gespickt voll, und die Füße frieren. Es ist kein Vergnügen, mit der Bahn nach Sankt Andrä-Wördern zu reisen. Ein Verbrecher wird sie kaum benützen, um so weniger, wenn er Radrennpreise errungen hat. Sicherlich setzt er sich, nachdem er in Wien seine Geschäfte erledigt hat, einfach aufs Rad und fährt entlang der Donau oder über Neuwaldegg, an keine Abfahrtszeit gebunden (keinem Gequetsche und keiner kalten Eisenbahnzugluft ausgesetzt, den Fahrpreis ersparend) nach Hause nach Andrä-Wördern.

Ob er tatsächlich in Andrä-Wördern wohnt?

Hinter Kahlenbergerdorf, in Klosterneuburg, in Kierling, auf den Dünen von Kritzendorf, in Höflein und Greifenstein ist die Mehrzahl der Hamsterer ausgestiegen, der Eisenbahnwagen ist halb leer, die Fünfeinhalb kennen einander schon ein wenig, und man kann den Nachbarn leise fragen: Ob's auch wirklich ganz gewiß ist, daß ††† in Andrä-Wördern steckt? Ob's nicht ein Aprilscherz ist? (Wir schreiben heute den 1. April 1919.)

Nein, nein, kein Aprilscherz, wie alle gedacht haben, als sie es heute hörten... Diesmal ist es sicher. Vor drei Wochen hatte man erfahren, daß ††† in der Atzgersdorfer Mühle sei; in der Scheune hatte er seine Werkstätte. „Wie wir hineinkommen, in die Scheune — ist sie leer. Wohin er sich gewendet hat, hat niemand gewußt, trotzdem er alle seine Apparate mitgenommen hat. Wir haben in der Umgebung nachgeforscht, nach neuen Mietern — umsonst." Der Waggon hat sich ganz geleert, nur fünfeinhalb Menschen sind noch darin. Man kann einander wieder kennen und ungeniert sprechen. „Erst gestern haben wir erfahren, daß der Breitwieser — heraus ist das Wort! — in einer ganz anderen Gegend steckt. In Sankt Andrä, wo das Haus schon hergerichtet worden ist, wie er noch in Atzgersdorf war."

Und ist das zuverlässig?

„Total zuverlässig! Wir haben schon alles recherchiert. Es ist die sogenannte Käferlsche Villa. Vor zwei Monaten hat sie der Rudolf Schier gekauft, als ‚gewesener Holzhändler' hat er sich ausgegeben. 28.000 Kronen war der Kaufpreis. Schier hat sie gleich bar bezahlt, ohne zu handeln, hat alles ausmalen lassen, Möbel sind aus Wien angekommen, und zuletzt ist ein verdeckter Streifwagen abends im Hof abgeladen worden. Es ist klar, daß da die Instrumente darin gewesen sind. Na, vielleicht werden wir's heute schon wissen!" An der Virginiazigarre wird fest gesaugt, obwohl sie gar nicht auszugehen droht.

Glauben Sie nicht, daß er Wind bekommen hat, und auf und davon ist?

„Heute früh war er noch da, und die Villa ist bewacht — in allen Nachbarhäusern sind unsere Leute. Wenn er jetzt entwischt ist, muß das viel Blut gekostet haben. Schießen tut er gleich!"

Ja, schießen tut er gleich. Zwei von den Fünfeinhalb zeigen Wunden, die sie von Breitwieser haben. „Bevur i hin bin, müssen no a paar Kiwerer hinwern." Dies sei sein stereotyper Schwur. Beteuern die Kiwerer hier im Zug.

In Wördern steigen die füneinhalb Leute aus, die einander anscheinend noch nie gesehen haben. Ein Soldat lungert am Bahnhof und kommt mit einem von ihnen ins Gespräch, wobei er ihm so en passant mitteilt, daß er mit einem anderen im Garten des Hauses Lehnergasse Nummer elf Wache zu halten habe. Dann muß der Soldat mal austreten und trifft auf dem Pissoir zwei Zivilisten, die durch ihn erfahren, daß sie sich an den beiden Ecken der Riegergasse zu postieren haben.

Einzeln geht man vom Dorfe Wördern entlang der Weiden, die die Donau und dann den Hagenbach umsäumen, bachaufwärts bis zum Marktflecken Sankt Andrä. Dort oben ist das Wild, ahnungslos, obwohl die Fallen bereits aufgestellt sind.

Von der Lehnergasse biegt als erste Seitenstraße die Riegergasse ab, eine Linie von Villen, durch Staketenzäune zu einer freundlichen Fassade verbunden. Nummer fünf ist die hübscheste: ein Einfamilienhaus. Die Veranda nimmt die ganze Frontseite ein, durch blaue Glastafeln kommt ihr Licht zu, ohne daß man hineinsehen kann. Wer in das Haus will, muß durch die Türe, die in den Hof führt: Das Haustor ist auf der Rückseite. In der Mitte des Hofes steht ein Schwengelbrunnen, an den ein Fahrrad angelehnt ist, links eine Laube und ein Ziergärtchen, rechts ein Holzschuppen. Neben dem Schuppen eine kaum zwei Meter breite Verschalung, mannshoch — der Zaun, der die Breitwieservilla vom Haus Riegergasse sieben trennt.

Gegen den Hintergrund zu: eine hohe Planke, hinter der der Gemüsegarten von Lehnergasse elf ist, wohin der Bahnhofssoldat zwei Mann des Sukkurses beordert hat — der Stand, von wo man die Haustüre im Auge hat, den Bau, aus dem man das Wild hervorkommen lassen will, um es zur Strecke zu bringen.

Eindringen, hineinschießen, offen belagern will man nicht. Es würde viele Opfer kosten und viel Zeit, wenn Gefahr gewittert würde.

Desto fester ist das Gehege von der Treiberkette umschlossen. Am Zaun lauern sie, in den Nachbarhäusern, an den Straßenecken. Ein Jagdhund ist dabei. Sie warten, bis das Wild wechseln wird. Ein Mädchen geht in den Schuppen und kehrt, Holzscheite auf dem Arm, ins Haus zurück. Die Verfolger lauern, die den Verfolgten fürchten. Karl Breitwieser, der jüngere Bruder des großen, war schon dreimal im Hof, auch zwei Frauen — Luise Schier und Anna Maxian, ein siebzehnjähriges Mädchen, die Geliebte Johann Breitwiesers, des Einbrecherkönigs.

Nur er selbst, er selbst ist noch nicht ein einziges Mal aus dem Haus getreten. Zwei Uhr wird es, drei Uhr, vier Uhr, dreiviertel fünf...

Da — da: „Hände hoch!"

Breitwieser, der sich am Fahrrad zu schaffen machen wollte, zuckt auf. Von hinten, vom Garten schallt die Aufforderung. Er dreht sich um: Auch vom Hoftor her sind Revolvermündungen auf ihn gerichtet. Bleibt nur die Flucht flankenwärts. Ohne Rock, ohne Hosenträger ist er, aber nicht eine Sekunde lang denkt er an Übergabe, jagt davon, mit einem Sprung ist er über den mannshohen Zaun, die Wirtschafterin der Nachbarsleute, die Wäsche aufhängt, rennt er über den Haufen, will durch das Nachbarhaus auf die Straße, auch hier die Kiwerer, Revolverschüsse krachen,

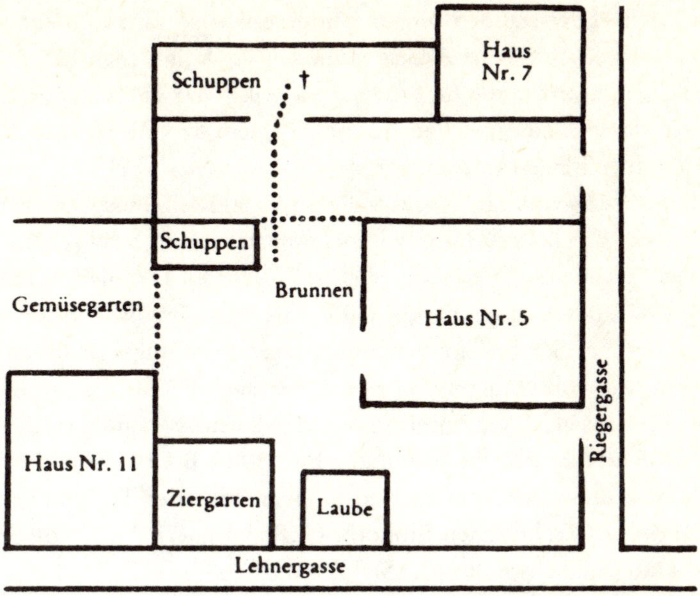

der Verfolgte fürchtet die Verfolger nicht, er reißt seinen Browning aus der Hosentasche, taumelt getroffen, einen Blutstrom verspritzend, springt er in den Schuppen von Nummer sieben und schießt von dort. Von allen Seiten feuert man in die Holzwand, Polizeihund „Ferro" jagt in die Hütte, wirft sein Opfer zu Boden, nun wagen sich auch die Verfolger mit erhobener Waffe hinein. Breitwieser streckt die Hände aus:

„Net schießen, i tu eh nix mehr."

Man nimmt seinen Browning, der neben ihm im Stroh liegt. Schmerzverzerrt tastet Breitwieser nach seinen Wunden. Sie schmerzen, obwohl er weiß, daß er jetzt sterben wird.

Karl Breitwieser, der Bruder, hat sich inzwischen ohne Gegenwehr ergeben. Auch er war im Hof, als das Handsoffsignal erscholl, sprang in den Holzschuppen, kam aber sofort mit erhobenen Händen hervor. „Nicht schießen!" bat er und ließ sich fesseln, während sein Bruder noch schoß. Die beiden Frauen hatten das Haus von innen versperrt, doch öffneten sie, als die Detektive in den Fenstern erschienen und zu schießen drohten. Einen Überfall aus dem Inneren des Hauses befürchtend, schoben die Polizisten den Knaben Karl als Schild vor sich her. Luise Schier und Anna Maxian wurden festgenommen.

Johann Breitwieser wird in die Laube getragen, und von dort, da ihn fröstelt, in seine Wohnung; er wird auf den Diwan gebettet, vom Gemeindearzt verbunden, und — schon in Agonie — dreifach bewacht, im Auto nach Wien gebracht. Die Beute. Halali!

Hausdurchsuchung. Als man in den fensterlosen Teil des Kellers trat, erstarrte man vor Staunen. Hier standen fünf mächtige Kassenschränke — Versuchsobjekte für die streng wissenschaftliche Arbeit in diesem vollkommenen Laboratorium der Technologie; hier lagen Stahl- und Eisensorten, etikettiert und sortiert, zur Materialprüfung; hier waren Hefte und Papiere mit Formeln und Bemerkungen von Breitwiesers Hand; hier hingen in transportablen Schränken, Werkzeuge nach der Reihenfolge ihrer Verwendung: Wachstabletten, Schlüsselbunde, Dietriche, Feilen, Schraubenzieher, Brecheisen, Bohrer für Handbetrieb und Schwachstrom, in allen Ausführungen, Größen — Werte von vielen Tausenden. Das meiste: Eigenes Fabrikat. Maschinen, Drehbänke, Schraubstöcke, eine Feldschmiede fehlten dem Atelier nicht. Ein autogener Schweißapparat für Hitzeentwicklung von dreitausendsechshundert Grad war vollständig aufmontiert, gebrauchsbereit, die zwei Meter hohe Flasche mit fünftausend Liter komprimierten Sauerstoffs stand daneben.

Oben im Bücherschrank: die technische Bibliothek Breitwiesers; das dreibändige Werk „Der Maschinenbau“ von R. Georg, „Das Buch der Technik“ von G. Neudeck, Bände der autotechnischen Bibliothek, „Räder und Felgen“ von Schmidt und Buch, „Die autogene Schweißung“, „Stahl und Eisen“...

Diese sachlichen Werke hatte Johann Breitwieser, Einbrecher, Gewalttäter und gewesener Markthelfer, ununterbrochen gelesen, und nach ihnen seine exakten chemischen technologischen Versuche gemacht. Ein Mann der Tat, des Mutes, des Ernstes und der Intelligenz — schade, schade, daß er ein Gewerbe gewählt hatte, das schwierig und gefährlich ist, und letzten Endes nichts einbringt als den Tod von der Hand der Verfolger, die den Verfolgten fürchteten!

Die letzten Schritte des K. H. Frank

PUNKT EIN UHR WIRD DIE MENGE TOTENSTILL, UND DURCH die kleine Tür betritt von Gefängniswärtern flankiert, der Delinquent den Hof, aus dem er nicht mehr weggehen wird.

Er geht mit dem ruhigen, sicheren Schritt und in der Haltung vorwärts, die er, wie uns die Angestellten von Pankratz vorher berichtet haben, die ganze Nacht eingeübt hat. „Haltung bewahren ...“

Er hat nur acht solcher stolzen Schritte zu machen.

Acht Schritte von der Eingangstür entfernt, an der Ecke des erhöhten Rasens, der den Gefängnishof bis fast zu dem hohen Zellengebäude ausfüllt, sieht der Delinquent den Volksgerichtshof vor sich. Er kennt diese Männer und Frauen, fast drei Monate lang stand er vor ihnen, stand er ihnen Rede, hatte er ihnen Antwort auf ihre Fragen zu geben. Heute wird er keine Fragen hören und keine Antwort geben müssen. Es ist auch keine Hörmuschel da, um ihm in Übersetzung zu vermitteln, was über ihn und zu ihm gesprochen wird.

Der Delinquent kennt die Männer und Frauen, die — heute zum erstenmal im Freien und zum letztenmal überhaupt — vor ihm sitzen. Er kennt sogar den majestätischen, großen Geistlichen, der neben dem Präsidenten sitzt. Der Delinquent hat ihn vor wenigen Stunden kennengelernt, den Monsignore Týlínek, der in die Zelle kam, um Beichte, geistlichen Trost und Letzte Ölung anzubieten. Der Delinquent hat ihm geantwortet, er sei zwar Theist, also gottesgläubig, aber er lehne dankend ab.

Den anderen Mann neben dem Präsidenten kennt Delinquent nicht und wird ihn auch bei Lebzeiten nicht kennenlernen. Es ist der Vertreter der medizinischen Wissenschaft und wird festzustellen haben, daß Delinquent tot ist.

Nachdem Monsignore Týlínek unverrichteter Dinge die Zelle verlassen hatte, brachte man dem Delinquenten sein Abendbrot: Eier, Schinken und etwas zu trinken. „Henkerkost“, sagte Delinquent sarkastisch und in seiner Muttersprache. Aber es ist kein richtiges Deutsch, er wollte sagen „Henkersmahlzeit“, das ist: letztes Essen eines Mannes, den der Henker holt. Das sei hier erwähnt, weil es zu jeder schwankenden und unklaren Politik gehört, schwankend und unklar zu sprechen oder zu schreiben. Die Naziführer konnten nicht einmal Deutsch, am allerwenigsten Hitler.

Während seiner acht Schritte hatte Delinquent nur nach vorne geschaut und nicht nach rechts. So hat er auch nicht gesehen, daß er an einem Gerüst vorbeikam. Noch im vorigen Jahr, als er Staatsminister des Deutschen Reiches war, Höherer SS- und Polizeiführer und dergleichen über das Protektorat Böhmen und Mähren, wo er unumschränkt regierte, als er Herr über Leben und Tod war und auch reichlich davon Gebrauch machte, als er noch der glanzvolle Tyrann Karl Hermann Frank war, wurden ihm andere Tribünen gebaut. Hier steht nur ein roh gezimmerter Pflock mit einem eingerammten Haken, nicht einmal ein Querbalken ist da, ohne den man sich einen Galgen gar nicht vorstellen kann. Aber, glaubt es, es ist ein Galgen. Eine Treppe, mehr Leiter als Treppe, führt hinauf, und oben stehen drei junge Männer in schwarzen Uniformen und warten darauf, ihr Amt zu vollstrecken. Delinquent Karl Hermann Frank steht zum letztenmal vor seinen Richtern und starrt sie mit eingeübter Festigkeit an.

Hinter den Richterstühlen drängt sich eine Menschenmenge, die unübersehbar und unvorstellbar ist. Unvorstellbar, weil die Menge jene Leute in die ersten Reihen vorläßt, welche ersichtlich Naziopfer sind, Anklageschriften in Menschengestalt, Krüppel, Verstümmelte, Männer mit abgerissenem Gesicht. Alle wollen den obersten ihrer Quäler und Mörder sehen, wenn er aus dieser Welt verschwinden wird.

Auch der Scharfrichter ist einer von den Betroffenen und übt — anders als die historischen Scharfrichter in Böhmen, die Mydlár, Pipperger und Wohlschläger — nicht um des Geldes willen sein Amt aus. Ihr Nachfolger Nenáhlo will die Martern rächen, die er und seine Freunde sechs Jahre lang in Oranienburg und Sachsenhausen erlitten. In schwarzer Uniform harren er und seine beiden Gehilfen auf dem Gerüst...

Der Erwartete steht inzwischen vor den Richtern aus dem Volk und hört die vorletzte Formalität an. Seinem letzten Wunsch, ohne Fesseln auf den Galgen geführt zu werden, wurde entsprochen. Auf das Gnadengesuch traf keine Antwort ein.

Der ohnedies kleine Mund Franks verschwindet ganz, der Kopf neigt sich, fällt fast, wird aber sofort hochgerissen, die Füße, die sich's bequem gemacht hatten, klappen von neuem zusammen — Haltung bewahren!

Es wird das „Enunziat“ vorgelesen, eigentlich die wortgetreue Wiederholung des Urteils, das der Angeklagte und der Gerichtssaal schon gestern gehört und heute in der Zeitung gelesen haben. Auch deutsch wird es vorgelesen, eigens für den Delinquenten.

Aber den interessiert es nicht, er gibt sich der letzten Nervosität hin. Er zieht nachdenklich Kreise mit seinem rechten Fuß, er dreht den Kopf nach allen Seiten, schaut auf die Photographen, die rings um ihn knien, um ihn zu knipsen, und auf die riesigen Filmapparate, die von allen Seiten ihre Mündungen auf ihn richten.

Seine Hände spielen unruhig. Auf der Linken trug er noch gestern einen goldenen Ring. Dieser war ihm bei der Einlieferung nach Pankratz abgenommen worden, und seither war es Franks ewig wiederholter Wunsch gewesen, ihn zurückzubekommen. In der Nacht auf gestern hatte ihm sein Anwalt den Ring wiedergegeben, wobei Frank eine große sentimentale Wiedersehensszene aufführte. Auf dem Ring standen die Worte: „Gott schütze dich! Lola, 14. 4. 1940.“ Heute trägt Frank den Ring nicht mehr..., wahrscheinlich hat er den Glauben verloren, daß Gott ihn noch schützen könne.

Der Übersetzer hat die Vorlesung des Enunziats beendet und fragt den Delinquenten, ob er noch etwas bemerken wolle.

Ganz leise, fast unhörbar selbst für uns, die wir unmittelbar neben ihm stehen, flüstert Karl Hermann Frank seine letzten Worte. Sie sind vielleicht als Manifest an die Nachwelt gedacht oder als Demonstration gegen das Volk gerichtet, das ihn richtet. Aber der Flüsterton straft diese Absicht Lügen.

„Das deutsche Volk", haucht er, „wird leben, auch wenn wir sterben müssen. Es lebe das deutsche Volk, es lebe der deutsche Geist."

Dann gibt der Richter ein Zeichen, Delinquent versteht, macht eine Kehrtwendung und geht wieder acht Schritte. Diesmal zum Galgen. Er steigt die Stufen hinauf und überschaut die Menge.

Damit ist alles aus, was sich berichten läßt.

Dort oben hängt ein Mensch, der, wenn er je einer war, keiner mehr ist.

Meine Tätowierungen

MEIN ZIMMERKOLLEGE HEINRICH, DESSEN VIERZIG SCHLÄGERMENSUREN und fünfunddreißig Säbelpartien sein Gesicht in ein Pepitamuster, seine Schädeldecke in Hackepeter und seinen Körper in die Bilderbeilage eines chirurgischen Lehrbuchs verwandelt haben — mein Zimmerkollege Heinrich also schüttelt verächtlich besagten Hackepeter, wenn ich mit entblößtem Oberkörper am Waschtisch stehe. „Es ist mir unerfindlich“, sagte er, „wie man sich so zurichten lassen kann!“ Auch der pensionierte Postverwalter Anton Schißling, der von Gewissensbissen zernagt ist, weil er sich einst beim Briefmarkenverkauf zum Schaden einer Partei um fünfzehn Pfennige verrechnet hat, hält meine Tätowierungen für unklug. Im Dampfbad beteuerte er mir, er würde sich niemals so etwas machen lassen: „Wenn ich einmal einen Mord begehe oder etwas Ähnliches, so würde mich jede Polizeibehörde der Welt sofort agnoszieren können.“

Ganz dasselbe äußert der Hasenschartenwilly, der wirklich mit der Polizei zu tun hat, ist er doch in Rom und Stockholm wegen Falschmünzerei, in New York wegen Scheckfälschung und in Berlin wegen Hehlerei und Betrug verurteilt worden, insgesamt zu achtzehn Jahren. Wenn er heranhumpelt — zum Glück hört man seinen Klumpfuß schon von der Ferne aufs Straßenpflaster schlagen und das Muttermal auf seiner Wange funkelt auf fünfzig Meter —, weiche ich ihm schnell aus, denn er verhöhnt mich beständig: „Haha, ich bin nicht so dumm, mich tätowieren zu lassen, um's der Polizei leicht zu machen.“

Meinem Kompaniechef, der vom Tage seiner Geburt an ein Medaillon als Amulett am Halse trägt, war es unbegreiflich, wie man sich tätowieren lassen könne: „Schon der Gedanke, zeitlebens das gleiche Ding auf dem Körper zu haben, würde mich rasend machen.“

Allgemeingültige Grundsätze hat meine Freundin Lu: „Am Körper, den uns Gott gegeben hat, soll man nicht herumbasteln.“ Dabei rümpft sie ihr herziges Stumpfnäschen, für das sie im vorigen Jahre dem Professor Josef, ohne mit der Wimper zu zucken, hundertfünfzig Dollar bezahlt hat, während sie es unverschämt findet, daß der junge Arzt in der Charité fünf Mark dafür verlangte, daß er die Ohrläppchen ihres Töchterchens durchbohrt hat: „Zwei winzige Löcher für die Ohrringe! Ist das nicht ein Nepp?!“

Herr Sigmar Wreschowinsky ist böse auf mich, weil ich von seiner Empfehlung an einen Enttätowierer keinen Gebrauch gemacht habe, ja, mich von neuem tätowieren ließ. „Sie werden es schon bereuen! Ich habe auch solche Dummheiten gemacht, als ich noch Pferdehändler in Frankfurt an der Oder war und Schaubudenbesitzer in Perleberg; sogar, wie ich mich schon zum Stadtreisenden in der Konfektionsbranche emporgearbeitet hatte, ließ ich mir noch Blusenmodelle auf die Brust tätowieren, weil die Kundschaften, die Dienstmädchen, am liebsten vom lebenden Körper aussuchen. Aber jetzt mußte ich mir alles herauskratzen lassen, trotzdem ich zuckerkrank bin — schickt es sich denn für einen Berliner Kunstbeirat, mit tätowiertem Körper herumzulaufen, wie sieht denn das aus?"

Meine erste Tätowierung ist schon alt, ihr Sujet hat viel Beachtung erregt, obwohl ich an diesem unschuldig bin. Ich saß im Arrest neben einem Lithographen, der sich erbötig machte, mir ein Stilleben auf den Rücken zu tätowieren. In Wirklichkeit aber stach er mir das porträtähnliche Bild unseres Obersten ein, wie mir dieser, kopfabwärts und mit herausgestreckter Zunge, den Buckel hinunterrutscht, tief den Buckel hinunter... Es war wohl meines Zellengenossen eigener Wunschtraum, den er mir da auf meine Reversseite applizierte, ohne daß ich die Unterschiebung merkte. Die anderen Häftlinge lachten sich halbtot über meine Ahnungslosigkeit, sie umstanden den Graphiker und betonten unausgesetzt, wie gut die Weinflasche, der Gansbraten und die Blumenvase gelungen seien. Als das Werk fertig war, bedauerte ich, es nicht besehen zu können, leider stand kein Spiegel in unserer Zelle. In der Nacht schwoll das Gemälde — es war mit Stiefelwichse eingestochen — dergestalt an, daß ich mich zur Marodenvisite melden mußte. Der Regimentsarzt erkannte sofort, wen das Porträt vorstelle, und erstattete die Anzeige. Die Offiziersversammlung trat zusammen, und ich mußte vor ihr das Kunstwerk enthüllen. Meiner Angabe, ich hätte nicht gewußt, was hinter meinen Rücken auf diesem gezeichnet werde, wurde kein Glauben geschenkt. Auch der Lithograph konnte nicht leugnen, daß es der Herr Oberst sei, der da rotgeschwollen auf meiner Haut prangte. Der Oberst selbst fand sich zum Sprechen ähnlich und war so empört, daß er einen Schlaganfall erlitt. Das Tribunal sprach mir die Eignung zum Offiziersanwärter ab und verlängerte meine Haft.

Bald aber mußte ich freigelassen werden, da der Oberst gestorben war und man für die Trauerfeier ein Porträt brauchte; außer auf meinem Rücken war keines vorhanden. Ein Maler kopierte die Zeichnung, während ich auf dem Kopfe stand. Die Kopie mißlang. Und wenn die Witwe das Bild ihres Gottseligen sehen wollte, kam sie zu mir, küßte die teuren Züge und benetzte sie mit ihren Zähren.

In einem Geschäftslokal am Galatakai in Konstantinopel ließ ich mir 1906 einen Excentric auf den rechten Arm tätowieren. Ich habe es getan,

1. weil ich gerade vom Militärdienst kam und mich nun tätowieren lassen konnte, wo und wie ich wollte, ohne daß mir eine Offiziersversammlung hineinzureden hatte,

2. weil ich wissen wollte, ob das Tätowieren ohne Stiefelwichse weniger schmerzhaft sei, und

3. hauptsächlich, weil mich das Plakat überzeugte.

Dieser Yankee imponierte mir! Der verstand es, seine See-Erfahrungen zu verwerten! Der kannte die Psyche der Seamen und Docker aller Nationen! Solch eine Verschwendung an Rufzeichen und Superlativen — echt amerikanisch! Es war der Entschluß eines Augenblicks, und ich stand dem ehemaligen Bootsmaat und Obertätowierer des Admiralschiffes „Columbus" (USA)!! Amerika!! — persönlich gegenüber. Ich bat ihn, mir seine wundervollsten Muster zu zeigen, zur freien Auswahl, nach persönlichem Geschmack, — so wie es auf dem Plakate stand. Zu seinem allergrößten Leidwesen hatte Herr Alfred Löwenfeld aus Proßnitz das Album vor einer halben Stunde — so ein Pech! — einem Schiffskapitän zur Ansicht geschickt. Er habe heute nur eine einzige Vorlage hier, den berühmten Negerartisten Bimbo. Ich schaute mir Bimbo an; ein widerlicher Varieténeger mit einem Maul wie ein Schimpansengesäß und mit einer Krawatte, die wie eine verfaulte Erdbeere aussah. Bevor ich noch den Versuch machen konnte, mich zu verabschieden, hatte Alfred Löwenfeld meinen Arm bereits gepackt, schon war die Kontur des ekelhaften Excentrics von der Vorlage auf meine Haut abgedruckt, eine trübe Fabrikstusche aus ihrem Günther-Wagner-Fläschen in eine Reibschale geschüttet und ein Elektrisierapparat eingeschaltet. Mit etwas, was halb Injektionsspritze, halb Hohlnadel war, vom Apparat mit Elektrizität und aus der Farbschale mit Tusche gespeist wurde, fuhr er nun den Umriß des Niggers entlang, daß Blut und Tusche nur so spritzten. Die Hose wollte er schwarz anlegen, allein ich verzichtete energisch. Dagegen nützte mein Protest nichts, als er die schwarzen Glotzaugen grün umränderte — sonst würde man doch in dem schwarzen Gesicht nicht sehen, daß es Augen sind! Er hatte recht, und ich ließ mir giftgrüne Kreise in den Arm stechen.

Während der Operation erzählte mir der alte amerikanische Bootsmaat vom Admiralschiff „Columbus", daß er in Proßnitz bis zum vorigen Jahr ein Kolonialwarengeschäft hatte, aber bankrott wurde. Bei Nacht und Nebel fuhr er davon, wollte nach Palästina, wo er einen Neffen vermutete. Auf der Fahrt wurde er so seekrank, daß man ihn hier in Konstantinopel ausschiffen mußte. „Na, und da habe ich einen Norweger kennengelernt, dem hier die Tätowiererei gehört hat. Ich hab' mir gedacht, das wäre etwas für mich, und weil mir der Eskimo eingeredet hat, das Geschäft geht gut, hab' ich ihm erzählt, ich soll in eine Exportfirma in Jerusalem als Kompagnon eintreten, aber wenn er mir sein Geschäft übergibt, trete ich ihm meines ab und noch meine Fahrkarte. Er war einverstanden, ich war mit ihm beim Notar, weil er eine regelrechte Vollmacht haben wollte, daß ich ihm meine Anteile von der Jerusalemer Firma abtrete..."

„Welche Firma haben Sie denn genannt?"

„Ich weiß es nicht mehr — irgendeine Adresse — das ist doch egal, nicht? — Kurz und gut, er ist mit meiner Schiffskarte weggefahren — zur Sicherheit habe ich noch die Anzeige gegen ihn erstattet, damit er nicht zurückkommen kann und ich bin hiergeblieben. Aber kein Mensch ist in den Laden gekommen — ich bitte Sie, wer ist heutzutage noch so dumm, sich tätowieren zu lassen — es war eine Pleite — der Ga-

!! Wer untätowiert ist, ist nackt!!

! Schämst du dich nicht, nackt herumzulaufen !

!! SCHMUCKE DEINEN KÖRPER !!

Wer seine Frau liebt, läßt sich tätowieren!
Wer seinen Mann liebt, läßt sich tätowieren!

!! Garantiert schmerzlos !!

Für Damen Spezialbehandlung!

Hier werden Tätowierungen nach Entwürfen der berühmtesten Maler ausgeführt!

Alles, was der männliche Körper ausdrücken soll, steche ich ein:
Politik,
Erotik,
Athletik,
Aesthetik!

An allen Stellen!

An allen Stellen!

!! Garantiert schmerzlos !!

Wundervollste Muster!

Freie Auswahl!

Nach persönlichem Geschmack!

Giftfrei! — Nur elektrische Behandlung! — Unverwüstlich!

! Gebt euren Körper nicht in die Hände von Pfuschern !

! Meine Tätowierungen dauern über den Tod hinaus !
(Referenzen aus allen Hafenstädten der Welt.)

Zwanzig Jahre Praxis!
Zivile Preise!
Reparaturen billigst!

Fred A. Lionsfield
ehem. Bootsmaat und Ober-Tätowierer des Admiralsschiffs „Columbus“ (U. S. A.)
!! Amerika !!

nef hat mich hineingelegt, nur diese rostige Maschinerie hat er mir dagelassen, mit der ich die schönste Blutvergiftung herbeiführen kann" — er stichelte gerade den verfaulten Erdbeerschlips, daß Karmin und Blut und Tusche eine schöne Schweinerei ergaben —, „denken Sie sich meinen Verdruß mit den Behörden, wenn einer von meinen Kundschaften an Blutvergiftung stirbt! Niemand wäre in den Laden hereingekommen, wenn ich nicht das Plakat hätt' machen lassen — auf das fällt doch hier und da ein Trottel herein!"

Die Erschaffung Bimbos war zu Ende, es tat weh, viel mehr als eingestochene Stiefelwichse. „Garantiert schmerzlos", dachte ich schmerzlich. Nach acht Tagen werde das vergehen, beruhigte mich Mister Lionsfield, ich müsse nur den Arm den ganzen Tag nach oben halten und viel Vaseline daraufschmieren. Tatsächlich ging nach längerer Behandlung durch einen hervorragenden Dermatologen die Geschwulst zurück, nur die grünen Augen werden alljährlich rezidiv. Aber gerade wegen dieser stechenden Augen — oh, wie sie stechen, ich weiß es am besten! — haben die Frauen den tätowierten Nigger so lieb. Noch nach Jahren fragen sie mich: „Was macht dein Bimbo, ist er noch immer so oft entzündet?" Ich habe solche Erkundigungen in Gesellschaft nicht gern, weil man wissen will, wer dieser Bimbo ist, und ich dann das schwarze Scheusal mit den grünen Augen herzeigen muß.

Die Tätowierung meines linken Unterarmes stellt den Schädel eines Mandarins dar, in dessen Schläfe ein kunstvoll geschmiedetes Krummschwert steckt; auf dem verzierten Knauf hockt ein Schmetterling, der Zopf ist auf den Mund des Toten gelegt, Blut tropft von der Schläfe, blutig ist die Schnittfläche des Halses, blutig die Schwertspitze und das Bändchen des herrlich geflochtenen Zopfes. Auch der Schmetterling auf dem Säbelgriff ist zweifarbig, rot und blau sind seine Flügel. Ich habe mir im Chinesenhaus der Triestiner Cività vecchia diese Zeichnung aus den vielen hundert Bildchen des Musterbuches ausgesucht, das mir der berühmte Tätowierer der Adria vorlegte. Einen Moment lang schien es mir, daß der gelbe Meister überrascht sei, daß sich seine geschlitzten Augen noch mehr einkniffen, und daß Ironie in seiner Frage liege: „Why do you want even this?" Mir gefalle dieses Bild, erwiderte ich, worauf er die Drachentusche anrieb, in einem zweiten Schälchen das Merveilleux-Rot auflöste und mir nun mit der Hohlnadel den Schädel mit den Blutspuren, das feine Geflecht des Zopfes, das Geäder des Schmetterlings, die Ziselierarbeit des Schwertknaufs unter die Haut stach, exakt, lautlos. Nur am Schluß, als er seine Arbeit prüfend besehen hatte, wandte er sich — wieder mit dem heimtückischen Lächeln — an mich, ob ich wisse, was das vorstellt. — Ich verstand nicht, was er mit seiner Frage meinte. — „That's the picture of a murdered chinaman." — Esel, dachte ich, was soll es denn sonst sein! Mehr war aus ihm nicht herauszukriegen, und ich zweifelte nicht daran, daß ich mir das Abzeichen eines geheimen chinesischen Ordens, eines Bundes revolutionärer Boxer oder gar eines Flammenordens ausgewählt hatte.

Aus diesem Wahn wurde ich erst einige Jahre später gerissen, als ich mit einigen Freunden, Londoner Reedern, eine Exkursion nach Pennyfields unternahm, den Bezirk der Westindia-Docks. Wir zogen zum alten Gauner Tschang Tu-Tao, der nicht bloß ein „Chinese Seamen licensed Boarding House" innehat, sondern auch eine weniger licensed Opiumhöhle und einen Handel mit chinesischen Bric-Brac: mit Vogelbildern auf Seide und Chimären aus Bronze, Götzen aus Jade, geschnitzten Elfenbeindosen, Nippes-Pagoden aus Porzellan oder schwarzem Bernstein — Andenken oder Amuletts, die Emigranten aus dem Reich der Mitte hier als Pfand für ein Nachtlager oder an Zahlungsstatt für ein Kügelchen Opium zurückgelassen hatten, oder Mitgebringsel des „Jack Tar", des englischen Seemanns, der sie nach der Themselandung verkaufen mußte, weil die Heuerung für die erforderliche Zahl von Gläsern Gin nicht reichte. Meine Freunde hatten auf der Schiffsbörse in Erfahrung gebracht, daß ein Schoner aus Peking heute sechs Geishas gelöscht habe, die bei Tschang Tu-Tao Quartier genommen hatten; wir wollten sie besichtigen, bevor Scotland Yard sich für diese Einwanderung interessierte.

Über die Holztreppe stiegen wir in den ersten Stock hinauf, wo in einem Zimmer an dreißig Chinesen auf der Erde hockten, Pfeifen im Mund, Schnapsgläser und Teebecher vor sich, die gelben Gesichter dem Holzkohlenherd zugekehrt; die Mädchen saßen bei ihnen. Bei unserem Eintritt sprangen alle Männer auf, umringten uns und schrien auf uns ein: „Firemen? You want firemen;" Nein, wir brauchen keine Heizer, enttäuscht schlichen die armen Teufel wieder zu ihren Sitzen neben die Mädchen. Auch die sollten ihnen genommen werden. Tschang Tu-Tao kam hinter der Theke hervor und führte uns — ohne viel nach dem Begehr zu fragen — in die zweite Etage, an einigen Kammern vorbei, aus denen der süßlich-beizende Geruch des Opiums in die ohnehin sengende Hitze des Hauses drang; darin lagen Raucher, drehten liebkosend eine weiche Masse zu Kugeln, hielten sie über das Öllämpchen und schmierten sie in die dickröhrigen Pfeifen... Im „saloon" setzte uns der Chef des Hauses ab und nahm die Bestellung entgegen: echten Tee von ebensolchen Geishas serviert. Er verschwand nach unten, wo die Unterhaltung verstummte — wahrscheinlich erfuhren jetzt die arbeitssuchenden Firemen, weshalb wir hierhergekommen waren, und daß die Mädchen sie verlassen müßten, um den weißen Herren zu dienen. Die jähe Stille wirkte erschreckend. Die Teedamen traten ein, scheu und devot, sie neigten sich dreimal tief, mit den Händen den Fußboden berührend, halfen uns aus Rock und Weste und — plötzlich hielt das Mädchen, das mir behiflich war, inne, starrte fassungslos auf die Tätowierung meines linken Armes. „Aha", dachte ich, „jetzt merkt sie, daß ich ein mächtiger Mann bin." Aber schon kreischte sie auf und lachte, lachte. Die anderen Mädchen kamen herbei und kreischten auch, und lachten, lachten. Prustend sprangen sie aus der Türe, die Holzstiegen hinunter, in den Wirtsraum — die unheilschwangere Stille ging in ein brüllendes Gelächter über.

Verdutzt warteten wir auf die Wiederkehr der Mädchen, wir riefen den Wirt, er kam nicht. Nur das Gelächter hörten wir, im Baß und Diskant. Wir zogen unsere Röcke wieder an und wollten gehen. Da erschien Tschang Tu-Tao, mit Mühe ernste Miene bewahrend. Was denn meine Zeichnung bedeutete, fragten wir ihn. Nach langem Zögern rückte er mit der Sprache heraus: Jeder Mann, der in den Dienst für die kaiserlich chinesischen Frauenpaläste aufgenommen wurde, wurde — gleichgültig ob Asiate oder Europäer — bei seiner Kastrierung auch tätowiert — mit dem abgeschnittenen Schädel, zur Mahnung an die Strafe, die bei einer Pflichtverletzung seiner harre, und zu seiner Kenntlichmachung im Falle einer Flucht. Schon im kaiserlichen China waren die Männer mit dem „Win", dem Eunuchenzeichen, Gegenstand geheimen Hohnens, in der Republik werden sie öffentlich verspottet, und niemand verkehrt mit einem „Win-ho". Auf der Treppe grinsten dreißig quittengelbe Gesichter, die Mädchen zeigten mich ihren Landsleuten: „Der ist es, der ist der Win-ho."

Die schönste Tätowierung, die ich je gesehen, besitzt Admiral Horthy: einen Drachen in Grün und Gold, der die ganze linke Brustseite einnimmt. Horthy erschien täglich im Polesaner Marinebad, die linke obere Trikothälfte heruntergelassen, damit jeder die Zeichnung bewundern könne; er ließ sich von jungen Seeoffizieren und Badegästen umringen, denen er — fast immer in den gleichen Worten — die Details erklärte. Außerdem war er an einer anderen Stelle des Körpers tätowiert, und — von Offizieren des Admiralsstabes aufgestachelt — bat ich ihn am 10. Juni 1918, nach dem Abendbrot auf dem „Viribus unitis", während der einzigen Ausfahrt der österreichisch-ungarischen Dreadnought-Flottille, mir auch seine andere Tätowierung zu zeigen. Er willfahrte meinem Wunsch. Wenige Stunden später war Alarm — der „Szent Istvan", der größte und neueste Dreadnought der Wehrmacht, der backbords gestaffelt hinter uns dampfte, war torpediert worden, war ein Wrack, das unterging. Alles mußte auf Deck, um nach feindlichen U-Booten auszuspähen. Horthy unterließ es, der schiffbrüchigen Mannschaft zu Hilfe zu kommen, mit der Begründung, er könne nicht auch das Admiralsschiff der Gefahr einer Torpedierung aussetzen. Erregt ging er auf und ab, als er mich sah, kam er auf mich zu: „Ich hätte die Zeichnung nicht zeigen sollen, Herr Oberleutnant — immer, wenn ich das tue, gibt es ein großes Unglück." Das Unglück war tatsächlich groß — die Zahl der Toten ist niemals bekanntgegeben worden, geborgen wurden nur vierzehn Leichen, die wir am übernächsten Tage auf dem Marinefriedhof begruben.

Erzherzog Franz Ferdinand war auf der rechten Hüfte tätowiert, und zwar mit einer Ibisschlange, die in Ägypten als Schutzsymbol gilt. Dieselbe Tätowierung hatte auch Kronprinz Rudolf über dem Herzen, doch war der Schlangenkopf nach innen, statt nach außen gerichtet. Deshalb hätte das Totem den Kronprinzen vor dem Todesschuß nicht geschützt, der Araber habe vielleicht absichtlich dem Giaur das entgegengesetzte Symbol eingestochen, pflegte Erzherzog Franz Ferdinand zu erzählen. Übrigens sei auch seine eigene Tätowierung nicht ganz vollkommen, die Schlange züngle aufwärts, doch schade das nicht, weil sie an ungefährlicher Stelle — einer Weichseite der rechten Körperhälfte — liege. Der Obduktionsbefund des ermordeten Thronfolgers ergab später, daß die tödliche Kugel „oberhalb des rechten Hüftenbeins, mitten durch eine Tätowierung“ gedrungen sei.

Albert Londres erzählt in seinem Buch „Le Bagno“, daß sich die französischen Sträflinge in den Deportationsstationen ganze Perücken auf die Glatze und Brillen rund um die Augen einstechen.

Das geschieht aus Langeweile beim Militär und in den Strafanstalten oft. Bei den Wahlen in die Nationalversammlung des jugoslawischen Königreichs wandte sich ein Kandidat heftig gegen den kroatisch-agrarischen Gegner, der früher zu „Sr. Majestät allergehorsamster Opposition“ gehört habe und sich nun als Republikaner aufspiele, während er, Redner, die Monarchie von Jugend auf bekämpft und so weiter. Der Agrarier war geschlagen, er konnte kaum zu Worte kommen; als es ihm schließlich doch gelang, knöpfte er den Kragen ab, schob sein Hemd etwas zurück und erklärte, er anerkenne die größere Konsequenz seines geschätzten Herrn Vorredners und sei bereit, von der Wahl zurückzutreten, wenn sich der Gegenkandidat gleichfalls mit entblößter Brust vor die Versammlung stellen würde. Damit hatte er gewonnen — denn auf des anderen Busen war ein prächtiger österreichischer Reichsadler tätowiert.

Heringsfang

Nirgends ist man so rückständig in der Technik des Fischfangs wie an der pommerschen Küste, und am allerrückständigsten sind die Leute von Rügen. Seit dem Mittelalter wird das Gewerbe auf gleiche Art ausgeübt. Nicht einmal Dampfer verwenden sie. Angeblich können in diesen Ostseewinkeln, da das Meer zu seicht, der Boden zu steinig ist, keine Dampfschiffe fahren. Mag sein! Warum aber haben sie keine Motorboote, die ihren aufreibenden Kampf mit der Flut mildern würden, warum benützen sie kein einziges der modernen Fanggeräte, das ihre Einnahmen erhöhen würde?

Inselbewohner sind immer konservativ. Doch unten im zackigen Südosten Rügens, auf der Halbinsel der Insel, lebt das in sich geschlossenste Volk. Im Juli, im August sind Sommergäste da, aber die Leute aus Mönchgut lassen sich von ihnen kaum stören. Sie bebauen ihre kleinen Äcker, sie weiden ihr Vieh, sie bessern ihre Boote aus und mähen das Gras. Nur die Jungen wollen zeigen, daß sie keine Hinterwäldler sind und daß sie mit dem Fortschritt gehen: Sie haben die altvorzeitliche Mönchguter Volkstracht abgelegt und tragen jetzt — wenigstens am Sonntag — lange städtische Hosen, ein Trikothemd und einen neuen Strohhut aus einem Greifswalder Geschäft. Zeitig morgens an den Wochentagen, so gegen drei Uhr, fahren die Fischer hinaus zu ihren Fangkörben: auf die Heringsjagd. Etwa zwölf Männer eines Dorfes bilden eine Reusenkompanie, eine behördlich eingetragene Genossenschaft. Die Mitgliedschaft vererbt sich vom Ahnen auf den Enkel, nur wenn einer der Genossen ohne Erben stirbt, kann man sich einen Anteil kaufen. Jeder der zwölf hat sein Ruderboot mit Namen und Ortsbezeichnung, gemeinsames Eigentum aber sind die zwei großen Segellogger, in denen die Jagdbeute zum Verkauf nach Greifswald, Lauterbach oder Stralsund gebracht wird. Vom Erlös jeder dieser Verkaufsfahrten werden drei Mark für die Kassa zurückbehalten: Das ist der Fonds, der zur Instandhaltung der beiden Segler und zur allfälligen Anschaffung eines neuen dient. Gemeinschaftsbesitz sind auch die Reusen, die oft einen Wert von mehr als zehntausend Mark repräsentieren. An den Winterabenden knüpfen die Fischer und ihre Frauen und Kinder neue Netze und bessern die alten aus. Im Frühjahr sind die Vorarbeiten beendet, das Strickwerk fertiggestellt, Buchenstämme im Granitzer Forst gefällt und nun im Meer verankert; die senkrechte Netzwand wird zwischen diesen Pfählen ausgespreizt, und am Ende dieser kilometerlangen Hürde in großem Polygon die eigentliche Reuse gelegt, eine Falle, deren Basis von platten Steinen auf dem Meeresgrund festgehalten wird, während große Korke die Seitenwände bis zur Oberfläche straff spannen. Jetzt müssen nur noch die Heringe kommen: Das Wehr aus Netzwerk versperrt ihnen den Weg, und sie schwimmen daher die geknüpften Fäden entlang. Wir sind schlau, denken sie, wir gehen euch Menschen nicht ins Netz. Und die

Menge bewegt sich im Flankenmarsch, bis die Bahn frei ist. Nun machen die Heringe die Wendung in die ursprüngliche Richtung ihres Zuges. Doch sie können nicht weiter. Das, was sie für das Ende des Hindernisses gehalten haben, ist die Einkehle des riesigen Sackes, aus dem es kein Entrinnen gibt: Die enge Trichtermündung, durch die sie hereingeraten sind, finden sie nimmermehr, und auch durch die Maschen kann man nicht entschlüpfen.

Mit einem Reusenball feiert man im Gasthof des Ortes die beendete Vorarbeit, Tanz, Musik, Speisen und Getränke sind unentgeltlich — alle Kosten tragen die armen Heringe, die verzweifelt in der Umschlingung zappeln, während man es sich hier wohlergehen läßt.

An jedem zweiten Tag wird nun, vom Hochsommer bis zum Beginn der Laichzeit, die Reuse hochgezogen und ausgenommen.

Vor drei Uhr morgens geht ein Mitglied der Kompanie von Haus zu Haus, seine Genossen wecken. Wenige Minuten später stapft ein Dutzend Männer durch das Dorf. Über die Schulter tragen sie ihre Wasserstiefel, eine Hose aus Dreileinen von übermäßiger Breite und ein Netz, in dem sie einen kleinen Teil der Beute für den eigenen Mittagstisch heimbringen. Auf Grashalme, Ähren und Zweige sind Perlenschnüre gelegt. Kein Huhn gackert noch, kein Karren rattert über den Weg, der Sand ist weiß und weich, dämpft die Schritte bis zur Lautlosigkeit. Alles scheint den Frieden einer Landschaft Claude Lorrains zu atmen. Aber über die Felsenränder der Landzunge brüllt ein einziger, endloser Schrei: Es ist das Meer, das sich in Erinnerung ruft. Wir gehen durch das Paradies und schon meldet sich die Sintflut.

Der Ralliierungsplatz am Strand ist leicht erkennbar: Hunderte von morschen Buchenstämmen (alte Reusenpfähle) sind hier aufgeschichtet, ein Signalmast, ein langer, grobgezimmerter Tisch mit zwei Bänken steht daneben, die bauchigen Ruderboote liegen an erhöhter Stelle und hinter eingerammten Pflöcken.

In Schießbuden gibt es einen Zelluloidballon, den ein Wasserstrahl in die Höhe treibt: So balanciert jetzt die Sonne über den Wellenbergen. Tropfen wirbeln über die Düne. Manche Woge züngelt an Land. Alpengipfel und Gletscherspalten entstehen vor unseren Augen, und vor unseren Augen zerspellen sie tausendfach. Eine Minute lang, zwei, schauen die Fischer auf die Unendlichkeit der Unruhe. Vorgestern sind sie nicht ausgefahren, weil es zu stürmisch war.

Nach knappem Hin und Wider sind sie einig, daß man heute fahren kann.

Sie setzen sich auf die Bänke, ziehen die leinenen Pluderhosen an und zerren die schweren Wasserstiefel, die sie bislang auf der Schulter trugen, über ihre Schuhe, über die Oberschenkel, bis zum Schritt. Eine Pulle Branntwein macht die Runde und ist rasch geleert.

Alle zwölf heben gemeinsam eine der Jollen und tragen sie hart an den Wasserrand, dann die zweite und dritte. Je vier Mann stoßen ihr Boot vom Ufer in die See, und während es schaukelt, laufen sie ihm nach, bis zur Hüfte im Wasser, schwingen sich über die Brüstung und setzen Ruder ein. Die Wellen sind stärker — sie haben sich des Spielzeugs bemächtigt und werfen es einander in hohem Bogen zu. Wie große Straßenjungen, die den kleinen ihren Ball wegnehmen.

Die Pfahlanlage der Reusen ist sichtbar, doch kommen wir nicht näher, so angestrengt die Riemen auch arbeiten. Weit vom Ziele ab drängen uns die Wellen, und wir haben nichts als den Trost, daß ein anderes der drei Boote noch viele hundert Meter mehr von der Fahrtrichtung abgetrieben wurde. Die Fischerfäuste halten die Ruder umklammert und dreschen das Wasser, Hiebe rechts, Hiebe links, immer wieder zerren und entreißen sie es den Wogen, bis wir endlich an der geflochtenen Mauer sind. Wir fahren sie entlang, so wie sie der Heringsschwarm entlang geschwommen war, als er seinen Weg versperrt sah durch dieses Hindernis. Auch wir kommen dann zur Falle. An einem der elf Pflöcke, die in einer Distanz von etwa fünf Metern voneinander stehen, halten wir den Kahn mit den Händen fest und warten auf die anderen Fahrzeuge. Eines schiebt sich an die trichterförmige Öffnung, rudert langsam ein, die Bemannung schließt sie hinter sich und packt den Obersimm, den oberen Rand des Netzes. Inzwischen sind die beiden anderen Jollen rechts und links aufgefahren, und ihre acht Leute ziehen, weit über den Rand des taumelnden Schiffchens gebeugt, die Riesensteine herauf, die den Boden des Käfigs auf dem Meeresgrund festhielten. Man lockert die Spannung der Netzwände, so daß das mittlere Boot immer tiefer in den Bereich der Reuse dringen kann. Zum Schluß berühren sich die Spitzen unserer Fahrzeuge, ein gleichseitiges Dreieck bildend. Von vierundzwanzig Händen wird das Netz emporgezogen. Feine, dreieckige Maschen werden sichtbar. Die Erwartung steigert sich: Wie groß wird die Beute sein?

Kleine Flundern springen empor, dann kleine Heringe und bald wirbelt ein Heer von fliegenden Fischen durch die Luft. Sie können nicht weiter flattern als über den Bootsrand, mitten in die Jollen. Die meisten stürzen wieder in das Netz zurück. Das wird gegen einen der Kähne geneigt, und Hunderte von Fischen fallen an Bord. Ein paarmal strampeln sie noch mit den Flossen, blaugrünes Konfetti und mattsilberner Flitter stäubt auf, dann schlagen sie noch etlichemal mit der Schwanzflosse auf den Schiffsboden und bleiben resigniert liegen.

Das Netz wird wieder hinuntergelassen und festgeknüpft.

Die Fahrt geht zur nächsten Reuse.

Die Kähne biegen sich unter der Last der glitzernden Haufen.

Dreißig Wall beträgt die Beute, das sind zweitausendvierhundert Heringe. Ein Aal ist auch dabei. Etwa vier Mark für jedes Wall — kein schlechter Fischzug heute! Freilich: es hat schon Tage gegeben, an denen man siebenhundert Wall bootete, Tage, an denen sich ein Lachs von anderthalb Meter Länge und achtundfünfzig Pfund Schwere in die Gesellschaft der Heringe gedrängt hatte. Aber oft mußte man mit leeren Händen heimkehren.

Einige Heringsbabys sind gleichfalls ins Garn gegangen. Sollen sie ihren Unverstand mit dem kaum begonnenen Leben büßen? Nein, die Männer werfen sie wieder ins Meer, darin sie wohlig schaukeln wie in einer Wiege. Wissen doch die Fischersleute, daß die heute Freigelassenen einst größer wiederkehren werden. Auch Heringe werden durch Erfahrung nicht klug.

Es geht dem Lande zu. Noch ärger schwankt das beladene Schiff, noch höher wird es auf den Kamm der Wellenberge geschleudert, noch tiefer in wäßrige Abgründe gezogen, noch heftiger gerüttelt und geschüttelt als auf der Hinfahrt. Will das Meer seine Bewohner zurück? Die Schiffer, so abgehärtet und so gewöhnt sie an solche Revolution von Wind und Wasser sind, fluchen die saftigsten plattdeutschen Flüche. Ihre Gesichter sind verzerrt, ihre Muskeln gespannt, Ruder und Steuer begegnen dem Aufstand. Nach Stunden steigen sie als Sieger schweißgebadet und müde ans Ufer.

Auf dem Mast wird ein Ballon aufgezogen. Das ist ein Signal und meldet: „Großer Fang". Die Fischersfrauen im Dorf, die längst nach diesem Zeichen ausschauten, laufen herbei. Sie booten die Heringe aus und breiten sie, sie zählend und ordnend, auf die Düne. Rechts die großen, links die kleinen und in der Mitte jene, deren Jungfräulichkeit man gleich erkennt: die Matjesheringe. Alles wird in Säcke gefüllt. Der Aal und die übrigen Fische, die nicht dem Geschlecht der Heringe entstammen, werden einem Gastwirt verkauft. Überdies behält jede Fischerfrau fünf Heringe, mit denen sie heute ein Whitebait-dinner zubereiten kann, wenn sie es nicht vorzieht, ihren Anteil zu veräußern.

Weiberarbeit! Die Männer haben inzwischen die zweite Flasche Korn ausgetrunken und sind ins Dorf gegangen, um zu schlafen. Nur drei von ihnen spannen auf dem Zweimaster die Segel und fahren mit der Beute nach Lauterbach auf den Markt.

Unter den Obdachlosen von Whitechapel

AUCH DIE MÄNNER UND BURSCHEN, DIE IN SCHMUTZIGEN Fetzen in den Haustoren und Fenstern der Lumpenquartiere Ost-Londons zu sehen sind, sind schon bedauernswert genug. Aber sie haben wenigstens ihre Schlafstelle, sie haben doch das Glück, sich in den niedrigen Stuben mit einigen anderen Schlafgenossen auf den Fußboden betten zu dürfen, sie haben also immerhin ein Heim. Sie sind reich gegen die Obdachlosen, die sich müde durch die Schlammdistrikte schleppen; hoffnungslos hoffen sie von den anderen Armen einige Pence zu kriegen, damit sie nicht auf dem Embankment an der Themse im Froste nächtigen müssen.

Und diese Allerelendsten der Elenden sind noch in Gesellschaftsschichten geteilt, noch unter diesen Obdachlosen bestehen Vermögensunterschiede. Wer sieben Pence erbettelt hat und sie für das Nachtlager zu opfern bereit ist, kann in einem der fünf Lord Rowton Lodging Houses oder in einem der vom Londoner Country Council errichteten Bruce Houses ein Kämmerchen mit Bett und Stuhl mieten; wem der Tag nur sechs Pence beschert hat, kann im Volkspalast Logis beziehen und sich bei etwas Phantasie in einen Klub versetzt glauben. Allein, wer selbst diese spärliche Zahl von Pfennigen am Abend nicht beisammen hat und gar nicht daran denkt, in den „Casual Wards" das bißchen Nachtquartier am Morgen mit harter Steinklopfarbeit zu bezahlen, der zieht in eines der acht Londoner Heilsarmee-Nachtasyle, von denen natürlich das Whitechapeler die traurigsten Gäste beherbergt. Allabendlich wankt ein Zug, mühselig, schmutzstarrend, frierend, altersschwach und notgebeugt in die Middlesex Street, die am Sonntag der Tandelmarkt mit lautem Gewoge erfüllt. Hier steht an einer Straßenecke das Asyl der Heilsarmee. Mein Kostüm war mir fast übertrieben zerfetzt erschienen, als ich es angelegt hatte. Ein Blick auf meinen Nachbarn belehrte mich eines Besseren. Der Mann, der hier vor der Eingangstür in seinen Lumpen den Dienst eines Heilsarmee-Funktionärs versah, hielt mich auch noch der Frage wert: „Bett oder Pritsche?"

„Um drei Pence."

„Also Pritsche. Die Treppen hinunter." So steige ich denn die Stufen zur Unterwelt hinab, während die Reichen, die im Vermögen von fünf Pence waren, es sich oben im Schlafsaal gutgehen lassen können. Am eng vergitterten Schalter, wo mein Name in das Logierbuch eingetragen wird, bezahle ich meine Miete und erhalte eine Quittung darüber mit der Bettnummer 308 zugewiesen. Dann trete ich in den Versammlungssaal ein: ein dreckiger, großer Kellerraum, von Reihen grob gezimmerter Bänke erfüllt. An der Wand ein Podium mit einem von Wachsleinwand bedeckten

Harmonium — anscheinend ist der Abendgottesdienst schon vorbei. Die Kellerdecke ist von sechs Eisenträgern gestützt, längs der Wand verlaufen Heizröhren.

Was die Stadt in ihren tiefsten Abgründen nicht mehr zu halten vermochte, was selbst Whitechapel, dieses Asyl der Desperados aller Weltteile nicht mehr aufzunehmen gewagt hatte, was zu Bettel und Verbrechen nicht mehr geeignet ist, scheint hier abgelagert worden zu sein. Da sitzen sie und verderben die warme Luft. Der eine schnallt seinen Holzfuß ab und lehnt ihn an die Bank. Der andere macht Inventur, einige hundert Zigaretten- und Zigarrenstummel neben sich ausbreitend. Einer holt aus seinem Schnappsack die Dinge hervor, die er wahllos aus dem Rinnstein aufgelesen: Stücke alten Brotes, den Rumpf einer Puppe, zusammengeballte Zeitungen (er glättet sie sorgfältig), den Rest einer Brille, das Rudiment eines Bleistiftes. Einer bindet sein Bruchband zurecht, einer wickelt seinen Fußlappen ab, einer verdaut hörbar — alle Sinne werden gleichzeitig gefoltert.

Die Mehrzahl der Gäste sind Greise, mit grauen Haarsträhnen, zerzaustem Bart und Augen, die sich nicht mehr zu der Arbeit aufraffen können, einen Blick zu tun. Teilnahmslos starren sie ins Leere. Nur wenn ein Essender oder etwas Eßbares in den Bannkreis dieser Augen kommt, flackert in den matten Pupillen Leben auf, und sie richten sich gierig, neidisch, sehnsüchtig auf den Schmaus.

Am Schalter der Kantine hängt ein Zettel, auf dem steht, zu welcher Stunde Mahlzeiten erhältlich sind, jedoch man kann die Schrift nicht lesen, denn eine Armee von Mauerasseln hockt auf dem Papier. Der Kantineur ist einäugig. Vielleicht ist er — wie die meisten Funktionäre der Heilsarmee — früher selbst ein Obdachloser gewesen und hat in einer der blutigen Schlachten, die im Bereich des einstigen Jago Court noch heute manchmal entbrennen, sein Auge verloren. Nun reicht der bekehrte Polyphem den Hungrigen Speise und Trank. Ein Stück Brot kostet einen Farthing — die Scheidemünze, die man im übrigen England gar nicht mehr kennt, hat hier ihren Geldwert. Jede der übrigen Speisen ist für einen halben Penny zu haben. Auf Tassen aufgeschichtet liegen geräucherte und gesalzene Heringe, aus einem Kessel wird ein Blechgefäß mit Suppe gefüllt, aus einer Schüssel reicht man dem Käufer eine Portion Haferschleim, und aus einem an der Wand stehenden Kupfersamowar strömt bei Aufdrehen des Hahnes fertiger Tee. Von Zeit zu Zeit schreitet ein Asylbediensteter die Bankreihen ab, um die geleerten Schalen zu sammeln.

Ich hatte schon gehofft, auf meiner Bank angekleidet schlafen zu können. Aber es sollte schlimmer kommen. Um halb neun Uhr abends schrillt ein Pfiff, und es wird verkündet: „In die Schlafsäle." Barfüßig, die zertrümmerten Stiefel in der Hand, verlassen alle das Lokal. Der Einbeinige macht sich nicht erst die Arbeit, seinen Holzfuß wieder anzuschnallen: Mühselig hüpft er auf einem Bein hinaus. An der Stiege müssen wir einem Kontrolleur unsere Zettel vorzeigen. „Beds No. 211 —321" steht auf einer Tür. Wir sind also zu Hause. Der Raum, den wir bereits betreten, ist genau über unserem bisherigen Aufenthaltsort gelegen und diesem vollständig kongruent.

Jetzt aber haben wir nicht mehr das Gefühl, in der Hölle zu sein; jetzt sind wir in einer Gruft. Vom Gewölbe brennen zwei oder drei Lämpchen düster und gespenstisch auf lange Reihen schwarzer Särge herab, die auf niedrigen Katafalken ruhen. Das sind — um sich des auf die Türe geschriebenen Euphemismus zu bedienen — die „Betten". (Der Mann am Eingang hatte mir von Pritschen gesprochen.) Ich rechne im Kopfe: 321 minus 211 = 110. Hundertzehn enge Truhen, mit einem Überzug aus schwarzer Wachsleinwand bedeckt. Darunter ein Bettuch und ein Polster aus Drelleinen, dessen unheilvolles Grau möglicherweise nur davon herrührt, daß es zu oft gewaschen wurde.

Und schon beginnt der Totentanz. Meine Zimmerkollegen haben ihre Lumpen von sich geworfen, nun stehen die vielen, vielen Gerippe nackt oder in Totenhemd an ihren Särgen und lupfen ihr Bahrtuch zurecht. Dann schlüpfen sie in ihre Ruhestätte.

Manche suchen erst mit einem brennenden Streichhölzchen ihr Lager ab. Haben diese von tausendfältigen Bissen und Stichen des Lebens zerfleischten Leiber noch aus längst vergangenen besseren Tagen den Abscheu vor dem Ungeziefer gerettet? Oder aber wollen sie diese Empfindlichkeit nur vortäuschen; Es wird kaum mehr als „Hochstapelei" sein. Denn alle die Suchenden legen sich schließlich in die ihnen zugewiesene Schachtel zur Ruhe, und es bliebe ihnen ja doch auch dann nichts anderes übrig, wenn ihr Suchen von noch so großem Erfolg begleitet gewesen wäre.

Ich möchte gern warten, bis das Licht verlöscht, damit ich unbemerkt in Kleidern und Stiefeln ins Bett schlüpfen kann. Aber leider hat sich zwischen meinem Nachbarn zur Linken, einem ungefähr zwanzigjährigen Rowdy, und einem etwas älteren Kollegen ein Gespräch entsponnen, das sich neben meinem Bett abspielt.

„Woher kenne ich dich?" fragt der Ältere, „ich kann mich nicht erinnern."

„Aus Pentonville." Der Junge sagt das ostentativ laut. Anscheinend will er, es mögen auch andere vernehmen, daß er schon im Zuchthaus war.

„Bist du schon lange draußen?"

„Oh, seither war ich wieder im Police Court."

„Wie kamst du heraus?"

„Danny Rowlett stood bail for me."

„Weshalb?"

„Er braucht mich." Das ist noch stolz gesagt, und mehr verrät der Junge nicht.

Der Ältere gibt sich keineswegs mit der Auskunft zufrieden, daß Danny Rowlett sein Vorrecht, steuerzahlender Bürger Londons zu sein, zur Bürgschaft für den jungen Kriminellen nur verwendet habe, weil er diesen brauchte. Das hatte auch ich mir schon gedacht, obwohl ich nicht die Ehre habe, den Mister Danny Rowlett zu kennen, dessen Diminutiv-Taufname darauf schließen läßt, daß er in den Kreisen derer von Pentonville eine gewisse Popularität genießt. Wozu jedoch hat er meines Bettnachbarn so dringend bedurft? Ich werde es nie erfahren. Wohl aber erfährt es der Zuchthauskollege. Mein Anrainer hat ihn wichtigtuerisch mit einem längeren Blicke geprüft, und nun beginnen sie zu tuscheln. Ich sehe mich gleichermaßen um die Fortsetzung des Gespräches wie um meine Nachtruhe in Kleidern betrogen. Warten kann ich nicht gut, denn das Geschäft am Nebenbett mag noch lange dauern. Wahrscheinlich hat Danny Rowlett durch seine Bürgschaft den jungen Mann aus der Zelle im Polizeigefängnis nicht deswegen befreit, um ihn hier, im Massenquartier von Whitechapel, nächtigen zu lassen. Der opferwillige Bürge hätte ihm doch leicht auch ein schöneres Nachtlager verschaffen können. Der Grund, weshalb der gute Boy zur Armee des Heiles zu Gaste kam, wird also ein geschäftlicher sein. Er sucht einen Kompagnon.

Ich muß mich dazu bequemen, dem älteren der Burschen den Tausch unserer Lagerstätte vorzuschlagen, damit er besser mit seinem Associé verhandeln könne und mich nicht weiter störe. Der Mann nimmt an, ohne meine Freundlichkeit besonders zu quittieren — er empfindet sie zweifellos als einen Akt des Respekts, der ihm, dem Absolventen von Pentonville, von Rechts wegen zukommt. Mit einer knappen Handbewegung zeigt er mir sein Bett, das von nun an meines ist.

Meine neuen Nachbarn sind längst in den Chor des Schnarchens eingefallen, der den Saal hundertstimmig erfüllt. Der eine hat die schwarze Wachsleinwanddecke über den Kopf gezogen, des anderen zerzauste Gehirnschale lugt aus dem grauen Groblinnen schaurig hervor. Die Lichter verlöschen, und nur das schwerfällige Knarren von hundert Särgen sagt mir, daß ich in Gesellschaft bin. Manchmal dringt ein Anfall von verzweifeltem Husten zu der Truhe herüber, in der ich, auf meinen Arm gestützt, gerne einschlafen möchte.

Früh um sechs Uhr: ein Pfiff. In den Särgen zuckt es, dann tauchen Schädel auf, Knochen recken sich empor, von Strahlen des Morgens fahl beleuchtet. Wie Lebende reiben sich diese Toten die Augen und strecken sich. Dann stehen sie auf und ziehen die Lumpen an, die sie abends über den Stuhl gelegt haben. „In den Waschraum“, heißt das Aviso. Nur wenige leisten der Aufforderung Folge. Sie sind keine Gecken mehr, sie haben beim Fechten ums Dasein die menschlichen Eitelkeiten abzulegen gelernt. Im Waschsaal, an den braunirdenen Wasserbecken, stehen meist nur jüngere Kollegen, die der kosmetischen Wirkung des Waschwassers in ihrem Berufe als Geliebte ihrer Geliebten nicht entraten können. An Rollen hängen lange, hellgraue Handtücher für viele. Nun geht es wieder hinunter in den Kellerraum, woher wir abends gekommen sind. Ein Mann von der Heilsarmee liest ein Gebet, es folgt eine kurze, fromme Ansprache und wieder ein Gebet. Jetzt kann man um einen Halbpenny Tee und um einen Farthing Brot erhalten, und das Tor öffnet sich. Endlich, denke ich, und atme der Luft entgegen. Die anderen aber ducken sich vor dem ersten Hieb der Kälte.

Die Mutter des Mörders und ein Reporter

UM FÜNF UHR NACHMITTAGS WAR FRAU BERGMANN ERmordet und beraubt in ihrer Wohnung aufgefunden worden, der Verdacht lenkte sich sofort auf den Geliebten der Dienstmagd (die Hausbesorgerin hatte ihn gesehen, als er um drei Uhr das Haus verließ), und um sechs Uhr waren sowohl das Dienstmädchen als auch Franz Polanski verhaftet und der Kriminalpolizei eingeliefert. Statt die Beendigung des Verhörs abzuwarten, das bei Raubmorden stundenlang zu dauern pflegt, eilte der Reporter in die Wohnung des Festgenommenen. Detektive waren bereits dort gewesen, hatten die Sachen Franz Polanskis durchsucht und sich bemüht, seine Mutter einzuvernehmen. Aber Frau Polanski verlor bei der furchtbaren Nachricht das Bewußtsein, und da es einerseits klar war, daß der Täter in der Zeit zwischen Mord und Festnahme nicht zu Hause gewesen sein konnte, andererseits alle Hausbewohner der alten Wäscherin das Zeugnis einer musterhaft ehrlichen und braven Frau ausstellten, ließen es die Beamten dabei bewenden, sie für den nächsten Tag zur Polizei vorzuladen.

Aus der Ohnmacht erwacht, saß Frau Polanski jetzt allein in ihrer Stube, ihre Augen waren naß, dennoch weinte sie nicht, sie konnte nicht weinen, weshalb hätte sie denn weinen sollen, sie versteht ja noch gar nichts, es war ein gräßliches Unglück geschehen — ihr einziges Kind ... so etwas versteht man doch nicht sofort, so etwas will überlegt sein, aber sie überlegte nicht, sie wollte nicht überlegen, sie starrte nur aus nassen Augen in eine Zimmerecke. Das Klopfen des Journalisten, sein Eintreten, seinen Gruß beachtete sie nicht. Sie starrte nur aus nassen Augen in eine Zimmerecke. Er fragte sie, jedoch sie konnte ihm nicht antworten, ebensowenig wie sie den Polizisten zu antworten vermocht hatte.

Verzeihen Sie, Frau Polanski — ich bin nämlich von der Zeitung...

Da löste sich ihr Krampf, löste sich in ein Aufheulen. Sie begriff die Öffentlichkeit ihrer Schande. „Von der Zeitung!" schrie sie auf, und nun schluchzte sie Worte, eine Klage, eine Zusammenfassung ihres Lebens, die in eine Bitte mündete.

„In der Zeitung wird es auch stehen! Um Gottes willen, um Gottes willen! Mein ehrlicher Namen! Mein Seliger — zwanzig Jahre ist er schon tot, mein Seliger — hat in seinem ganzen Leben nie etwas mit der Polizei zu tun gehabt, und ich — mein Gott, ich und die Polizei! — ich bin eine arme Waschfrau, fünfundzwanzig Jahre lang wasche ich für fremde Herrschaften, und noch nicht eine Windel hat gefehlt, noch kein Paar Strümpfe habe ich vertauscht, und gebe acht, daß die Manschetten nicht zerfranst werden — und nun werde ich in der Zeitung stehen, alle Leute werden es lesen — geben Sie's nicht in die Zeitung, junger Herr!"

Der Reporter verflucht seinen Einfall, die Mutter des Mörders aufgesucht zu haben. Diese alte Frau, die nichts von der Welt weiß und nun noch vollends um den Verstand gekommen ist und ihn anfleht: „Geben Sie's nicht in die Zeitung, junger Herr, ich bitte Sie, um Gottes Barmherzigkeit willen, machen Sie mir und meinem toten Mann nicht eine solche Schande, geben Sie's nicht in die Zeitung!"

Er muß versuchen, sie zu beruhigen, will ihr erklären, daß das nicht von ihm abhängt, daß das gar nicht in seiner Macht steht, derartige Angelegenheiten lassen sich doch nicht verschweigen, ein solcher Lokalfall, ein Raubmord...

Das Wort „Raubmord" schmettert die Frau nieder. Sie sieht die Sinnlosigkeit ihrer Bitte ein und starrt wieder aus nassen Augen in die Ecke der Stube. Zu sich selbst spricht sie, ohne daß ihre Lippen sich bewegen: „Ja, ein Raubmord. Daran hab ich noch gar nicht gedacht — das heißt ja: Raubmord, und mein Franz ist ein Raubmörder. Franz Polanski, der Sohn von der Frau Anna Polanski, Waschfrau, Brückengasse 4, ist ein Raubmörder. Und ich bin die Mutter eines Raubmörders. Mein ganzes Leben lang bin ich fleißig und anständig gewesen, und niemand hat mir auch nur so viel nachsagen können."

Der Journalist möchte die Unglückliche irgendwie trösten, sein plumper Ausdruck hat ihr den Rest gegeben. Niemand wird Ihnen schuld geben, Frau Polanski, man weiß doch, daß Sie eine brave, ehrliche Frau sind, sagt er, aber sie hört ihm gar nicht zu. „Raubmord", wiederholt sie tonlos, „Raubmörder."

Vielleicht können direkte Fragen ihre Teilnahme finden? Wie lange hat denn Ihr Sohn schon die Bekanntschaft mit dem Stubenmädchen von Frau Bergmann? Wie lange ist Ihr Sohn ohne Anstellung!

„Raubmord! Raubmörder! Franz Polanski, der Sohn von der Frau..."

Nichts zu machen! Der Reporter verabschiedet sich mit einer Phrase, daß er sie nicht belästigen wollte, er habe nur gedacht, sie könnte ihrem Sohn vielleicht helfen, wenn sie ihm einige Auskünfte– –

Da schreit sie wieder auf: „Helfen! Ich will ihm nicht helfen! Ein Raubmörder ist er, er hat die Frau Bergmann erwürgt, um ihr den Schmuck wegzunehmen. Wissen sie, wie man das nennt, mein Herr? Das nennt man: Raubmord, und das kommt in die Zeitung, mein Herr. Was soll ich ihm da helfen? Ich möcht ihm ja helfen, meinem Jungen, er ist ja mein Junge, mein einziger Junge — aber wie soll ich ihm denn helfen, ich bin eine arme Wäscherin, ich werde zu einem Rechtsanwalt gehen, ja, ich werde ihn schon bezahlen — wie soll ich ihm denn helfen, meinem Franzl, sagen Sie mir's, junger Herr, bitte, sagen Sie mir's!"

Der Journalist erklärt ihr, daß es für alles mildernde Umstände geben kann, große Not zum Beispiel entschuldigt vieles, oder vielleicht ist der Franz geistig nicht ganz in Ordnung, krankhafte Anfälle oder so etwas, auch Vererbung gilt viel vor Gericht, wenn er zum Beispiel vom Vater oder von der Mutter her ein jähzorniges Wesen hat...

„Vererbung? Wenn er etwas her hat, vom Vater oder von der Mutter?"

Der Reporter erschrickt. Was hat er da wieder Unkluges gesprochen! Das Andenken ihres Mannes verdächtigt, ihren Ruf angetastet, der das einzige dieses unglücklichen Frauenzimmers ist. Aber, Frau Polanski. Sie dürfen mich nicht mißverstehen, ich weiß ja ganz gut, daß Sie eine brave, ehrliche...

„Vererbung heißt das? Wenn er etwas her hat von der Mutter?"

Er hat doch, um Gottes willen, Frau Polanski nicht beleidigen wollen, er hat doch bloß gemeint – –

„Ja, ja, Vererbung! Von mir hat er's her, der Franz — er kann nichts dafür, der arme Franz, von mir hat er's geerbt, von mir!"

Ach so! Die brave Mutter will jetzt alles auf sich nehmen, dieses seelensgute Waschweib da, möchte sich zur Borgia machen, daß der Sohn entlastet wird, sie will ihren Ruf opfern, weil sie glaubt, damit dem Mörder zu helfen.

„Ja, ja, ich will ihm helfen, Sie verstehen mich ganz gut, aber Sie glauben es mir nicht, daß das in mir war, mein ganzes Leben lang, dieses Morden — ja, ich werde Ihnen das erklären, noch keinem Menschen habe ich das gesagt, nicht einmal gebeichtet hab ich das, so oft ich auch zur Beichte gehe, aber Ihnen werde ich das erzählen, damit Sie es in die Zeitung geben, sollen sie mich holen kommen, die Polizisten, soll man mit Fingern auf mich zeigen, das ist mir jetzt ganz gleichgültig, ich habe mich lange genug verstellt, ich pfeife auf alles, meinem Buben will ich helfen, warum soll er um meinetwillen leiden — Vererbung ist das, weiter gar nichts — ich werde Ihnen die Wahrheit sagen: ich bin eine Mörderin!"

Der Journalist wünscht sich zum Teufel. Jetzt wird die biedere Alte anfangen, ihre armseligen Sünden auszukramen. Das reicht für eine Notiz: die greise Mutter des Unholds, eine fromme Wäscherin, beschuldigt sich kleiner Vergehen, damit ihrem einzigen Kinde die vererbte Anlage zum Verbrechen als mildernder Umstand zugute komme.

„Ja, *ich* bin eine Mörderin, ich!"

Wen haben Sie denn ermordet, liebe Frau Polanski?

„Wen ich ermordet hab? Ich hab keinen ermordet, ich hab nicht die Kraft gehabt, ich hab's nur versucht, aber mein Bub, der hat die Kraft gehabt, der hat es durchgeführt!"

Na ja, so durch den Kopf geht uns vieles!

„Nein, nein, das ist mir nicht bloß so durch den Kopf gegangen. Da, sehen Sie..."

Frau Polanski hat ihr Tuch vom Kopf gerissen, ihr Haar steht wirr ab, sie läuft zum Tisch, wie eine junge Frau ist sie jetzt, sie zerrt das Schubfach auf und nimmt ein Küchenmesser heraus.

„...da, sehen Sie, dieses Messer da, mit dem habe ich einen ermorden wollen. Das ist schon zwanzig Jahre her, wie ich Stubenmädchen war beim Finanzrat Martin in der Marienstraße, ein ganz junges Mädel war ich noch, eben vom Land gekommen."

Wen wollten Sie denn damals erstechen?

„Wen ich erstechen wollte? Den ersten Menschen, der lieb zu mir gewesen ist in meinem Leben, den hab ich erstechen wollen. Niemand war vorher lieb zu mir, wir sind viele Kinder gewesen und haben zu Hause kein gutes Wort bekommen. Und nun kommt einer und sagt mir: Sie sind hübsch, Fräulein — und streichelt mich und küßt mich und verführt mich..."

...und heiratet Sie dann nicht. Das ist das alte Lied.

„Ach, wenn es nur das gewesen wäre, wenn es nur das gewesen wäre! Daran habe ich nie gedacht. Ein solcher Herr — er war der Bruder der Gnädigen. Mit seinen Schmeicheleien hat er mich eingeweicht wie in Seifenwasser. Wenn die Wäsche einmal drinnen liegt in dem Trog da, dann kann man alles mit ihr machen, man braucht sie nur zwischen die Fäuste zu nehmen, und alles geht hinunter — wenn man es zu heftig anpackt, auch die Farbe und die Leinenfasern."

Ganz gut gesagt, denkt der Reporter, es wird doch mehr als eine Notiz! Er nimmt seinen Notizenblock aus der Tasche und stenographiert: Der Vergleich der Wäscherin, oder: Die Philosophie der Wäscherin. Das kann man direkt in den Titel geben, zweispaltig, auf die erste Seite!

„Bei mir ist auch alles abgegangen, ich war bei ihm in der Wohnung und war eigentlich sehr glücklich. Dann aber hat er mich nicht mehr aufgefordert, daß ich wieder zu ihm kommen soll, und da bin ich sehr traurig geworden."

Da wollten Sie ihn umbringen?

„O nein, ich war ja noch ein solches Ganserl vom Land und hab alles so genommen, wie es gekommen ist, und habe geglaubt, es muß so sein. Aber dann ist etwas geschehen, wo ich gewußt hab, es muß nicht so sein, es kann nicht so in Ordnung sein... Er hat mir gesagt, ich soll mir die blaue Bluse anziehen, die er mir gekauft hat, und abends zu ihm kommen, er gibt ein kleines Fest in seiner Wohnung. Also hab ich mir Ausgang genommen, bin hingegangen. Es waren noch zwei Freunde von ihm da, zwischen die er mich gesetzt hat, und eine Dame, die ist neben ihm gesessen — eine Dame! — ich habe später gesehen, was das für eine Dame war — sie hat zu ihm gepaßt, das Weibsbild! Na, wir haben Brötchen gegessen und Wein getrunken und dann haben sie Halbdunkel gemacht, nur eine Tischlampe mit rotem Schirm hat gebrannt, und die beiden Freunderln wollten sich mit mir herumschmieren und haben mir zugeredet, noch zu trinken, und er hat mir gesagt, ich soll mich nicht so zieren, wir sind hier nicht bei der Dorfmusik, ich soll mich wie eine Dame benehmen. Ich war noch so unsicher, ich bitt Sie, ein Ganserl vom Land, ich hab nicht recht gewußt, was ich tun soll, und erzürnen wollt ich ihn nicht — da hab ich mir genug gefallen lassen. Plötzlich sagt einer: die Damen sollen sich jetzt auskleiden. Die anderen waren natürlich gleich dabei. Nur ich wollte davon nichts hören. Da hat er mich beiseite genommen und hat mir einen Krach gemacht, er muß sich für mich schämen, ich sei doch sonst nicht so zimperlich gewesen, und ich soll schauen, daß ich weiterkomme, wenn ich da Geschichten machen will, oder ob ich nicht lieber sein nettes Roserl bleiben will und hübsch gehorchen...? Da habe ich mir Mut gemacht und Schnaps und Wein in mich geschüttet, und die Schweinekerle haben mich ausgezogen — die andere hat das selbst besorgt, die hat eins-zwei Rock und Bluse unten gehabt, na ja, die wollte sich zeigen, weil sie ein fraise Batistcombiné angehabt hat mit Spitzen..."

So?

„Ja, und ich habe mich geschämt für meine langen Barchenthosen, aber die geilen Kerle waren jetzt schon einmal dabei und haben nicht eher Ruhe gegeben, bis sie mich splitternackt ausgezogen haben, bis auf die Strümpfe — die hätte ich mir auch sicherlich hinunterziehen lassen, da hätten sie machen können, was sie wollten! — und jetzt habe ich doch besser ausgesehen als die andere!"

Eine alte Waschfrau steht hier in einer Stube voll Wäschegeruch. Zwei Heiligenbilder hängen an den Wänden. Ein Waschtrog und ein Küchenherd. Aber das alles ist verschwunden. Keine Proletarierwohnung ist mehr da, keine Proletarierfrau. Rot abgedämpftes Licht eines Junggesellenzimmers und ein junges Mädchen vom Land, das man zwingt, sich zu entkleiden.

Warum hat sich diese Alte in ihre Jugend verwandelt? Hat der Schmerz über die Katastrophe sie ihrer Vernunft beraubt? Warum holt sie Sünden hervor? Daß das nicht davor schützt, die Mutter eines Raubmörders zu sein? Berauscht sie sich an dieser Erinnerung? Warum entblößt sie sich vor einem Fremden, warum beschuldigt sie sich, warum erzählt sie:

„Und dann haben sie ganz dunkel gemacht und ihre Schweinereien getrieben, bis mir die Sinne vergangen sind... Am Morgen haben mich meine zwei neuen Liebhaber in einer Droschke nach Hause gebracht, ich habe gespien und nichts von mir gewußt. Am nächsten Tag habe ich gefiebert, konnte kaum stehen, und die Gnädige hat gefeixt: am Abend bummeln gehen und lauter Vergnügungen und Genüsse hat sie mir vorgeworfen — das Kotzen war noch in meinem Mund und das Heulen in meinen Augen, wenn ich an die Genüsse von gestern nacht gedacht habe. Und die Gnädige putzt mich noch herunter, wie ihr Herr Bruder gestern abend, weil ich mich nicht hab ausziehen wollen. Da ist etwas in mir aufgestiegen, ich weiß nicht, ob es der Satan war, ich hab mich nicht dagegen wehren können, trotzdem ich in der Dienstbotenkammer gebetet habe auf den Knien, nichts hat es mir genützt, gar nichts hat es genützt. Wie er am Abend zum Essen gekommen ist, war ich schon ganz verrückt, ich habe das Küchenmesser genommen, dieses Küchenmesser da, und bin auf ihn zugerannt und habe es ihm mit aller Kraft in den Leib gestoßen..."

Ja, jetzt sieht sie wirklich wie Lukretia Borgia aus. Unheimlich ist sie, wie sie das Messer schwingt. Man versteht den Sohn, der morden geht. Sicherlich hat sie damals den Mann erstochen — damals, als sie so alt war, wie ihr Sohn heute ist. Natürlich muß man das in die Zeitung geben, es ist wirklich Vererbung, die Polanski zum Verbrechen trieb.

„Ins Herz habe ich ihn treffen wollen — aber vielleicht hat er sich bewegt — oder vielleicht ist der Stoß abgerutscht von der Brieftasche — ich weiß es nicht — das Messer ist in den Arm gegangen, daß das Blut herausgespritzt hat."

Ob man sie verhaftet hat?

„Die haben sich schön gehütet! Die ganze Familie hat sich auf mich gestürzt, alle haben mich gehalten, ich bin aber ohnmächtig zusammengebrochen, und sie mußten mich auf mein Bett tragen. Am nächsten Tag habe ich meine Siebensachen ins Holzkofferchen gepackt, so krank ich auch war, und bin gegangen. Das Küchenmesser habe ich mitgehen lassen, zum Andenken — dafür habe ich meinem Herrn Liebhaber die blaue Bluse dortgelassen, die er mir geschenkt hat."

Eine Privatsache also, eine Liebesgeschichte wie Tausende; die Zeitung nimmt davon nicht Notiz, höchstens wenn der Ausgang tödlich ist, oder die Betroffenen bekannte Persönlichkeiten sind. Das ewig Gleiche geht die Zeitung nichts an, sie will das täglich Wechselnde, das immer Aktuelle — das ein Nichts ist. Der Reporter bedauert das, die Frau hat ihm ihre Lebenslüge eingestanden, sie hat ihr Innerstes aufgedeckt — und es ist unmöglich, damit ihrem Sohn zu nützen.

„Ja, schreiben Sie nur alles auf, junger Herr, geben Sie das alles in die Zeitung: die Frau Polanski ist keine brave Frau, müssen Sie hineinschreiben, sie ist eine böse Mörderin, sie hat nur nicht die Kraft gehabt, ihre Morde ganz durchzuführen, aber ihren Sohn hat sie dazu gebracht, ihr Sohn, Franz Polanski, ist ein ganz unschuldiger Mensch, müssen Sie hineinschreiben, der ist nur ein Opfer von ihr, der hat alles geerbt von ihr, von dieser Frau Rosa Polanski, dieser bösen Mörderin, schreiben Sie doch!"

Morde? Haben Sie denn noch ein zweites Mal so etwas getan?

„Getan! Getan! Mein Sohn hat einen Mord getan und ist unschuldig und ich hab nichts getan und bin schuldig, nicht an einem Mord, an hundert Morden, zu denen ich nicht die Kraft gehabt habe und keine Zeit! Da drinnen, in dem Waschtrog da, da drinnen liegt meine Kraft begraben und meine Zeit. Das ist meine Wiege und mein Bett und mein Sarg, das sag ich immer. Da drinnen stecke ich seit fünfundzwanzig Jahren und wasche Zephir und Batist und feines Leinen, das nicht mir gehört und das ich so gerne besessen hätte, und ich habe die Frauen beneidet, die das getragen haben, ich war auch jung und schön..."

Mit wirklich jugendlichem Haß trommelt sie auf den Rand des Waschtrogs. Sie sei hübsch und jung gewesen, „ob Sie mir's glauben oder nicht", wiederholt sie, „und hätte gerne die Wäsche getragen und habe die Fäuste geballt, und..." — jetzt lacht sie, unheimlich lachend schlägt sie auf das Holz! — mit den geballten Fäusten habe sie die Wäsche gerieben, bis sie rein war, blitzsauber. Alles für die anderen. Na, manchmal hat sie sich schön gemacht und hat fremde Seidenstrümpfe angezogen und ein Hemd aus Crêpe de Chine, das sei aber schon lange her, ihre Jugend und ihre Schönheit und alle ihre Hoffnungen sind ertrunken in dem Seifenwasser, und ausgeschüttet habe sie alles. Längst, längst. Sie verstehe, daß ihr der Herr von der Zeitung das heute schwer glauben könne, aber es sei doch wahr, daß sie hübsch gewesen ist und ihr alle Männer nachgestellt haben.

„Mein Geliebter war Polizist", erzählt sie, „hu, war der eifersüchtig, nicht einmal tanzen habe ich mit einem anderen dürfen, aber wie ich schwanger geworden bin, hat er mir lang und breit erklärt, er ist nur provisorisch angestellt, und ans Heiraten darf er gar nicht denken, und ich soll mir das Kind nehmen lassen. Ich habe Glühwein getrunken mit Gewürznägeln, wie es mir die Freundinnen geraten haben – aber es hat nichts genützt, gar nichts. Da hat er mir zugeredet, ich soll einmal mit dem Polanski schlafen, damit ich dem einreden kann, das Kind sei von ihm."

Der Journalist will weggehen. Soll jetzt noch der tote Gatte einbezogen werden in diese sinnlosen, zwecklosen Beichten der verwirrten Frau?

„Nein, junger Herr, Sie müssen noch bleiben, jetzt kommt eine Mordgeschichte für die Zeitung, die müssen Sie hineindrucken. Ja, mein Herr Schutzmann hat also wollen, ich soll mit dem Polanski gehen, damit er das Kind auf ihn schieben kann – auf einmal war er nicht mehr eifersüchtig, mein Liebhaber, und früher hat er sich zu mir über den armen Polanski doch so lustig gemacht, einen braven Geschäftsdiener in unserer Straße, der mir immer Blumen gebracht hat und rot geworden ist, wenn er mich gesehen hat. Ich wollt nichts davon wissen, den armen Polanski so zu betrügen, aber mein sauberer Freund hat mir so lang zugeredet, bis ich vom Tanzsaal mit dem Polanski nach Hause gegangen bin. Er ist uns nachgeschlichen, bis zum Fenster, ob ich wirklich mit Polanski hinaufgehe – er wollt mich zwingen, daß ich mir's nicht noch überlege. Am nächsten Tag hat es mir den Hals eingeschnürt vor Ekel, wie damals nach jener schweinischen Nacht mit dem Bruder von der Gnädigen, und der Haß hat mich gepackt, und am Abend habe ich das Messer mitgenommen zum Stelldichein und wollte meinen Liebhaber erstechen. Damals habe ich es mir klar und kalt überlegt und habe gewußt, *der* Stich wird nicht danebengehen."

Sie haben ihn erstochen?

„Nein, ich hab ihn nicht erstechen können, er ist nicht gekommen. Er hat mich verkuppelt, er hat doch keine Verpflichtungen mehr gehabt! Ein Ehrenmann! – Lange habe ich nicht den Mut gehabt, dem Polanski zu sagen: ich bin schwanger. Erst wie man mir's schon angesehen hat, bin ich damit herausgerückt. Der arme Narr hat sich so gefreut – gejubelt hat er vor Freude, daß er Vater wird und daß wir gleich Hochzeit machen müssen – da hat mir der arme Gefoppte so leid getan, und ich wollte das Kind nicht mehr austragen, um keinen Preis, auch wenn es mein Leben kosten sollte. Aber keine Hebamme hat es machen wollen, ich war schon im siebenten Monat. Ich hab wieder Glühwein getrunken und bin herumgesprungen und habe gekniet vor der Mutter Gottes und habe gebetet und gebeichtet und gefastet und Gelübde getan und nichts hat geholfen. An diese Teufelswand von dem Waschtrog da, hier in der Mitte, wo ich immer stehe, mein ganzes Leben lang, hierher habe ich meinen Bauch gedrückt und habe gewaschen, mit zusammengepreßten Fäusten, die Frauenhemden, die blutig waren, die fremden Frauenhemden. Nur ich hab kein Blut gehabt, nur ich hab kein Blut gehabt. Da habe ich einmal mein altes Messer genommen und hab es mir tief in den Bauch gestoßen, damit Blut kommt, damit das Kind krepiert und ich mit ihm... Ich bin auch im Blut zusammengebrochen."

Sie haben Ihr Kind...?

„Man hat mich ins Spital gebracht, und dort bin ich zwölf Tage im Fieber gelegen. Wie ich zu mir kam, hat man mir mein Kind gezeigt, den Franzi... Ich hatte ihn nicht getroffen, — vielleicht war es gut so — ich hab ihn liebgewonnen. Auch den Polanski hab ich liebgewonnen, der den ganzen Tag an meinem Bett gesessen ist und mich auch geheiratet hat. Er hat nur eine Sorge gehabt, ob der Bub nicht tuberkulös sein wird, wie er. Ich habe nur eine andere Sorge gehabt, ob der Bub nichts erben wird von meinem Blut, das nicht hat fließen wollen ohne das Messer da ... immer hab ich daran gedacht, daß er von mir..."

Da wird die Türe aufgerissen: „Guten Abend, Mutter!"

Frau Polanski schaut ihren Sohn an, der seinen Hut aufs Bett in die Ecke schleudert, sie ist ganz woanders, in einer ganz anderen Zeit. Da kommt ihr Sohn herein. Wie kommt er da herein?

„Was sagst du zu der Geschichte? Du weißt doch, daß sie mich verhaftet haben?" Er sieht die durchwühlten Schubfächer. „Aha, hier waren sie auch schon, die gescheiten Herren!"

Frau Polanski schaut ihren Sohn groß an. Wo kommt er her, vom Galgen?

„Hast du vielleicht auch geglaubt, daß ich die Frau Bergmann erschlagen hab?"

Der Journalist tritt auf ihn zu: „Wieso hat man Sie entlassen? Verzeihen Sie — ich bin nämlich Zeitungsberichterstatter..."

Der junge Polanski lacht: „Da wäre ich ja beinahe in die Zeitung gekommen. Mutter, was sagst du, fast wäre ich berühmt geworden! Leider haben sie schon den Mörder — es ist der Sohn von der Hausbesorgerin. Aber ich hab seit drei Stunden nichts gegessen. Hunger hab ich, Mutter!"

Sie steht noch immer da, mit dem wirren Haar einer wirren Jugend und dem verlorenen Blick eines verlorenen Lebens. Wie kommt mein Sohn hierher und dieser fremde Mann? Lacht er mich nicht aus?

Nein, der Reporter lacht nicht, er fühlt, daß sich etwas abgespielt hat, das größer ist als ein Raubmord, daß er etwas erfahren hat, das nie in der Zeitung steht: das Geheimnis einer Seele.

Der erwachende Blick der Frau ist auf ihn gerichtet, sie hat ihr wahres Leben verraten, eine Mutter eines Mörders einem Manne von einer Zeitung, und jetzt ist sie keine Mutter eines Mörders mehr und er ist kein Mann von der Zeitung mehr, er hat hier nichts zu suchen, gar nichts, er ist ein Fremder, und dennoch hat sie sich vor ihm entblößt, weil sie gehofft hatte — was hatte sie nur gehofft?

„Hunger hab ich. Mutter, hörst du nicht! Seit drei Stunden hab ich keinen Bissen im Mund gehabt! Was glotzt du so? Fressen will ich, wie oft soll ich es denn sagen!"

Da duckt sich Frau Polanski, sie bindet ihr Kopftuch um, und gebückt, ein altes Waschweib, geht sie zum Ofen: „Na ja, na ja, ich geh ja schon."

Stahlwerk in Bochum, vom Hochofen aus gesehen

AUF DEM GIPFEL DES HOCHOFENS FÜHRT UM DAS MASCHInenhaus des Schrägaufzuges eine beängstigend enge Balustrade. Hier oben, wo's höher als auf Kirchturmspitzen ist, muß man nicht zwischen glühenden Stahlstücken, offenen Versenkungen und rollenden Radreifen balancieren, von fallenden Lasten zischend emporlodernden Flammen erschreckt und vom Klirren und Hämmern entnervt. Und doch überblickt man die ganze Landschaft, die uns bewußte Laien tagsüber bewegt und begeistert hat, wir umfassen von höherer Warte die Plätze, auf denen uns heiße Eindrücke eingepreßt wurden; wir können auf diesem Prospekt den Weg voll verwirrender Schönheit und bitterer Reflexion rekapitulieren, den wir heute gingen und den alltäglich und allnächtlich das Erz geht und die Arbeit in allen Stadien.

Allerdings: selbst hier oben ist kein Gottesfrieden, selbst da, auf dem höchsten Standpunkt der Stahlstadt, fahren uns Lasten über den Kopf. Ununterbrochen schweben auf ihrem Seil die Waggons der Hängebahn heran, öffnen sich genau über der Gichtschüssel des Hochofens, und in den sich im selben Momente klaffenden Ofen stürzt der Passagier, der Koks, der aus der fernen Kokerei der Kohlenzeche ankommt. Kaum ist der leere Waggon abgetänzelt, rasselt über uns ein Eimer von achttausend Kilogramm Gewicht. Er schleppt das Erz aus den Bunkern, in die es die Eisenbahnzüge aus den Erzbergwerken brachten, und erbricht sich gleichfalls in das Ofentürl.

Neben den fünf Hochöfen stehen fünfzehn geschlossene Röhren, die Winderhitzer, etwa in der Form gefüllter Kalodonttuben. Aber sie sind größer. Bedeutend größer sogar: jede ist fünfunddreißig Meter hoch, doppelt so hoch als ein dreistöckiges Haus, und hat einen Durchmesser von sieben Metern. Das Blech der Hülle dürfte ebenfalls stärker sein als das einer Tube mit Zahnpasta. Denn darin wird Wind auf siebenhundert bis achthundert Grad erhitzt, das heißt, bis er eine grell leuchtende Flamme ist. Dieser brennende Wind strömt in den Ofen, wo Erz und Kohle gemeinsam zerschmelzen. Alle zwei Stunden wird jeder Hochofen geöffnet, und das Roheisen fließt (während die leichtere Schlacke oben anderswohin führt) wie ein flammender Bach in eine Riesenpfanne, auf dem Weg kaskadenfröhlich in Tausende silberne Tröpfchen zerstäubend und den Winterrock des allzu nahe herantretenden Beschauers mit Silberflitter besäend. Wird nicht auch die Lunge der Arbeiter hier mit diesem eisernen Konfetti überschüttet? Ist er unempfindlich gegen den Schwefeldampf, den uns eben ein Windstoß in die Nase geblasen hat, daß wir tränen und husten müssen? Ist das Gichtgas für ihn kein Gift? Stört es ihn nicht, wenn er aus dieser tödlichen Hitze unmittelbar ins Freie muß, um für das überschüssige Roheisen im Gießbett Rinnen zu graben? In drei Schichten arbeiten die Leute am Hochofen, der jahraus, jahrein, Tag und Nacht nicht erlöschen darf, und an jedem dritten Sonntag haben sie sechzehn Stunden Dienst. Vom vierzehnten Lebensjahre an bis zum Tode, der vielleicht schon kommt, während sich andere noch mit dem Studium „abplagen". — Was hier ein Arbeiter Lohn habe, fragen wir den blutjungen Ingenieur, der Stulpenstiefel und Schmisse hat und die Arbeit beaufsichtigt. — „Na, zweiundfünfzig bis fünfundfünfzig Pfennig pro Stunde — der beste kommt schon auf hundertzwanzig Mark im Monat", antwortete er, „eine Zeitlang standen sich die Kerls besser als wir. Aber jetzt geht's schon einigermaßen in Ordnung." Dann lenkt er ab und zeigt auf den lichterlohen Bach von Roheisen, der noch immer aus dem Loch strömt. „Das sind fünfzig bis sechzig Tonnen; genau zwölf Millionen Mark ist dieses Wässerchen wert, und neun solcher Abstiche werden täglich an unseren Hochöfen vorgenommen."

Endlich ist die Pfanne voll, die Aufzugsmaschine ergreift sie und führt sie in die Stahlgießerei, wo aus dem Eisen in achtzehn riesigen Martinöfen Stahl gemacht wird. Überdimensionale Krane chargieren das Rohmaterial in diese Schmelzen, Roheisen, Ferromangan und vor allem „Schrott", altes Stahlmaterial — darunter noch immer viele stählerne Kanonenrohre, Granaten, Torpedos — und ausrangiertes eisernes Hausgerät, das einst in der Küche oder in der Rumpelkammer wie eine Pfütze war, dann im Magazin des Hausierers zum Tümpel ward, in Bächen zum Alteisenhändler floß, in Strömen in die Schrottzerkleinerungswerke und hierher, wo es ein Meer ist, der Verdunstung harrend. Nicht lange währt diese Rast der unvergänglichen Materie an dieser Kurve, an die sie wahrscheinlich alle hundert Jahre kommt. Schon geht die Rundfahrt weiter durch die Ewigkeit, schon entleert sich der Greifer mit Schrott über dem Ofen. Ihm nach fallen allerhand Chemikalien.

Mit einer blauen Brille kann man in den Ofen hineinschauen. Was man sieht, ist nichts als ein ungeheures Brodeln flüssigen Feuers, das alles ergreift und alles verzehrt. Und öffnet sich der Herd, um den Stahl abzulassen, dann speit und raucht in seinem Gefäß der neugeborene Stahl und scheint emporschlagen und die Welt verschütten zu wollen, unheimlich lodernder Vesuv! Habt ihr nicht Angst, ihr Herren der Fabrik, daß diese aufgeregte, kochende Masse doch einmal ihren Kerker sprengt? Ihr lächelt: „Divide et impera" und zeigt dem Warner mit überlegener Miene das Ventil, das sich bereits öffnet. Und aus dem großen einheitlichen Höllenkessel beginnt die Masse herauszuströmen nach allen Richtungen in hundert Formen von verschiedener Größe und verschiedener Gestalt. In den „Kokillen" strahlt der Stahl noch immer wie ein Symbol, noch immer ist er im Flusse der Bewegung, und noch immer ist er von vernichtender Hitze. Aber bald muß er zu Blöcken erstarren, die irisierend blau und matt sind.

Eisenbahnzüge rollen heran und schleppen sie von dannen, man kann aus ihnen

Kanonen und Geschosse machen, wie es im Kriege war, man kann sie zu nützlichem Werk verwerten. Die Züge fahren davon, in andere Städte und andere Länder, Bochumer Stahl; als Kirchenglocken enden die Stahlmassen oder als Fahrräder, Rasiermesser, Schreibfedern, Taschenuhren, Dolche. Andere Blöcke aber bleiben noch hier. Auf kleineren Waggons rollen sie in die Bezirke des Betriebes, ins Schmiedewerk zu den unheimlichen Hämmern, wo man sie zu Kurbelwellen für Maschinen und zu Schiffssteven, zu Lokomotiv- und Waggonradsätzen schmiedet, oder ins Walzwerk, wo zumeist Schienen und Stahlschwellen und Räder und deren „Bandagenringe" (Radreifen) daraus werden für fast alle Eisenbahnen Europas uns Asiens, in den verschiedensten Durchmessern, Lokomotivräder bis zu zweieinhalb Meter. Langwierige Prozeduren vollenden dieses Werk, und so angeregt der Geist von der Fülle dieses Raffinements und von der aufgewandten Geschicklichkeit ist, so müde wird man, wenn man das Erz auf seinem Entwicklungsgang begleitet bis zu den Leidensstationen des Stahls in den mechanischen Werkstätten, wo er gedreht wird, gehobelt, durchstoßen. Armer, gequälter Stahl — man wünscht sich nicht einmal, was man gerade hier stärker als anderswo oft gewünscht hatte: Nerven aus Stahl zu haben.

Eben kamen wir an zwei Arbeitern vorbei, die eine Schiffswelle an die Hebekette legten. Wir sind ein paar Schritte weitergegangen, als uns ein sogar in diesem steten Lärm hörbares, ungeheures Krachen innehalten läßt: Die Kette ist gerissen, die Welle herabgestürzt und eine Kurbel abgebrochen. Zum Glück hing sie noch nicht hoch, und niemand stand darunter. Einige Arbeiter sammeln sich aufgeregt, untersuchen den Kran und murren, daß noch immer keine Taue statt der Ketten eingeführt worden sind. „Tausend Mark Schaden", brummt der Betriebsleiter.

Aber selbst die Erschütterungen solcher Zwischenfälle sind in ihrer Intensität nichts gegen den Eindruck zauberischer Vorgänge, deren staunender Zeuge man ist. Ins Schienenhaus kommt ein kurzer Stahlblock, und schon huscht er, windet er sich, in eine Schlange verwandelt, aus der Maschine. Aber welch eine Schlange ist das! Fünfundsechzig Meter mißt ihr Leib und ist rotglühend, und so schiebt sie sich durch das Zwielicht der endlosen Halle, dreht sich auf die andere Seite, hebt sich an einem Ende in die Höhe und rutscht in die Maschine zurück, die sie auch auf der anderen Seite plattwalzt und wieder preisgibt, um sie nochmals aufzunehmen und nochmals — bis sie viereckig geworden ist. Und schon wird sie von einer Säge zerschnitten, in Stücke von zehn Meter Länge. Das Schlangenblut ist heißes Gold und spritzt empor in Garben und Funken, ein unbeschreibliches Feuerwerk.

Im Hof liegen die zerschnittenen Teile der Schlange, fertige Schienen. Der Laufkran fährt über sie hin, die beiden Magnete an seinen Enden senken sich ein wenig, und waagrecht schweben sieben Schienen ihnen entgegen in die Höhe, frei in der Luft. Sie saugen sich fest an den Magneten, kein Tau, keine Kette hält sie, und doch stürzen sie nicht herab, der Hebezug bewegt sich weiter mit seiner Last von zwanzigtausend Kilogramm, er hält über einem Eisenbahnzug, der Strom wird ausgeschaltet, und die Schienen legen sich behutsam in den Waggon.

Jeder neue Eindruck läßt den vorhergehenden verblassen. Verstört ist man von den vielen Wundern und tut gut daran, nicht gleich in den Alltag hinauszugehen, der alles verwischt. Man muß alle Müdigkeit überwinden und nochmals hinauf auf den Aussichtspunkt des Hochofens, wo man sich einigermaßen sammeln kann, und beim Leuchten des fließenden Roheisens stehend all das niederschreiben, was man gesehen hat.

„Der feinsinnige Revolutionär und unerschrockene Stilist“ Kisch-Anekdoten

MICHAEL HOROWITZ

KISCH ERZÄHLT: ALS KLEINER BUB MUSSTE ICH AUS EINEM Schulbuch auswendig lernen: die Hauptstadt von Salzburg ist Salzburg. Meine Großmutter gab mir den gütigen Rat, keine Witze zu machen und zu lernen. Ich erwiderte trotzig:

„Ich rede keine Dummheiten, ich lerne, was hier im Buch steht.“

Bestimmt, Gerechtigkeit in jedem Akzent, erklärte sie: „Wenn du lernst, was im Buch steht, werde ich nichts reden.“

Da hatte ich sie. Wollen mal sehen, ob sie ihr Wort halten wird, nichts zu reden, wenn ich das lerne, was im Buch steht.

„Die Hauptstadt von Salzburg ist Salzbu...!“

Und schon hatte ich eine schallende Ohrfeige.

*

Friedrich Torberg erläuterte Kisch kurz vor Ausbruch des Zweiten Weltkrieges in Paris die täglich wachsende Unsicherheit seines Emigranten-Daseins und wie alles weitergehen solle, ob man sich noch auf irgend etwas verlassen könne. „Weißt du“, meinte Kisch, „mir kann eigentlich nichts passieren. Ich bin ein Deutscher. Ich bin ein Tscheche. Ich bin ein Jud. Ich bin aus einem guten Haus. Ich bin Kommunist... Etwas davon hilft mir immer.“

*

Friedrich Torberg erinnert sich auch an die schlechthin klassische Feindschaft zwischen Anton Kuh, den Egon Friedell einmal einen „Sprechsteller“ nannte, und Egon Erwin Kisch. Kisch und Kuh sprachen sowohl zu- wie übereinander nur Schlechtes. Kuh tat das nahezu gewohnheitsmäßig, Kisch brauchte etwas länger, aber wenn er sich aufraffte, erfolgte ein massiver Gegenschlag. So gab er auf eine Zeitungsumfrage mit dem ohnehin geschmacklosen Thema „Woran möchten Sie am liebsten sterben?“ die Antwort: „An einem Schlaganfall aus Freude über den Tod Anton Kuhs!“

*

Auf seiner Reise durch China fuhr Kisch eines Tages von Shanghai nach Kanton. Mit ihm im selben Abteil fuhr der Korrespondent einer deutschen Zeitung. Die

Fahrt schien endlos zu dauern, und die Reisenden kamen auf alle möglichen Einfälle, um sich die Zeit zu vertreiben. Kisch begann, seine Zauberkünste vorzuführen. Sein Zugabteil war bald voll von Leuten, ein Trick folgte dem anderen, und jeder verblüffte die Zuschauer mehr als der vorige. Ob er jemandem Geldstücke aus der Nase oder aus den Ohren herauszog, ob er Daumen abschnitt oder Feuer verschluckte — allen verging die Zeit wie im Flug. Plötzlich sagte der deutsche Journalist, der Kisch stundenlang ohne ein Wort zu sagen gegenübersaß: „Jetzt werde ich euch etwas zeigen!“

Der Mann griff sich ins Gesicht und holte sein Glasauge aus der rechten Augenhöhle. Der gläserne Augapfel auf der Handfläche des Rivalen machte Kisch zornig. „Unsereins lernt seine Zauberkunststücke im Schweiße seines Angesichts, und so ein dahergelaufener Kerl läßt sich einfach ein Auge ausschlagen und blufft dann die Leute mit seiner billigen Imitation aus Glas!“

*

Alfred Polgar, der Kischs Reportagen immer wieder mit den Kurzgeschichten der bedeutendsten französischen und russischen Schriftsteller verglich, schenkte Kisch einmal eines seiner eben erschienenen Bücher mit der Widmung „Egon Erwin Kisch, dem feinsinnigen Revolutionär und unerschrockenen Stilisten“.

*

Alfred Polgar und Egon Friedell sitzen im Café, einige Tische vom jungen Journalisten Kisch entfernt, der bewundernde Blicke zu Polgar hinübersendet, aber durch dessen abweisendes Lächeln abgehalten wird, sich zu den beiden zu setzen. Polgar verläßt das Café als erster, Friedell hinter ihm. Kisch hält Friedell am Arm fest.

„Einen Moment, Herr Doktor, hat Polgar über mich geschimpft?“

„Im Gegenteil, er hat sehr nett von Ihnen gesprochen. Er hat gesagt, es sei reizend von Ihnen gewesen, das Sie sich nicht zu uns gesetzt haben.“

*

Über das Interview, das Kisch mit Thomas Alva Edison während dessen Aufenthalt in Prag machte, berichtet er: „Ich war damals gerade 18 Jahre alt und nahm meinen Assistenten mit, der 17 war. Edison empfing uns an der Tür und sagte: ‚Meine Herren, ich werde Ihre Zeitung doch nie zu Gesicht bekommen, außerdem kann ich nicht Tschechisch; also schreiben Sie, was Sie wollen. Good bye!‘ Ich ging nach Haus und schrieb ein dreiseitiges Interview. Mein Assistent staunte und zog sich vom Journalismus zurück.“

*

Der junge Reporter Kisch wird zum Chefredakteur gerufen. „Sie müssen sofort nach Brünn fahren, lassen Sie sich von der Kasse 15 Gulden Vorschuß auszahlen und fahren Sie gleich los!“

„15 Gulden? Nein, das ist...“

„Widersprechen Sie nicht immer. Ein junger Mensch wie Sie muß bescheiden sein. Zu meiner Zeit hat es nie mehr als 3 Gulden Vorschuß gegeben. 15 Gulden sind mehr als genug, auf Wiedersehen! Und daß Sie mir pünktlich berichten!“

Am Abend erhielt die Redaktion das folgende Telegramm: „Die heutige Wahl zum Reichsrat zeichnete sich durch besondere Zwischenfälle aus und ergab zur allgemeinen Überraschung... hier endet Vorschuß. Kisch.“

*

Bei Erscheinen seines ersten Buches schickte Kisch in voller Kenntnis der Unzulänglichkeit provinzieller Buchkritiker 50 verschiedene Besprechungen seines eigenen Buches an ebenso viele Provinzzeitungen unter 50 verschiedenen Pseudonymen. So wurde er in allen Zeitungen so extrem gelobt, wie er es wollte.

*

Von der Front schickte Kisch eine Kritik über ein von Max Brod eben erschienenes Buch an die „Bohemia“. Am nächsten Tag war ein Telegramm der Redaktion eingelangt: „Brod-Artikel eingetroffen!“ Kischs Vorgesetzter wollte ihn daraufhin wegen unerlaubten Handels mit Brot einsperren.

*

In der dunkelsten Zeit der Emigration trafen einige alte Freunde unerwartet in einem fremden Ort zusammen. Kisch kam als letzter. Er war nicht weiter erstaunt und begrüßte seine Freunde in betont sachlicher Art: „Hallo, Schachmeister, da wären wir wieder einmal beisammen!“

Als alle wie aus einem Mund fragten, was die sonderbare Anrede zu bedeuten habe, lachte Kisch verschmitzt und erklärte dann: „Ja, seht ihr, da gibt es doch Schachmeister, die einander immer wieder bei den internationalen Turnieren, einmal in Basel, dann wieder in Montevideo, treffen. Uns geht es auch so. Leider werden nur, je länger die Emigration dauert, die Zusammenkünfte der Schachmeister kleiner und kleiner...“

„Journalismus“

Ein Journalist ist ein Mensch, der immer etwas Wichtigeres zu tun hat und daher nie zum Wichtigen kommt.

HEIMITO VON DODERER

Reporter: ein Schreiber, der seinen Weg zur Wahrheit entdeckt und ihn mit einem Wolkenbruch von Worten verschüttet.

NORMAN MAILER

Journalisten wissen nicht, wo Gott wohnt, aber sie haben ihn alle schon interviewt.

ANTON KUH

Der Journalismus rechtfertigt seine Existenz mit dem großen Darwinschen Prinzip von der Auslese der Schlechtesten.

OSCAR WILDE

Man kann, wenn sie Bericht erstatten, genau, wer sie besticht, erraten.

FRITZ GRÜNBAUM

Journalistik entsteht durch die Angleichung eines Autors an die in der Sprache seines Zeitalters jeweils herrschende Art literarischer Herabgekommenheit.

HEIMITO VON DODERER

Der Journalist ist vom Termin angeregt. Er schreibt schlechter, wenn er Zeit hat.

KARL KRAUS

Was man heute als Science-fiction beginnt, wird man morgen vielleicht als Reportage zu Ende schreiben müssen.

NORMAN MAILER

Der Unterschied zwischen Literatur und Journalismus besteht darin, daß der Journalismus unlesbar ist und die Literatur nicht gelesen wird.

OSCAR WILDE

Keinen Gedanken haben und ihn ausdrücken können — das macht den Journalisten.

KARL KRAUS

Der Zeitungsschreiber ist ein Mensch, der seinen Beruf verfehlt hat.

BISMARCK

Wenn man einige Monate die Zeitungen nicht gelesen hat und man liest sie alsdann zusammen, so zeigt sich erst, wieviel Zeit man mit diesen Papieren verliert.

GOETHE

Wenn einmal eine Bewegung ausbricht, dann behüte uns Gott vor den Journalisten und Professoren.

ADALBERT STIFTER

Nähme man den Zeitungen den Fettdruck — um wieviel stiller wäre es auf der Welt!

KURT TUCHOLSKY

Der Friseur erzählt Neuigkeiten, wenn er bloß frisieren soll. Der Journalist ist geistreich, wenn er bloß berichten soll. Das sind zwei, die höher hinauswollen.

KARL KRAUS

Ich nenne Journalismus alles, was morgen weniger interessant ist als heute.

ANDRÉ GIDE

Darum können Zeitungen so sehr schaden, weil sie den Geist so unsäglich dezentrieren, recht eigentlich zerstreuen.

CHRISTIAN MORGENSTERN

Der Durchschnittsleser erlebt die Welt so, wie sie ihm seine Zeitung vermittels großer und kleiner Schriftgrade ordnet.

KURT TUCHOLSKY

Lebensdaten

1885	Am 29. 4. als zweiter von insgesamt fünf Söhnen in Prag geboren
1895 bis 1903	Besuch der Nikolander-Realschule in Prag
1901	Kischs Vater stirbt im Alter von 63 Jahren
1903	Oktober: Beginn eines Studiums an der Technischen Hochschule Prag und an der Prager Deutschen Universität
1904	Nach Abbruch des Studiums meldet sich Kisch als Einjährig-Freiwilliger
1905 bis 1906	Volontär beim „Prager Tagblatt“, Besuch einer privaten Journalistenschule in Berlin
1906 bis 1913	Lokalreporter bei der Prager Tageszeitung „Bohemia“
1912	August bis Oktober: Reise nach England
1913 bis 1914	Kisch besucht als Berichterstatter für die „Bohemia“ die Balkanfront; Dramaturg am Berliner Künstlertheater, Mitarbeiter beim „Berliner Tagblatt“
1914 bis 1917	Kisch rückt bei Kriegsbeginn als Korporal ein, kämpft zuerst in vorderster Linie in Serbien, dann in den Karpaten, wird mehrmals verwundet. Letzter Dienstrang: Oberleutnant
1916	Februar: Wegen verbotener Berichterstattung zehn Tage Arrest. Danach ein Jahr lang Etappendienst in Gyula.
1917	April: Abkommandierung ins Kriegspressequartier (KPQ) nach Wien November: Teilnahme an der Konferenz des illegalen Komitees eines Arbeiter- und Soldatenrates in St. Egyden. Kisch wird führendes Mitglied und mit Organisations-Problemen beauftragt.
1918	Juni: Dienstreise nach Pula, um über den ersten Einsatz der Dreadnought-Flotte zu berichten. Oktober: Kisch wird Gründungsmitglied der anarchistischen „Föderation Revolutionärer Sozialisten Internationale“ (FRSI) 1. November: Gründung der Roten Garde in Wien; Kisch wird zum Kommandanten gewählt 18. November: Kisch tritt als Kommandant der Roten Garde zurück; schreibt den wöchentlichen Leitartikel für den „Freien Arbeiter“/Beilage „Rote Garde“.
1919	Jänner: Vor den Wahlen zur Nationalversammlung (16. 2. 1919) empfiehlt Kisch — trotz erheblicher ideologischer Meinungsverschiedenheiten —, die Sozialdemokraten zu wählen.

1920	Übersiedlung nach Prag, Kisch erhält im Mai das Angebot, Chefredakteur des „Prager Tagblattes“ zu werden; arbeitet an der von dem Ehepaar Longen gegründeten „Revolutionären Bühne“ mit; Sommer: Frankreichreise
1921 bis 1933	Kisch wohnt in Berlin; zusammen mit den Longens Gründung einer avantgardistischen Bühne
1922	Mitarbeiter bürgerlicher (Berliner „Börsen-Courier“), linksliberaler („Tagebuch“, „Weltbühne“) und kommunistischer Zeitungen und Zeitschriften („Rote Fahne“)
1922 bis 1924	Reisen durch Europa und Nordafrika, Mitglied im Schutzverband Deutscher Schriftsteller (SDS)
1925	Redaktionsmitglied der „Neuen Bücherschau“; Mitglied der von Alfred Döblin gegründeten „Gruppe 1925“
	Sommer: Reise in die Schweiz
	Dezember: Reise in die Sowjetunion
1926	Frühjahr: Rückkehr aus der Sowjetunion nach Berlin
	Kisch kämpft mit anderen Intellektuellen für die Freilassung des 1921 zu lebenslangem Zuchthaus verurteilten Max Hoelz
	Er beteiligt sich an der Auseinandersetzung innerhalb des „SDS“ wegen „Schmutz- und Schundgesetz“; Artikelserie in der „BZ am Mittag“ über Holland; Rußlandreport als Vorabdruck im linksliberalen „Tagebuch“.
	Jahresende: Reise nach Nordafrika
1927	Bis März: in Nordafrika
1928	Frühjahr: Reise nach Belgien
	Kisch wird Mitglied des Hauptvorstandes des „SDS“
	18. Juli: Max Hoelz wird freigelassen
	Herbst: Kisch Mitglied des „Bundes Proletarisch-Revolutionärer Schriftsteller (BPRS)
	Jahresende: Reise in die USA
1929	Ende April: Rückkehr aus den USA
	„Rote Fahne“ und „Tagebuch“ veröffentlichen ausgewählte Amerika-Reportagen als Vorabdruck.
	August bis September: Heftige Kontroverse über Literaturpolitik in der „Neuen Bücherschau“
1930	Kisch nimmt als Delegierter des BPRS am Schriftstellerkongreß in Charkow teil.
	Reise durch Frankreich nach Korsika und Sardinien
1931	Februar: Kisch übernimmt Professur für Journalistik an der Universität Charkow.

Frühjahr: Reise nach Mittelasien durch die Sowjetrepubliken Usbekistan und Tadschikistan; danach in Moskau Arbeit am Manuskript für „Asien gründlich verändert“.

1932 Kisch reist illegal durch China

1933 28. Februar: Kisch wird noch in der Nacht des Reichstagsbrandes verhaftet und nach Spandau eingeliefert

März: Auf Intervention der tschechoslowakischen Regierung nach Prag abgeschoben. Kisch berichtet als erster in der Exilpresse über die Verhör- und Foltermethoden der Nazis.

Juni: Kisch lebt in Paris; er nimmt am antifaschistischen Arbeiterkongreß Europas teil; Arbeit im Exil-BPRS

Beitrag von Kisch im „Braunbuch über Reichstagsbrand und Hitlerterror“

September: Kisch sagt vor dem internationalen Untersuchungsausschuß zur Aufklärung des Reichstagsbrandes in London aus. Arbeitet aktiv im antifaschistischen Widerstand mit.

1934 Reisen durch Spanien, Belgien, Niederlande

10. Mai: Kisch einer der Redner bei der Eröffnung der „Deutschen Freiheitsbibliothek“ in Paris

Oktober: Kisch reist als Delegierter des Pariser Weltkomitees gegen Krieg und Faschismus zu einem Antifaschistenkongreß nach Melbourne. Das Einreiseverbot der australischen Regierung und Kischs Agitation führen zu einer innenpolitischen Krise

1935 März: Rückkehr aus Australien

Juni: Kisch nimmt an dem Internationalen Schriftstellerkongreß für die Verteidigung der Kultur in Paris teil; mit Heinrich Mann wird er als Repräsentant der deutschen Delegierten in den Kongreßvorstand gewählt

September: kurzer Aufenthalt in Ostende; in der antifaschistischen Tarnschrift „Deutsch für Deutsche“ ist Kisch mit dem Beitrag „Mein Briefwechsel mit Adolf Hitler“ vertreten

1936 Anfang des Jahres in Prag

Juni bis August wieder in Ostende

1937 Von Jänner bis April lebt Kisch in Prag

Mai: Kisch nimmt am Spanischen Bürgerkrieg an der Seite der Republikaner teil, Berichterstatter für verschiedene Zeitungen

Juli: Nimmt am 2. Internationalen Schriftstellerkongreß zur Verteidigung der Kultur in Madrid und Valencia teil

Oktober: Kisch besucht Lazarett in Benicasim, das sein Bruder Friedrich leitet

1938	März: in Barcelona Kisch wird in Abwesenheit als deutscher Kandidat in den Prager Stadtrat gewählt Sommer: Kisch bereitet mit anderen Deutschen im Exil in Paris eine Ausstellung vor, die im „Freiheitspavillon“ auf der Weltausstellung 1939 in New York gezeigt werden soll.
1939	März: Aufenthalt in Grasse, Cote d'Azur, in einem Heim des amerikanischen Schriftstellerverbandes Dezember: Flucht aus Frankreich über New York nach Mexico; nach Schwierigkeiten mit den US-Behörden bekommt Kisch ein Durchreisevisum für die USA
1940 bis 1946	Jänner: Kisch lebt in Mexico City Im Laufe des Jahres Ankunft von Kischs Frau Gisela; Mitarbeiter der Zeitschrift „Freies Deutschland“
1944	Kischs Brüder Arnold und Paul werden im Konzentrationslager Theresienstadt ermordet
1946	Frühjahr: Kisch kehrt aus dem Exil über New York und London nach Prag zurück Juni: Wahl zum Stadtrat von Prag
1947	Kisch arbeitet an der Erweiterung seiner Bücher „Geschichten aus sieben Ghettos“ sowie „Abenteuer in fünf Kontinenten“ und bereitet sie für Neuauflagen vor November: Erkrankung
1948	31. März: Egon Erwin Kisch stirbt.

Veröffentlichungen

1904	Gedichtband „Vom Blütenzweig der Jugend"
	Selbstverlag Pierson, Dresden
1906	„Der freche Franz und andere Geschichten"
	Verlag Hugo Steinitz, Berlin
1912	„Aus Prager Gassen und Nächten"
	Verlag A. Haase, Prag
1913	„Prager Kinder"
	Verlag A. Haase, Prag
1914	Roman: „Der Mädchenhirt"
	Erich Reiss-Verlag, Berlin
1920	„Die Abenteuer in Prag"
	Verlag E. Strache, Wien-Prag-Leipzig
	Komödie: „Himmelfahrt der Galgentoni"
1922	„Soldat im Prager Korps" (Erste Fassung von „Schreib das auf, Kisch!")
	Verlag der K. André'schen Buchhandlung, Leipzig, Prag
	Komödie: „Die gestohlene Stadt"
	Erich Reiss-Verlag, Berlin
1923	„Klassischer Journalismus",
	Die Meisterwerke der Zeitung, gesammelt und herausgegeben von Egon Erwin Kisch, Berlin
1924	„Der rasende Reporter"
	Erich Reiss-Verlag, Berlin
	„Der Fall des Generalstabchefs Redl"
	Verlag Die Schmiede, Berlin
1926	„Hetzjagd durch die Zeit"
	Erich Reiss-Verlag, Berlin
1927	„Wagnisse in aller Welt"
	Erich Reiss-Verlag, Berlin
	„Kriminalistisches Reisebuch"
	Verlag Die Schmiede, Berlin
	„Zaren, Popen, Bolschewiken"
	Erich Reiss-Verlag, Berlin
1928	„Sieben Jahre Justizskandal Max Hoelz"
	Mopr-Verlag (Verlag der Roten Hilfe), Berlin
1929	„Schreib das auf, Kisch!"
	Erich Reiss-Verlag, Berlin

	Groteske: „Die Moldauschiffer. Reise von Prag nach Bratislava in 365 Tagen“
	Arcadia-Verlag, Berlin
1930	„Egon Erwin Kisch beehrt sich darzubieten: Paradies Amerika“
	Erich Reiss-Verlag, Berlin
1931	„Prager Pitaval“
	Erich Reiss-Verlag, Berlin
1932	„Asien gründlich verändert“
	Erich Reiss-Verlag, Berlin
1933	„China geheim“
	Erich Reiss-Verlag, Berlin
	Broschüre: „Über die Hintergründe des Reichstagsbrandes“ (Tarnschrift mit dem Titel „Der Führer“)
	Verlag Franz Eher Nachfolger, Mannheim
	„Zajatec Hitleruv“ (Hitlers Gefangener)
	nur in tschechischer Sprache
1934	„Eintritt verboten“
	Editions du Carrefour, Paris
	„Geschichten aus sieben Ghettos“
	Verlag Allert de Lange, Amsterdam
1935	„Abenteuer in fünf Kontinenten“
	Editions du Carrefour, Paris
1937	„Landung in Australien“
	Verlag Allert de Lange, Amsterdam
1938	„Die drei Kühe. Eine Bauerngeschichte zwischen Tirol und Spanien“
	Amalien-Verlag, Barcelona-Madrid
	„Soldaten am Meeresstrand“
	Verlag der Interbrigaden, Barcelona-Madrid
1942	„Marktplatz der Sensationen“
	Verlag „El Libro Libre“, Mexico
1945	„Entdeckungen in Mexico“
	Verlag „El Libro Libre“, Mexico
1946	„Asien gründlich verändert“,
	Globus-Verlag, Wien
1946	Broschüre: „Karl Marx in Karlsbad“
1947	„Entdeckungen in Mexico“,
	Globus-Verlag, Wien

Quellenverzeichnis

HEINZ LUDWIG ARNOLD: „Text und Kritik, Egon Erwin Kisch“ — München 1980
HENRI BARBUSSE: „Internationale Literatur“ — Moskau 1935.
HARTMUT BINDER: „Kafka — ein Leben in Prag“ — München 1982
MAX BROD: „Franz Kafka“ — New York 1954
MAX BROD: „Prager Tagblatt“ — Frankfurt/Main 1968
MAX BROD: „Der Prager Kreis“ — Frankfurt/Main 1979
FERDINAND BUCINA: „Prager Notturno“ — Prag 1957
PETER DÜRRENMATT: „Wie frei ist die Presse“ — Bern 1971
PETER ENGEL: „Ernst Weiß“ — Frankfurt/Main 1982
RAINHARD FEDERMANN: „Die Pestsäule“ — Wien 1972
BRUNO FREI: „Der Papiersäbel“ — Frankfurt/Main 1972
BODO HARENBERG: „Chronik des 20. Jahrhunderts“ — Dortmund 1975
FRANZ HUBMANN: „Das jüdische Familienalbum“ — Wien 1974
AXEL HECHT: „Schreib das auf“ — Hamburg 1978
SIEGFRIED JACOBSOHN: „Die Weltbühne“ — Berlin 1925
FRANZ KAFKA: „Tagebücher“ — New York 1948
HERMANN KESTEN: „Filialen des Parnass“ — New York 1961
HERMANN KESTEN: „Meine Freunde die Poeten“ — New York 1964
HERMANN KESTEN: „Joseph Roth“ — Amsterdam 1973
WALTER KLEINDEL: „Österreich, Daten zur Geschichte und Kultur“ — Wien 1978
KARL KRAUS: „Die Fackel“ — Wien 1923
JOHANN KRONBERGER: Dissertation „Egon Erwin Kisch“ — Wien 1979
ANTON KUH: „Luftlinien“ — Berlin 1981
EGON ERWIN KISCH: „Briefe an den Bruder Paul und an die Mutter“ — Berlin 1978
BOHUMIL LANDISCH: „Praha-matka měst“ — Prag 1968
STEFAN LORANT: „Sieg Heil!“ — Frankfurt/Main 1979
URSULA MADRASCH-GROSCHOPP: „Die Weltbühne“ — Berlin 1983
GEORG MARKUS: „Der Fall Redl“ — Wien 1984
DIETER MESSNER: „Prag“ — Dortmund 1984
WILLI MÜNZENBERG: „Braunbuch über Reichstagsbrand und Hitlerterror“ — Basel 1933
ROBERT NEUMANN: „Meine Freunde, die Kommunisten“ — Hamburg 1960
ALFRED NEVEN DUMONT: „Die tollen Zwanzigerjahre“ — Köln 1961
JOSEF POLÁČEK: „Egon Erwin Kisch über Karl Kraus“ — Prag 1975
GÜNTER PÖSSINGER: „Die Zwanzigerjahre“ — München 1974
KARIN SCHANNE: „Anschläge“ — Stuttgart 1983

Dieter Schlenstedt: „Die Reportage bei Egon Erwin Kisch“ — Berlin 1959
Götz Schwarzrock: „Kunst und Gesellschaft in der Weimarer Republik“ — Berlin 1977
Christian Siegel: „Egon Erwin Kisch — Reportage und politischer Journalismus“ — Berlin 1974
Friedrich Torberg: „Die Tante Jolesch“ — München 1975
Emil Utitz: „Egon Erwin Kisch — der klassische Journalist“ — Berlin 1956
Bodo Uhse: „Versuche / Berichte / Erinnerungen“ — Berlin 1983
Hans Weigel: „Das Wiener Kaffeehaus“ — Wien 1978
Ulrich Weinzierl: „Er war Zeuge — Alfred Polgar“ — Wien 1978
F.C. Weiskopf: „Kisch Kalender“ — Berlin 1955
F.C. Weiskopf: „Mehr als nur ein großer Reporter“ — Berlin 1935
Franz Werfel: „Barbara oder die Frömmigkeit“ — Berlin 1925
Guido Zamis: „Egon Erwin Kisch und die Wiener Rote Garde“ — Berlin 1983

BEITRÄGE HABEN GELIEFERT:

GERD BUCERIUS, Gründer und Verleger der Hamburger Wochenschrift DIE ZEIT

EDUARD GOLDSTÜCKER, em. Universitätsprofessor in Brighton, England

MAX VON DER GRÜN, Schriftsteller und Publizist

HANS KRONBERGER, Mitarbeiter des ORF, schrieb seine Doktorarbeit über E. E. Kisch

PETER MICHAEL LINGENS, Herausgeber und Chefredakteur des österreichischen Wochenmagazins profil

LADISLAV MŇAČKO, bedeutender tschechischer Dichter und Publizist

HENRI NANNEN, Gründer der Illustrierten STERN

HUGO PORTISCH, ORF-Chefkommentator, Buchautor, Gestalter der Dokumentationsserie „Österreich II“ (gemeinsam mit Sepp Riff)

GÜNTER WALLRAFF, freier Journalist in Köln

BILLY WILDER, Filmproduzent und -regisseur, lebt in Beverly Hills, USA

Personenregister